沥青路面结构可靠性分析与维修

杨书祥　马士宾　著

中国建材工业出版社

图书在版编目（CIP）数据

沥青路面结构可靠性分析与维修/杨书祥，马士宾著
—北京：中国建材工业出版社，2010.7
ISBN 978-7-80227-779-3

Ⅰ.①沥… Ⅱ.①杨…②马… Ⅲ.①沥青路面—道路工程—结构可靠性—研究②沥青路面—维修 Ⅳ.①U416.217

中国版本图书馆 CIP 数据核字（2010）第 089884 号

内 容 简 介

以可靠性为中心的沥青路面维修技术是以保证路面的可靠性为基本目标，在对路面的病害进行合理的分类和汇总的基础上，以科学的分析方法找出各类病害的最佳维修对策。本文主要内容共分七章。分别为绪论，以可靠性为中心的沥青路面维修理论体系，基于三维有限元的沥青路面可靠性分析，既有沥青路面结构可靠性状态诊断与预测，沥青路面检测数据特性分析与使用性能评价，沥青路面使用性能变化规律及维修决策模型，旧沥青路面水泥混凝土加铺力学及可靠性分析。

读者对象：交通工程专业的研究生、教师；交通工程科研院所的科研人员、交通工程设计、施工、检测单位的工程师。

沥青路面结构可靠性分析与维修
杨书祥　马士宾　著

出版发行：中国建材工业出版社
地　　址：北京市西城区车公庄大街6号
邮　　编：100044
经　　销：全国各地新华书店
印　　刷：北京鑫正大印刷有限公司
开　　本：710mm×1000mm　1/16
印　　张：12.5
字　　数：236千字
版　　次：2010年7月第1版
印　　次：2010年7月第1次
书　　号：ISBN 978-7-80227-779-3
定　　价：28.00元

本社网址：www.jccbs.com.cn
本书如出现印装质量问题，由我社发行部负责调换。联系电话：（010）88386906

前　言

以可靠性为中心的沥青路面维修技术是以保证路面的可靠性为基本目标，在对路面的病害进行合理的分类和汇总的基础上，以科学的分析方法找出各类病害的最佳维修对策。该养护技术在保证路面结构可靠性的同时，提高了维修决策的有效性和经济性，是一种先进的维修管理方法。以可靠性为中心的维修技术的应用，不仅能改善我国目前路面养护管理的状况，提高路面养护工作的效率，而且为路面管理的大系统（包括路面的设计、施工、使用、维修及相关的法规制定）的良性循环运行提供框架，是路面养护管理持续完善的基础。

本书在对国内代表性道路的交通量、路面结构厚度、抗压回弹模量、弯沉等路面结构设计参数的概率分布特征分析的基础上，利用有限元中的可靠性分析工具，计算了典型沥青路面结构的可靠性，并且针对路面使用性能综合评价的复杂性，以集对论为基础，结合局部惩罚－激励型变权函数，建立了单路段路面使用性能集对分析评价模型。引入模糊集理论，将随机性与模糊性相结合，在不完备数据的基础上建立了多路段路面使用性能模糊随机风险评价模型，为多路段路面使用性能评价提供了一种新的方法。利用有限元程序对旧沥青路面上加铺水泥混凝土层的力学响应进行分析，系统分析了旧路面结构参数、加铺层的模量及厚度、行车荷载、温度、层间接触状态等因素对加铺层最大拉应力的影响规律。

本书由京秦高速公路管理处杨书祥高工、河北工业大学马士宾副教授等著，具体分工如下：第一章、第三章、第四章、第七章由杨书祥撰写，第二章由京秦高速公路管理处朱敏清高工撰写，第五章、第六章由马士宾撰写。

本书的出版得到了长安大学王选仓教授、河北工业大学魏连雨教授的支持和帮助，在此作者表示由衷的感激。同时王丽洁博士做了大量细致的校核工作，崔洪军博士做了组织工作，在此一并感谢。

由于作者水平有限，加之时间仓促，本书可能有不少疏漏、错误，敬请读者指教。

作者

2010. 5

目　录

第 1 章　绪　　论

1.1　问题的提出

自新中国建立以来，我国公路建设历经近六十年的发展，取得了巨大成就。在“十五”期间，交通事业保持了持续、快速、健康发展的良好势头，全社会累计完成公路建设投资 19505 亿元，公路建设里程迅猛发展，高速公路建设实现历史性突破，五年建成高速公路 2. 47 万 km，是“八五”和“九五”建成高速公路总和的 1. 5 倍，总里程达到 4. 1 万 km。“两纵两横三个重要路段”全部建成。到 2007 年年底，全国等级公路里程已经达到 253. 53 万 km，其中高速公路 5. 39 万 km，一级公路 5. 01 万 km，二级公路 27. 64 万 km，三级公路 36. 39 万 km，四级公路 179. 10 万 km，我国近年公路发展历程如图 1. 1 所示。

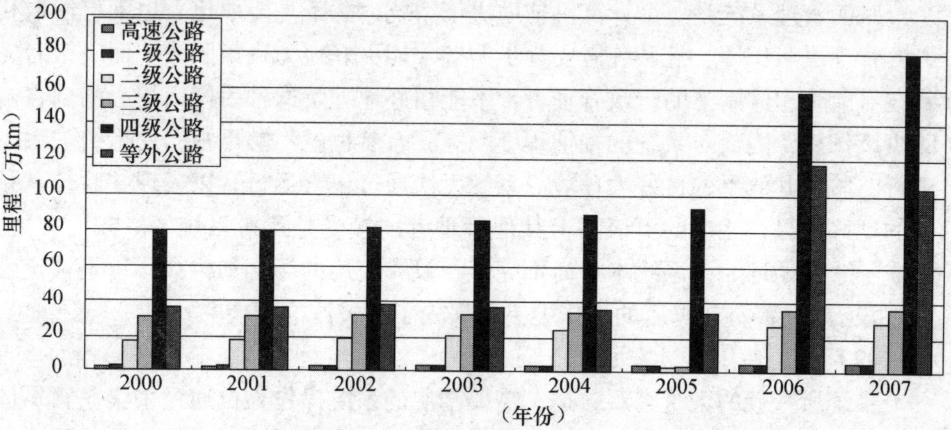

图 1. 1　中国近年公路发展里程

随着国家公路网的逐步形成，新建公路的减少，现有公路的养护维修问题日益突出，相应的公路部门的工作重点开始由公路的规划、设计、施工等实体性工作，转移到如何管理和维护这些耗资巨大的公路建设上。目前我国沥青混凝土路面结构早期损坏现象较为普遍，有的路面甚至刚刚通车 2 ~ 3 年就已经出现裂缝、车辙、沉陷、坑槽、松散等破损病害，降低了路面使用性能，甚至引起路面结构破坏，极大地影响了道路的服务能力，阻碍了交通运输综合效益的发挥。因此，保持优良的路面使用品质，延缓病害发展，延长路面使用寿命，降低养护成本是公路沥青路面养护管理的主要任务。预计今后一个时期，我国公路将由建设为主，转为建设与养护并举，并逐步以养护为主。在这种形势下，研究沥青路面养护新技术，探索更科学的养护管理模式具有重要意义。

1.1.1 目前我国路面养护管理系统中存在的问题

我国早在1984年前后就开展了国外先进管理方法——路面管理系统PMS的相应研究和引进工作。在过去的近二十年里，很多省市陆续建立了各自的系统，分别在一般和高速公路上加以使用。但推广和应用过程中的反馈信息表明，所谓的管理系统并未起到其预期的指导作用，尤其是高速公路。对于花费了大量资金和人力建立的系统，在收效甚微的情况下，必须分析其问题的原因所在，以便为系统的后续改进积累经验。

1. 主观认识不到位

总结我国多年来的工作实践，可以发现我国目前各系统之所以运行效果不佳，主观认识不清是严重影响系统应用效果的重要原因之一。表现在：

（1）决策者方面

路面管理系统是一个计算机辅助决策系统，并不是要取代、也不可能取代人的管理决策作用，且系统需要逐步调整才能更好地为决策服务。而决策者尤其在目前管理体制下的行政管理者，不能很好地理解这种手段，担心削弱自身的决策作用，因而对系统的接纳程度不高，自然也就不够重视，使系统失去了试行、验证其效果的良好大环境。系统无法通过正常运行，以表现并验证其预计的良好效果，相应的更谈不上其他管理者的接受并认可系统了。久而久之，形成了恶性循环，即系统本身尚不完善，没有应用的场合和机会，于是被定性为“没有效果”，在以后的工作中更是失去了被关注的可能。

（2）基层使用人员方面

系统所依赖的大量客观数据，需要基层的系统操作人员通过采集获得；同时，系统的分析结果还需要使用者的整理和判断。由于我国目前养护队伍中的高素质人员尚不满足需要，且因检测设备和手段不够理想，即使经过有关的使用培训，人工检测时由于工作量大且繁重，数据采集者往往因不能充分理解数据对系统的重要性而导致责任心不强，难免数据失真。

2. 客观不足

美国是最先提出路面管理系统的国家，到20世纪90年代初，全美50个州和哥伦比亚特区都已建成和实施了某种PMS（路面养护管理系统），但直至现在仍存在不同意见。

1995年美国联邦公路管理局（FHWA）下令所有州都必须采用路面养护维修管理系统，否则政府就不给养护资金。在随后实施的过程中却遭到了许多州政府的反对，以至于FHWA不得不撤销这一硬性决定。究其原因，主要在于美国的路面管理系统仍有许多不尽如人意的地方，影响PMS实施效果的一些关键技术问题没有得到完全解决。其他国家的PMS也不同程度地面临着这种窘况。

中国路面管理系统（简称CPMS）依据路面结构性破坏的程度来制定养护计划，选取的措施都属于对路面出现结构性破坏后的被动反应，这种事后、被动的养护方式治标不治本，最终导致昂贵的修复工程，这与现有路面管理系统的“先天不足”密不可分。

为加快我国养护工作的开展进程，有必要正确地引进和借鉴养护管理方法的国外先进科研成果，但必须要考虑我国和国外发达国家高速公路状况的差异之处，包括国情、体制、养护历史、设备装置、资金投入量等方面。分析我国过去所建立的、收效不大的各个系统，基本上都是对国外系统的简单借鉴、照抄移植，自然难逃“不适用”的恶果。究其原因，多与急于求成有关，而深层次的原因仍可追溯至对系统的认识不足的层面上。

1.1.2 路面管理中实施以可靠性为中心维修技术的必要性

随着科学技术的不断发展和管理工作的深化，路面养护维修需要寻求更合理、更科学、更经济、更符合客观实际的新的维修理论。近几年来，与任何一门其他的管理学科相比，维修学科所发生的变化是巨大的。根据维修理论的发展，到目前为止大致可以把沥青路面的维修分为三个阶段，前两个阶段为事后维修阶段和计划维修阶段，“以可靠性为中心”维修理论的应用标志着维修理论的发展已进入第三个阶段。

1. 矫正性养护维修阶段

随着公路使用时间的延长，在设计寿命后期阶段，出现的往往是结构性能失效，必须采用昂贵的结构性修复方案进行路面维修。这一阶段，通常是“哪儿坏，修哪儿”，表现为一种亡羊补牢的事后纠正措施。这种矫正性养护，不仅耗资大、效果差，还不利于交通安全畅通，且社会影响不好。若前期预防性养护奏效，则可推迟矫正养护阶段的到来；当其实际发生时，则必须及时采取合理维修措施并确保养护工作的落实。对于我国已投入运营的公路，由于在前期尚未建立适用、有效的管理系统，同时由于经济原因，存在未按时、按需实施预防性养护的客观实际，导致相当数量的公路出现了结构性失效。这样，往往主要面临的是矫正性养护需求。

矫正性养护维修属于事后维修，它的最大优点是充分利用了路面结构的寿命，但事后维修是非计划性维修，它以路面病害为基础，有了病害才去维修，往往处于被动地位，准备工作不可能充分，难以取得良好的维修效果。

2. 预防性养护维修阶段

公路使用的前期阶段，路面破坏不太严重，路面结构性能良好。此时的养护要求，是要在路面出现进一步破损之前采取措施，着力解决路面功能性微小损坏的恢复。具体为通过定期路况调查，及时发现路面轻微破损与病害迹象，分析研究其产生的原因，对症采取保护性的养护措施。通过在路面尚处于良好状态时就开始采取保护性养护措施，把病害消灭在萌芽状态的处理方式，可减缓路面使用性能的恶化速度，使路面始终处于良好的服务状态。

如能及时、科学地做好路面的预防性养护，通过延长原有路面的服务期来推迟昂贵的重建和维修活动，从长远来看，可以显著地减少今后长期养护费用的支出。鉴于我国陆续还会有相当里程的高速公路建成通车，如果从投入运营初始，就严格执行各项管理措施，通过应用预防性养护，可以保持新建高速公路较长时间地处于较高的使用功能水平。这种情况下决定道路使用寿命的主要技术因素，主要是结构物的服役耐久性问题。

预防性养护维修是一种以定期全面检修为主的维修，它根据路面使用性能变化规律，以性能曲线中的第三阶段起点作为维修的时间界限，其实质是根据量变到质变的发展规律，将病害消灭在萌芽状态，防患于未然。通过对病害的预防，将维修工作做在病害发生之前，使路面使用性能经常处于良好的技术状态。现有沥青路面预防性养护以路面结构不发生结构性破坏为前提，而对于路面未发生结构性破坏的标准、沥青路面使用性能预测、预防性养护的效果、实施的经济效益等方面都有很多关键问题未得到解决。

3. 以可靠性为中心的沥青路面维修阶段

以可靠性为中心的维修简称 RCM，是第三代维修管理具有代表性的模式，它强调以沥青路面结构的可靠性、病害后果及发展规律作为制定维修策略的主要依据。按照以可靠性为中心的维修管理模式，侧重对沥青路面病害的后果进行评价、分析并综合出一个有关安全、运行经济性和维修费用节省的维修费用策略；另外，在制定维修策略时，自觉地以病害发展规律的最新探索成果作为依据，并在维修过程中调整已制定的维修策略。也就是说，以可靠性为中心的维修管理是综合了病害后果和病害发展规律的有关信息，以运行经济性为出发点的维修管理模式。

以可靠性为中心的维修使沥青路面的维修工作具有较强的针对性，使主客观更加一致，增强了科学性，减少了盲动性。其基本要点如下：

(1) 路面维修工作以可靠性理论为基础。从维修时机、维修方法、维修周期的选择和维修工作量计算、维修范围的界定，到路面修复后的可靠性系数、病害的诊断检查标准，都要以保证和提高路面使用性能的整体可靠性为依据。

(2) 路面使用性能的可靠性是由设计、建设和使用三个方面因素综合决定的，因此，要提高其可靠性必须从这三个方面入手。可靠性维修可以保持和恢复路面的使用性能，并且可以为设计、建设和使用单位提高路面使用性能的整体可靠性提供极有价值的数据信息。

(3) 可靠性指标是评价维修质量最科学、最有效的依据和标准。

综上所述，以可靠性为中心的维修思想，遵循了路面病害发生的规律，增强了维修的针对性、灵活性，提高了维修的效率和效益，使维修工作达到了最终目的，实现了总体要求。

因此，本书利用以可靠性为中心的维修方法，结合不确定性理论，考虑养护时间、养护方式及养护间隔对路面可靠性的影响，并在有限的养护资金下，通过有限元运算，研究路面可靠性状态及变化规律，建立养护策略效益的评价模型，并探讨最佳策略模型。利用本方法，可以方便地达到养护管理需求，了解采用哪种养护方式、何时进行养护，并制定养护计划，管理者可依此在路面可靠性偏低时予以控制，使整体路面使用性能提高。

1.2 国内外研究现状与评价

1.2.1 沥青路面养护维修技术方面

全面回顾国内外近年来路面养护管理理论及方法上的最新研究进展，主要研究成果集中在路面养护管理过程中的路面状况评价、路面性能预测，以及管理策略优化的常用方法、指标及模型等方面：

1. 沥青路面状况评价方法

路面状况评价是路面管理系统的重要内容，它是通过对路面调查数据的分析，利用一个或多个指标来反映路面的结构和/或功能特性。

路面状况评价主要包括四个方面的内容：路面不平整度（与路面服务特性或行驶舒适性有关)、路面破损状况、路面结构性能以及路面的抗滑性能（与行驶安全性有关）。路面使用性能主要受到荷载和环境等因素的影响，但影响路面早期使用性能的因素主要在于设计方面以及施工方面。

路面状况评价指标可以分为单项指标和综合指标。单项指标主要反映路面状况的某一个方面的性能，如路面的不平整度、破损、结构性能、安全性能等；综合指标是指用一个指标来反映路面状况的整体性能。目前，国际上路面状况评价常用的单项指标主要包括以下几种：路面破损的评价指标主要有路面破损指数 PDI(Pavement Distress Index)、路面状况指数 PCI(Pavement Condition Index）等；路面结构强度评价指标主要有结构充分度指数 SAI(Structural Adequacy Index)；路面不平整性评价指标主要有当前服务性能指数 PSI(Present Serviceability Index)，行驶舒适性指数 RCI(Riding Comfort Index)，国际不平整度指数 IRI(International Roughness Index）等；路面抗滑能力评价指标主要有抗滑指数 SRI(Skid Resistance Index)。综合指标主要有路面质量指数 PQI(Pavement Quality Index)，它是综合反映路面破损、路面结构以及路面服务性能的总体指标。

路面的不平整性和破损状况是路面状况评价的主要内容。常用的评价指标分别为 PSI 和 PCI，它们是早期路面状况评价的主要方法，并且在目前仍然有着广泛的应用。PSI 是利用回归分析建立的路面状况评价指标，是世界上第一个也是目前应用最为广泛的利用路面不平整度反映路面服务性能的指标。在美国 AASHO Road Test 中，PSI 模型主要包括 4 个参数，即 SV（Slope Variance)——轮迹处不平整度离散度的均值；C（Cracking)——路面裂缝程度（$m^2/1000m^2$）；P(Patching)——路面修补程度（$m^2/1000m^2$）；RD(Rutting Depth)——车辙深度(in)。沥青路面和水泥路面的 PSI 计算模型分别为：

沥青路面 $PSI = 5.03 - 1.91\lg(1 + SV) - 1.38RD^2 - 0.01\sqrt{C + P}$

水泥混凝土路面 $PSI = 5.41 - 1.80\lg(1 + SV) - 0.09\sqrt{C + P}$

加拿大交通协会采用类似 PSI 的方法建立了反映路面行驶质量的指标 PCI。PCI 是一种折减的方法，用来评价路面的破损状况。它最早出现在美国陆军的 PAYER 路面管理系统中。PCI 首先对状况极好的路面赋值为 100，然后根据路面破坏的不同类型和不同程度进行折减；PCI 的范围为 0 ~ 100。

1991 年，在引进对高速公路进行评价和消化国外技术的基础上，由多家联合成功开发的干线公路（省市级）路面评价养护系统（PEMS)，标志着我国在路面管理上达到了一个新的水平，这是我国“七五”期间的一个重要研究成果，这个成果中的一个重要方面，就是用扣分法开发了 PCI 单项指标模型。我国自己建立的第一个比较科学全面的公路路面使用性能评价模型是 20 世纪 80 年代末期建立的一般公路路面使用性能评价模型（RIOI-F)，它为后来的路面管理系统 CPMS(China Pavement Management System）中路面使用性能评价模型的建立提供了依据。

从目前国内路面状况评价方法来看，比较成熟的主要有四类：

(1）基于回归模型法的路面使用性能评价方法以大量实测数据为基础，

但是单纯的回归分析难以准确表达路面这一复杂体系的主观与客观相联系的复杂关系，评价结果与实测数据的相关性不太理想，而且使用时受到地域条件的限制；

（2）基于系统分析法的路面使用性能评价方法以层次分析法和模糊数学方法为代表，分析过程层次清晰，理论性强，但在这两种方法中，都要用到专家调查评分，人为因素影响太重，客观性不强，难以得出客观公正的路况评价；

（3）基于灰色理论的路面使用性能的评价方法较好地解决了路面使用性能评价中评价指标复杂、模糊的问题，但其白化权函数、评价指标的阈值以及灰聚类系数都由各指标的经验范围来确定，存在着一定主观经验性，其评价结果是各个指标聚类分析的总和，当评价结果的各个聚类相差不大时，难以取舍；

（4）其他的一些路面使用性能评价方法如物元分析法、属性理论法、神经网络法等，都还处于启蒙阶段，并不成熟。物元分析法类似于灰色理论法，属性理论法与模糊数学法相近，这两种方法都只是对以往方法的改进。神经网络方法则由于 BP 网络本身存在的收敛慢、易于局部收敛的缺陷，建模比较困难。

由此可见，目前文献中提出了路面状况评价方法较定性评价方法有较大进步，但都有各自的缺点，它们在可操作性上也存在着不少问题。另外，它们在评价中一般采用的是常权，即无论评价指标值如何变化，指标权重往往是不变的，这样，在实际情况中就不能突出问题的严重性，其结果欠公正和公平。变权是指标值因时空的变换而变化，在不同的条件下取不同的值。它随评价指标的指标值不同而变化，变权反映了指标权重的本质属性，而常权只是变权的特例。因此，须改善和提高评价的科学性，使评价结果更具有客观性。

2. 沥青路面性能预测

路面性能预测是指根据路面使用年限、交通荷载、环境因素、路面材料，以及维修活动记录等预测未来某一时刻路面的性能状况。路面性能预测的结果直接影响到养护策略的选取，我国的研究者在路面性能预测方面进行过大量的实践和研究，路面性能预测模型可以分为确定性模型和随机性模型。Haas 等将这两类模型进一步划分为力学模型、力学-经验模型、回归模型和主观经验模型。目前，路面性能预测最常用的方法主要是回归分析和 Markov 链。

回归分析模型属于确定性模型，主要是根据路面的交通荷载和环境等影响因素，利用回归分析的方法建立路面性能的预测模型。孙立军等将路面性能衰变过程划分为四种典型模式并建立其通用方程。与回归分析模型相比，Markov

链考虑了影响路面性能的不确定性因素。它根据对历史数据的统计分析，建立路面状态的转移概率矩阵来反映路面性能的变化，但是 Markov 链并不能反映路面结构对性能的影响。

目前，回归分析和 Markov 链在路面性能预测中仍然有着广泛的应用，但已经有越来越多的研究者开始采用其他预防技术进行路面性能预测。

东南大学的王爽、黄晓明等人以神经网络和时间序列分析方法为基础，采用零均值化、标准偏差预处理方法、规则化能量函数法和贝叶斯规则化方法进行 BP 神经网络建模，利用 BP 网络对平整度非平稳时序进行趋势项提取，使非平稳监测时序转化为平稳时序以进行常规 ARMA 时序分析。同时结合滚动预测方法，建立了适合平整度预测的神经网络时间序列分析联合模型。长安大学的唐娴、戴经梁等人为了准确预测高速公路路面使用性能，采用参数自适应跟踪法，按照自动计算出来的级比系数调整历年数据的权重，以预测未来路面使用性能。

此外，倪富健等建立了几个有不同数量滞后值的时间序列路面平整度预测模型，Attoh-Okine 研究了自适应神经网络预测路面性能时不同变量的重要程度；Saitoh Kong & Fukuda 在其神经网络预测模型中，还充分考虑了结构变量对路面性能的影响。

路面性能预测大多是通过实测数据的归纳而建立的关系式方程，与实际情况的拟合程度也取决于参数的选取、数据的科学真实合理以及模型的逻辑性。各国以及各地区地理位置、交通条件、气候因素、路面结构以及国情等情况均不同，这些因素导致模型在不同国家和不同地区难以通用，从而不能简单地照搬。如美国通常采用柔性基层，而我国则大多采用半刚性基层，在模型的使用上必定会有所差异。对于模型建立的思想、参数的选定等方面可以吸收借鉴，从而建立适合本国及本地区的模型。

3. 沥青路面养护时机的确定

目前路面预防性养护时机的研究主要参考路面维修养护的方法，主要有：基于路况（PCI）的方法、行驶质量指数（RQI）和破坏指数（DI）法、费用效益评估法、决策矩阵（树）法、排序法和生命周期费用评估法等。

(1) 基于路况（PCI）的方法

基于路况的预防性养护时机确定的方法就是从路面的实际破坏状况出发，找出进行预防性养护的临界破坏状态。美国 PAVER 路面管理系统采用路面状况指数 PCI 综合表征路面的结构完整性和行使状况，并建立了路况等级、PCI 值和养护对策间的关系。

路面上的破损现象错综复杂，是由路面结构、路面材料、设计施工和环境等因素引起的。PCI是一个综合值，只是路面表面破坏的一种外观评价，它只关注了路面破坏的表面现象，而没有研究破坏的原因。所以用PCI法来确定预防性养护时机有一定的困难。

（2）行驶质量指数（RQI）和破坏指数（DI）法

在国外，有的机构研究用行驶质量指数RQI（Ride Quality Index）或破坏指数DI（Distress Index）来确定路面预防性养护的时机。如美国密歇根州运输部（MDOT）在路网管理中用DI和RQI来表示路面性能。目前，进行路面维修和预防性养护决策的主要根据是DI。当行驶质量很差时，DI所达到的界限值才用作路面大修的决策，这种情况下RQI的应用是比较消极的。

为了延迟由不平整度和动载引起的路面破坏，MDOT资助了用RQI作为各种路面的预防性养护阈值（RQI）的研究。如果有了这种新的RQI界限，通过采取预防性养护措施就可以提高路面平整度以减小动荷载影响来增加路面的服务期。为了达到这个目的，密西根州立大学开发了一个采取预防性养护最佳时间的可靠性模式——用新的RQI阈值和实际路面的RQI增长值来确定这种平整度阈值。其研究结果表明，提高平整度的预防性养护措施比较适合于刚性路面 。但这种方法没有解决路面预防性养护针对的其他主要路面问题，如裂缝、路面水损坏和抗滑性能等。

（3）决策矩阵（树）法

决策树法根据不同的决策影响因素，通过建立一定的树结构形式，将决策方案不断进行细化、分枝，并综合考虑各种组合条件，在各个分枝的枝末，给出各种组合条件限制下可能的处置对策。决策树方法较直观，易于理解。在确定各种组合条件的可能对策时，通过专家调查方法，综合考虑当地工程师经验，可很好地与人们主观经验相结合。

（4）排序法

排序法就是在初步确定养护项目的时间和对策后，再考虑资金等约束条件，根据路况、经济等数据计算出一定排序指标作为项目比较的依据。然后，根据排序指标对所有需求项目进行排序，最后根据整个排列次序进行一年或多年的项目选择决策。预防性养护时机的安排可以遵循事先设定的标准进行，可以采用性能参数进行排序，此时预防性养护时间和措施的确定是分开考虑的；也可以采用经济分析参数进行排序，此时预防性养护的时机和措施的确定是同时的。

（5）效益费用评估法

效益费用法是用效益与费用的比值来衡量的。费用根据单价，如元/m^2；效益根据预防性养护期望延长的路面寿命或根据性能曲线的变化，即性能曲线下增加的面积。性能曲线是由路面数据（诸如路况、荷载、气候和维修养护）来确定的。由于实行了路面预防性养护而导致了路面性能的变化。

每一种策略的费用都根据管理部门费用和用户费用来确定。管理部门费用包括设计费、初期修建费、养护费、改建费和残值，用户费用包括车辆运营费、延误费、行程时间费和事故费。

（6）生命周期评估法

生命周期费用分析（Life Cycle Cost Analysis）是在一定的时期内，通过分析某一路段的初建费用和以后的折旧费用来评价其经济价值的过程。生命周期评估法是目前应用比较广泛的一种方法。在路面大、中修和重建时，常常用到生命周期评估法。预防性养护推迟了昂贵的路面大修活动，但预防性养护要求提前支付养护费用。在不同时期支付同样多的费用有不同的经济价值，所以有必要进行经济分析。分析的方法是将分析期内不同时间支出的费用，按某一预定的贴现率转换为现在的费用（现值）。通过转换成单一的现值，可在等值的基础上比较各种方案。

此外，同济大学孙立军和董瑞琨从预防性养护的作用出发，提出了基于老化的沥青路面预防性养护时机的判定方法；季瑛等人提出了基于 PCI、SSI 和 RQI 的上海市沥青混凝土路面预防性养护的宏观标准，提出了预防性养护对策的选择流程和沥青路面最佳预防性养护时机的确定方法，并提出了相关的设计理论和施工技术。戴洁分析了中国高速公路沥青路面早期损坏特征，揭示了路面性能衰变规律，提出了适合于高速公路沥青路面预防性养护的检测、评价与预测方法，提出了相应的预防性养护对策模型。

4. 沥青路面管理决策优化

路面管理优化是 PMS 的核心内容，是指在给定的预算资金和其他资源的约束下，寻求最优养护策略，使得效益目标最大化（路面性能、维修效率、设备使用率等）；或者是在一定的路面性能要求和资源限制的约束下，寻求最优养护策略，使得费用目标最小化（养护费用、使用者费用等）。

目前，常用到的优化方法可以分为两类：数学规划的优化方法和人工智能的优化方法。数学规划的优化方法主要包括：整数规划（IP：Integer Programming）、线性规划（LP：Linear Programming）、目标规划（GP：Goal Programming）、动态规划（DP：Dynamic Programming）等；人工智能的优化方法主要包括遗传算法、人工神经网络法、模糊逻辑法等。

早期的路面管理系统一般都是基于路面状况和交通量等因素，对所要维修的项目（路段）进行优先排序（Priority Rank），既没有路面状况预测，也不进行经济分析。20 世纪 80 年代，Arizona 建成了第一个考虑资金影响和维修目标的网级路面管理系统，开始了路面管理系统中维修策略的优化。

整数规划在路面管理系统中应用较为广泛，它的决策变量通常为路段的维修方式。以路面性能最大化为例，整数规划目标函数的一般形式为：

$$\max\left\{\sum_{i}\sum_{j}\mathrm{PCI}_{ij}X_{ij}\right\} \tag{1-1}$$

式中，PCI_{ij}表示第 i 个路段采用第 j 种维修方式后的路面状况指数；$X_{ij}=1$ 表示第 i 个路段采用第 j 种维修方式，$X_{ij}=0$ 表示第 i 个路段不采用第 j 种维修方式。

线性规划的形式与整数规划基本相同，但其决策变量解的空间已经不再局限于整数域，通常为各种路面状况的百分比。

整数规划和线性规划都具有模型简单、易于操作的特点，特别适合于小规模路网的优化；但计算速度较慢，在实际应用中常常需要利用启发式算法。

目标规划的优化方法首先需要确定路面管理的期望目标，优化的目的就是在给定资金等资源的约束下，寻找尽可能满足期望目标的养护和维修策略。在路面管理系统中，目标规划的一般形式可以表示为式（1-2）：

$$\left.\begin{aligned}&\min\left\{\sum_{r}^{k}w_r\times(d_r^-+d_r^+)\right\}\\ \text{s. t}\quad&\left(\sum_{i}^{m}\sum_{j}^{n}C_{ij}X_{ij}\right)+d_r^- - d_r^+ = b_r\end{aligned}\right\} \tag{1-2}$$

式中，w_r 为权重；d_r^-，d_r^+ 分别为不足和超出期望目标的量；C_{ij}表示第 i 个路段采用第 j 种维修方式所需要的费用，万元；b_r 表示区域 r 的预算资金，万元；X_{ij}为决策变量，意义同前。

目标规划的最大优点是可以求解多目标规划的优化问题，但需要事先给定各个约束条件的目标值。

动态规划是一种迭代过程，适合于养护策略的优化。一般在动态规划模型中，年份被看作是阶段（Stage），路面状态被看作是状态（State）。多年路面养护费用以最小化为目标，优化关系可以表示为式（1-3）：

$$V_k(i_1)=\min\left[c(i_1,\lambda)+\sum_{i_2}P(i_1,i_2,\lambda)\times V_{k+1}(i_2)\right] \tag{1-3}$$

式中，$V_k(i_1)$ 表示在阶段 k 路面处于状态 i_1 时，在未来的规划阶段所有费用总和的最小期望值，万元；$c(i_1,\lambda)$ 表示路面处于状态 i_1，采用维修方式 λ 时所需的费用，万元；$\sum_{i_2}P(i_1,i_2,\lambda)$ 表示处于状态 i_1 的路面采用维修方式 λ 后到达状态 i_2 的概率。

刘伯莹、姚祖康在网级路面管理系统中提出了财政规划和项目规划双层网级优化模型，并利用整数规划和动态规划相结合的方法实施项目规划。虽然数学规划的优化模型在路面管理系统中应用较广，但是它存在着两个显著的缺点：一是解的不稳定性，即当预算资金有较小的变化时，优化的策略就会有较大的变化；二是当解的空间较大时，常规的数学规划方法运算速度非常缓慢。

Fwa 等人首次将遗传算法应用于路面管理优化，并进行了大量的研究，特别是对参数选取以及约束条件的处理进行了深入的研究。

随着路网规模的增大，传统的数学规划的优化方法因其运算效率较低已经不再适合于大规模路网的路面管理优化。而遗传算法因其并行性、全局寻优等特点，已经越来越多地应用于路面管理系统中，为大规模路网的多年、多种维修方式以及路面与桥梁的综合管理优化提供了可能。

1.2.2 以可靠性为中心的维修理论方面

以可靠性为中心的维修（RCM：Reliability Centered Maintenance）是近二十年来从众多的维修理论中脱颖而出并被广泛接受的一种全新的维修方法，它是建立在设备的设计特点、运行功能、失效模型和后果分析的基础上，以最大限度提高设备的使用可靠性为目的，应用可得到的安全性和可靠性数据，判别哪些子系统和零部件处于临界状态，哪些需要修复、改进和重新设计，确定维修的必要性和可行性，对维修要求进行重新评估，最终制定出实用、合理的维修计划或大纲。过去，人们过分强调控制大修周期以达到良好的可靠性水平，然而多年来人们发现，无论这种大修进行得多么充分，很多故障还是不能防止和有效地减少，即预定大修对复杂设备（整个设备、子系统或零部件）的整体可靠性的影响甚微。同时，研究还发现无有效预定维修形式可适用的设备大量存在。这些不仅是对用设备的相邻两次大修间的时间长短来控制故障概率这一传统观念的直接挑战，而且也为研究一种合理、通用的制定维修大纲的方法提供了理论依据，从而导致了 RCM 方法的产生。在 RCM 的发展过程中，里程碑之一是美国联合航空公司的 Stanley Nowlan 和 Howard Heap 于 1978 年所完成的一份为民航工业编写飞机维修大纲所采用的方法的报告，该报告全面阐述了 RCM 在民用航空工业中的研究与应用情况，成为以可靠性为中心的维修这一学科的重要理论基础。

与此同时，除航空界之外的其他工业领域也对 RCM 应用产生了兴趣。20 世纪 70 年代后期 RCM 引起美国军方的重视，并进行了大量的理论与应用研究。美国国防部认识到民航界已找到了规划维修的革命性方法，并委托诺兰和希普撰写了 RCM 一书。一旦国防部发行了诺兰和希普的著作，美国军方即可着手研究提出一套 RCM 方法为其所用。到 20 世纪 80 年代中期，美国陆、海、空三军分别颁布了其应用 RCM 的标准。例如：1985 年 2 月美空军颁布的 MIL—STD—1843，1985 年 7 月美陆军颁布的 AMCP750—2，1986 年 1 月美海军颁布的 MIL—STD—2173 等都是关于 RCM 应用的指导性标准或文件。美国国防部指令和后勤保障分析标准中，也明确把 RCM 分析作为要求的计划预防性维修大纲的方法。目前美军几乎所有重要的军事装备（包括现役与新研装备）的预防性维修大纲都是应用 RCM 方法制定的。

20 世纪 80 年代早期，电力研究协会（系美国针对发电设备的工业研究团体）在美国核电厂进行了两项 RCM 应用试点。他们认为其资产已达到了适度的可靠性与安全性水平，主要问题是维修任务繁重。因此，他们着重从降低维修费用入手，而非提高可靠性。为此，他们对 RCM 程序进行了相应的修改。1987 年，修订后的 RCM 方法被美国核发电企业普遍接受，然后，又被其他的发电、输电企业以及部分石油工业所采纳。

进入 20 世纪 90 年代早期，已有大批企业提出了自己的 RCM 方法。其中，也包括一些还保留原方法未作修改的，如美国海军航空司令部“海军航空以可靠性为中心的维修方法指南”（NAVAIR 00—25—403），以及英国皇家海军的“面向 RCM 的海军航空工程标准”（NES45）1999 年 8 月，美国汽车工程师协会（SAE）发布了以可靠性为中心的维修（RCM）标准用于有形资产的维修管理，旨在帮助人们应用 RCM，评估供应商和承包商提供的方法。在 RCM 研究及应用中，John Moubray 也作过突出的贡献。John Moubray 及其合作者在诺兰的指导下，首先在南非采矿业及加工业应用 RCM 方法。随后，他们转到英国，在英国他们的应用研究覆盖了几乎所有的工业部门，并拓展到其他 40 多个国家。他们还发展了 RC 方法，如将环境问题纳入决策的程序当中；使设备功能定义的方法更加清晰；在选择维修任务及任务间隔方面提出了更精确的规则；在故障探索（failure-finding）工作的间隔期设定上，引入了定量的风险准则。1991 年，作为英国 Aladon 维修咨询有限公司的创始人，John Moubray 在多年实践 RCM 的基础上出版了系统阐述 RCM 的专著《以可靠性为中心的维修》，由于这本专著与以往的 RCM 标准、文件有较大区别，John Moubray 又把这本书称为《RCMⅡ》。1997 年《RCMⅡ》第二版出版发行。尽管 RCM 模式有其先进性，并且在欧美等发达国家被广泛应用于各行各业的设备管理中，特别是军事装备部门更是日臻完善。受多种因素制约，RCM 在我国的应用研究起步较晚，目前还仅限于一些军事部门、大型矿山、电力行业、交通行业内部进行探索。

20 世纪 80 年代中后期，我国军事科研部门开始跟踪研究 RCM 理论和应用。1992 年国防科工委颁布了由军械工程学院为主编单位编制的我国第一部

RCM 国家军用标准 GJB1378《装备预防性维修大纲的制定要求与方法》，该标准在海军、空军及二炮部队有关装备上的初步应用取得了显著的军事、经济效益。

山东省公路系统已于 1997 年引入 RCM 模式管理，江苏省公路局也在机械设备维修工作中引入 RCM 模式，并从 1998 年 5 月起，由江苏省交通厅直属的一家子公司对省交通系统有关单位使用的工程机械提供 RCM 服务。2001 年，山西省公路系统部分试行了 RCM 模式服务，并由戴飞、胡玉麟等人在 2001 完成了《在山西省公路系统对工程机械设备实行 RCM 模式的可行性研究及实施方案》的课题研究。课题对工程机械设备诊断检测和状态评估这两个问题进行了研究，并且考虑了实施方案的可操作性。RCM 在我国的大亚湾核电站项目也有应用。

随着维修理论的日益成熟和实践，维修在各个行业都逐渐被人们重视，对建筑物的维修和管理也是如此。2004 年 5 月，欧洲国家维修联合会第 17 届年会（2004 欧洲维修国际会议）曾将建筑维修技术作为议题之一。近十年来，有关住宅和建筑物的维修和管理方面的文献有很多。

1.2.3 存在的主要问题

综上所述，世界各国对沥青路面养护维修技术和以可靠性为中心的维修理论方面都进行了大量研究，取得了许多研究成果。但是以可靠性为中心的维修理论在沥青路面维修管理中的应用才刚刚开始，其与现有路面管理系统的整合仍需要做大量的研究工作。经过认真分析，认为至少在以下方面有待进一步的研究。

1. 以可靠性为中心的沥青路面维修理论体系的构建

以可靠性为中心的维修（RCM）是当今国际流行的一种先进的维修分析与决策方法，通过 RCM 分析可以优化维修资源，提高维修效率，保证系统高效、可靠的运行。国外工业部门目前已经有比较完善的 RCM 实施方案，包括 RCM 咨询公司、RCM 实施团队、RCM 软件等。以可靠性为中心的维修思想在沥青路面养护管理中的应用才刚刚开始，目前应在吸收国内外 RCM 建模理论的基础上，构建基于 RCM 模型决策系统的沥青路面养护维修体系。

2. 沥青路面可靠度影响因素分析

传统维修观念认为路面使用年限越长，病害越多，路面病害与使用时间直接相关。按照 RCM 原理，路面使用年限长，病害不见得多；路面使用年限短，病害不见得少。路面使用性能与使用时间并没有直接的关系。与此同时，传统维修观念常夸大维修的作用，认为只要维修及时，就能保证路面具有良好的使用性能甚至达到比维修前更好的状态。而RCM理论正好相反，认为路面使用性能的可靠性状态是路面设计和施工时就确定的一种属性，这种属性的路面是无法通过路面养护与维修改变的。

根据RCM理论，沥青路面初始可靠性状态是由设计和施工阶段决定的。因此，要确保路面具有一个良好的使用状态，必须对影响路面初始可靠性的因素进行分析。

3. 既有沥青路面可靠性状态诊断及预测

既有沥青路面使用性能可靠性状态的诊断与预测是为了保证或恢复路面可靠性而进行合理维修所做的前期工作。通过先进的检测手段、可靠性分析及病害诊断等手段，判断路面使用性能的可靠性状态，识别病害的早期预兆，对病害路段及其严重程度、病害发展趋势做出判断，进而确定应采取的维修措施、最佳养护时间，以防止路面病害扩大，提高路面使用性能。目前，我国对既有沥青路面可靠度的研究工作不够深入与系统，因此，有必要对既有沥青路面的可靠性状态的诊断手段及预估方法进行研究。

4. 沥青路面使用性能特性分析与评价

路面使用性能是用随机变量的概率分布模型来描述的，而现有的路面使用性能都未曾从指标数据代表的可靠性出发。测定大量路面数据，统计分析路面性能参数的概率分布及变异水平，将为路面性能的概率化预测、评价、可靠性分析提供有价值的参考依据。因此，有必要探索新的评价方法，使路面评价更能反映路面实际状况。

5. 以可靠性为中心的路面维修效益模型

沥青路面养护管理，从经济学角度来看，是成本效益分析的问题。路面结构的成本包括新建工程及养护维修费用，而路面结构的效益则指的是结构在设计年限内，满足预定使用要求的能力。如何在设计年限内，使路面的成本最小化、效益最大化，合理安排维修措施和时间，降低路面生命周期（设计基准期）成本，是路面维修管理的核心问题。

应从以可靠性为中心的经济效益评估内容和分类着手，详细分析路面养护维修后取消项目、增加项目显性及隐性经济效益的计算方法，并结合沥青路面使用性能特点进行实证应用与分析。

1.3 主要内容

沥青路面的养护与修复是一个受多因素制约的综合工程，且经历的时间跨度大，工作量大而很难预估，维修过程的经济性也很难量化评估，这些都使得我国的路面养护管理工作长期停留在混乱无序的低水平状态。同时，关于路面养护的理论研究也因为缺乏重视和正确的研究方法，到现在也无实质性的进展。

从沥青路面维修管理现状、以可靠性为中心的维修理论发展及应用过程的论述中可以看出，以可靠性为中心的沥青路面维修理论以保证维修路面可靠性为基本目标，对路面的病害进行合理的分类和汇总，以科学的分析方法找出各类病害的最佳维修对策，在保证路面可靠性的同时，提高维修工作的有效性和经济性，是一种先进的维修管理方法。研究 RCM 在沥青路面养护中的应用，不仅能改善我国目前路面养护管理的状况，提高路面养护工作的效率，而且为路面管理的大系统（包括路面的设计、施工、使用、修复及相关的法规制定、合同订立等）的良性循环运行提供技术支持，形成路面养护管理持续完善的基础。本书主要内容共分六部分。

本书第一个主要部分论述可靠性维修的基本知识，分析以可靠性为中心的维修理论的主要内容和观点，提出以可靠性为中心的沥青路面维修技术大纲的编制内容。

第二部分通过对国内部分代表性道路的交通量、路面结构厚度、抗压回弹模量、弯沉等路面结构设计参数的统计分析，研究其概率分布特征。然后采用有限元中的可靠性分析工具，随后将各影响因素视为输入随机变量，将路表弯沉、各层层底拉应力和极限状态函数作为输出变量，对典型沥青路面结构进行了可靠性分析。

第三部分本书从既有沥青路面结构可靠性状态分析的角度出发，在利用目前先进的无损检测技术的基础上，对既有沥青路面结构可靠性计算参数进行检测，然后采用有限元程序计算荷载应力水平、层间接触状态等因素对路面结构可靠度的影响，最后应用灰色系统理论对既有路面结构可靠性状态进行预测。

第四部分依托现有路面状况普查测定的大量数据，依据可靠性数学的基本理论并运用数理统计的方法，运用 Mintab 程序，对高速公路沥青混凝土路面使用性能各参数的概率分布模型、变异水平进行了较全面的研究分析，然后利用集对分析、模糊风险理论对路面状况进行评价。

第五部分本书就反映沥青路面使用性能的指标，应用可拓学中的物元综合方法，建立了路面使用性能多指标综合预测模型，通过计算其关联度，获得定量的数值评判结果，来判断未来路面使用性能的类别；然后结合沥青路面维修的特点，研究沥青路面取消项目、增加项目显性及隐性经济效益评估方法。最后利用多目标规划法建立求预防性维修最佳维修周期的模型，并利用实例进行验证。

第六部分通过对旧沥青路面加铺水泥混凝土层的力学分析，研究行车荷载、温度及两者共同作用下加铺层设计参数对加铺层应力的影响规律；在分析交通荷载参数变异性的基础上，计算水泥加铺层可靠度随累计当量轴次的变化规律。

第 2 章　以可靠性为中心的沥青路面维修理论体系

2.1　以可靠性为中心维修（RCM）主要理论内容

IEEE 可靠性协会 1998 年年度报告指出："在传统的可靠性教科书里，可靠性被定义为'产品在某个给定时期内和特定环境中执行其预期功能（没有失效）的概率'。今天，可靠性工程已发展到包括其他各种问题，一些是定性分析多过定量分析，一些是难以估计其成功率。现行趋势建议可靠性工程朝着预防失效的方法重点发展，而不仅仅是描述或建立失效发生或失效率的模型。"RCM 就是这种趋势研究的重要课题，它的最大优点就在于它认识到故障后果远比故障的技术特性重要得多。

RCM（Reliability Centered Maintenance）理论即以可靠性为中心维修，是一种用于确定资产在其运行环境下维修需求的方法。《RCMⅡ》把 RCM 定义为：确定有形资产在其使用背景下维修需求的一种过程。从其定义可以看出 RCM 的适用对象为有形资产，其不仅仅是传统 RCM 规定的大型复杂系统或设备。这里有形资产（本文简称为资产）主要是相对于无形资产（资金或软件）而言，它可以是军用装备、生产设备，也可以是民用设施。这样的定义使 RCM 的适用范围大大扩展。从《RCMⅡ》（1997 年版）公布的 Aladon 公司已推广应用 RCM 的行业清单中可以看出：目前的 RCM 应用领域已涵盖了航空、武器系统、核设施、铁路、石油化工、生产制造、甚至大众房地产等各行各业。

以可靠性为中心的维修又是一种制定决策的方法，是以对故障性质和原因的理解为基础的维修策略。它规定维修应符合特定的维修逻辑基础。作为维修策略，是由维修计划中所包含的各项维修工作汇集而成的。维修作业的范围，可以从目视检查、视情维修到整个系统的大修，其措施可以从预防性维修到恢复性维修等各种形式。在由具体故障内容、故障影响、维修作业形式到维修范围确定的系统决策过程中，RCM 主要在三个层次上发挥作用：

一是它所推行的是对故障后果的整体评价，所采取的方式是把有关安全性、运行经济性和维修费用的判定综合起来；

二是它把有关复杂资产的各种故障模式的新发现归并到一种新的方法中，

用它来选择新的预防性维修作业或其他类型的维修方法；

三是它把以上两项活动结合成以功能逻辑判断图为决策方法的决策过程。

在开始分析某单位资产的维修需求之前，需要了解这些有形资产是什么，以及哪些有形资产需要进行 RCM 审查，这就要求必须首先建立起一份详细的有形资产登记表。

然后，RCM 方法需要对每个有形资产就下列问题进行分析。

（1）在现行的使用环境下，设备的功能及相关的性能指标是什么？

（2）什么情况下设备无法实现其功能？

（3）引起各故障的原因是什么？

（4）各故障发生时会出现什么情况？

（5）什么情况下各故障至关重要？

（6）做什么工作才能预防各故障？

（7）找不到适合的预防工作应怎么办？

2.1.1 功能和功能标准

维修意味着保证有形资产能保持实现其设计功能的状态，因此，任何有形资产的维修目标只能通过限定有形资产的功能和期望的性能水平才能确定。为此，RCM 方法首先要确定有形资产在其使用条件下的功能和功能标准。正常标准下，有形资产功能和功能标准的分析阶段占整个 RCM 分析时间的三分之一，在分析的同时还可使进行分析人员加深对有形资产的实际工作过程的了解程度。

2.1.2 功能故障

有形资产不能实现其设计功能时，称为功能故障。如果有形资产设计得非常完善，那么唯一妨碍它正常运行的就是某种故障，这表明维修必须借助于适当的故障处理方法来达到目的。可是，在我们采用符合故障的处理手段之前，需要确定会发生什么故障？RCM 方法在两个层次上进行确定。首先，确认什么样的情形等于是故障状态。在 RCM 研究领域，故障状态被称为功能故障（Functional Fault），因为该故障/失效使得资产不能达到用户所能接受的、能满足绩效标准的功能。除了功能的完全失效，功能失效还包括部分失效，即资产仍然在工作，但是性能指标不能达到要求，包括资产不能维持在可接受的质量或精确度要求上。很显然，只有当资产的功能和绩效标准被定义清楚之后，功能失效才能够被定义清楚。一旦各种功能失效被确认之后，下一步就是试图确认可能引起每一种故障状态的合理的所有事件。这些事件被称为“故障模式（fault modes）”，“合理可能的”故障模式包括：

（1）故障

产品不能执行规定功能的状态。预防性维修或其他计划性活动或缺乏外部资源的情况除外。故障通常是产品本身失效后的状态，但也可能在失效前就存在。对于具体产品，其故障的判据还应结合产品的功能以及装备的性质与适用范围加以规定。

（2）功能故障

功能故障是指产品不能完成规定功能的时间或状态。要确定产品的功能故障，需弄清产品的全部功能。一个系统会有几个功能，实际使用中也会有几个不同功能故障发生。

在进行产品的故障模式和影响分析时，就要针对具体产品考虑所有的功能故障。

（3）潜在故障

潜在故障是指产品将不能完成规定功能前的可鉴别的状态。许多产品的故障模式有一个发展过程，在临近功能故障之前，可以确定其将不能完成预定功能的状态，这就是潜在故障。“潜在”两字的特殊含义是指：

①功能故障临近前的产品状态，而不是功能故障前任何时刻的状态；

②产品的这种状态是经观察或检测可以鉴别的。否则，该产品就不存在潜在故障。零部件、元器件的磨损、疲劳、老化等故障模式大都存在由潜在故障发展到功能故障的过程。

（4）明显功能故障

明显功能故障是指其发生后，正在履行正常职责的操作人员能够发现的功能故障。

（5）隐蔽功能故障

隐蔽功能故障是指正常使用装备的人员不能够发现的功能故障，而必须在系统停用时进行检查后才能发现。详细研究隐蔽功能故障可将其分为两种情况：

①正常情况下工作的产品，其功能的中断对正常使用装备的人员是不明显的；

②正常情况下不工作的产品，需要使用时是否良好，对正常使用系统的人员是不明显的。

（6）多重故障

多重故障是指由连贯发生的两个或两个以上的独立故障组成的故障事件，它可能造成其中任一故障不能单独引起的后果。多重故障与隐蔽功能故障有密切的联系。隐蔽功能故障如果没有及时发现和排除，就会造成多重故障，可能产生重大后果。

（7）明显的安全性影响

明显的安全性影响指的是功能故障的发生是明显的且由该故障所引起的二次损伤对资产的使用安全有直接不利的影响，即会直接导致人员伤亡或装备的严重损坏。

（8）隐蔽的安全性影响

隐蔽的安全性影响是指一个隐蔽功能故障和另一个（或多个）功能故障的结合所产生的多重故障对使用安全的有害影响。它与明显的安全性影响的差别在于它不是一个故障的直接影响，而是多个故障的影响。

（9）明显的任务性影响

明显的任务性影响指的是明显功能故障直接产生妨碍资产完成任务的故障后果。每当出现此类故障就需要停止执行计划的任务。任务影响包括：在故障发生之后需要中断任务的执行，为要进行事先未料到的修理而延误或取消其他的任务，或是在进行修理之前需要作任务上的限制。并不是所有故障都有任务影响，例如在设计有冗余部分的系统中，对其冗余部分的修复或更换就没有任务性影响。

（10）隐蔽的任务性影响

隐蔽的任务性影响是指一个隐蔽功能故障和另一个或几个功能故障的结合产生的多重故障对任务执行能力的有害影响。

（11）明显的经济性影响

明显的经济性影响是指不妨碍安全性和任务的完成，而只会造成较大的经济损失。

（12）隐蔽的经济性影响

隐蔽的经济性影响是指一个隐蔽功能故障和另一个或几个功能故障的结合产生的多重故障会造成较大的经济损失。

2.1.3　故障模式

国家军用标准《可靠性维修性术语》（GJB 451A—2005）中，故障模式的定义是：故障的表现形式。更确切地说，故障模式一般是对产品所发生的、能被观察或测量到的故障现象的规范描述。

在分析产品故障时，一般是从产品故障的现象入手，通过故障现象（故障模式）找出原因和故障机理。对住宅产品而言，故障模式的识别是进行故障分析的基础之一。

故障模式一般按发生故障时的现象来描述。由于受现场条件的限制，观察到或测量到的故障现象可能是系统的，如建筑物倒塌；也可能是某一构件，如承重墙失稳；也可能就是某一具体的零件，如砖块腐蚀、开裂等。因此，针对产品结构的不同层次，其故障模式有互为因果的关系。如“承重墙失稳”这一故障模式是它上一层次“建筑物倒塌”的原因，又是它下一层次故障模式“砖块腐蚀、开裂”的结果。

由于故障分析的目的是采取措施、纠正故障，因此在进行故障分析时，需要在调查、了解产品发生故障现场所记录的系统故障模式的基础上，通过分析、试验逐步追查到组件、构件或零件级（如曲轴）的故障模式，并找出故障产生的机理。

故障模式不仅是故障原因分析的依据，也是产品研制过程中进行可靠性设计的基础。如在产品设计中，要对组成系统的各部件、组件潜在的各种故障模式对系统功能的影响及产生后果的严重程度进行故障模式、影响及危害性分析，以确定各故障模式的严重等级和危害度，提出可能采取的预防改进措施。因此将故障的现象用规范的词句进行描述是故障分析工作中不可缺少的基础工作。目前，一些行业、专业均编制了故障模式表，如中国汽车工业总公司在1992年发布了标准《汽车的故障模式及分类》（QC/T 34—92），将汽车常见故障模式分成六类。但在建筑行业还没有类似的文件或标准，这主要是对建筑维修的重视程度不够导致的。

故障模式发生的概率用故障率表示。故障率是产品可靠性的重要指标，它的定义为：已工作到时刻 t 尚未失效的产品，在时刻 t 后单位时间内发生失效的概率，称为产品在时刻 t 的失效概率，简称为失效率或故障率，记作 $\lambda(t)$。对功能故障的确认有助于我们正确地理解我们正在寻找预防的是什么，为采取维修方法提供科学依据。为此，保证把时间和精力花费在研究起因而不是征兆上，详细地确定每一故障的原因是重要的。另外，为避免分析本身过于详细而浪费时间也是很重要的。

2.1.4 故障影响

故障影响描述的是每一种故障发生后所产生的影响。这些描述包含所有以下用于支持故障后果评价的信息：

（1）能够用于证明故障已经发生的证据；

（2）影响安全与环境的方式；

（3）影响生产和运行的方式；

（4）故障引起的物理损坏；

（5）要修复故障必须采取的措施。

确认功能、功能故障、故障模式、故障影响的过程，特别有助于提高性能、保障安全和消除浪费。

当确定故障模式时，就要把故障影响记录下来。故障影响所描述的是故障模式发生时将会出现什么情况，包括像对安全的影响、对任务的影响、故障发生的迹象、可能的纠正措施、对环境的影响等。这可使得我们有可能确定每一故障的重要程度，由此决定所需预防维修的级别。

2.1.5　故障后果

对一个相对复杂系统分析的结果，会得到成百上千个可能的故障模式。所有故障都会有特定的影响和后果，需要花费时间和经费进行纠正。正是这些后果强烈地影响着我们所设法预防的每种故障的范围。换句话讲，如果故障有严重后果，我们就可能竭尽全力防止其发生。另一方面，如果它几乎不产生影响，那么我们就可以决定，除了日常的清洁和保养外，对它可以不采取任何预防措施。RCM 最大的长处在于它认识到故障后果远比故障的技术特征重要得多。事实上，它实施何种类型的预防性维修的唯一原因不在于对故障本身进行预防，而在于避免或减轻故障后果。

在维修决策中，RCM 方法不仅确认了故障后果的严重程度还把它们分为四类：

（1）潜在后果

指故障发生前资产的使用人或维护人员不能察觉，但存在潜在的、严重的、经常是灾难性的后果（大多与没有失效安全机制的保护装置有关）。

（2）安全性和环境性后果

如果故障会使人员伤亡，就具有安全性后果；如果故障违反了行业、地方和国家的环境标准，则故障就具有环境后果。即使不能完全排除故障，也应把这两类故障所带来的风险度真正降到非常低的水平，这是 RCM 的一条基本原则。

（3）任务性后果

如果故障无安全性后果，但影响资产的使用，就具有了使用后果。这些后果会花费很多经费，所耗经费量意味着预防性使用后果所需要花费的多少。

（4）经济性后果

划分到这一类里的故障既不影响安全也不影响资产的使用，因此它们只涉及直接维修费用。

RCM 流程使用上述后果分类作为维护管理决策战略框架的基础。通过将每种故障模式的后果按上述分类标准去归类，从而将维护功能的运行、环境和安全目标集成起来。后果评价过程启示我们，没有必要必须预防所有的故障，维护工作的重点应放在那些负面后果最大的可能故障上。通过分析，促使我们思考管理故障的不同方法，而不是单纯地预防故障的发生。

2.1.6 RCM 分析的基本原则

RCM 方法遵循如下四种原则：

(1) 故障维修的经济性，即故障的预防和维修任务在经济上必须是合理的，以最小的经济代价来保持和恢复系统的应有可靠性和安全性。

(2) 功能故障对操作人员来说不是显而易见的，则必须进行预防维修。

(3) 功能丧失或者其故障具有安全性和环境性后果，则必须进行预防维修，如果预防维修不能满足要求，即不能将该故障的危害降低到一个可接受的水平，必须重新设计或改变工艺流程。

(4) 设计中考虑到维修性原则，即尽量满足标准化、模块化、互换性、可达性的要求，易于故障查找和识别。

2.1.7 以可靠性为中心的维修理论的主要观点

基于上述的内容，以可靠性为中心的维修思想认为：

(1) 故障与使用时间一般没有直接关系，定时维修不一定普遍适用。

几十年传统的维修观念认为，保持有形资产最佳状况的最好方法是定期维修或更换。这一现象充分表现在我国 20 世纪 50 ~ 70 年代以后的三级维修保养制度中。其依据建立在故障率随使用时间的典型浴盆曲线理论基础上，认为每一个有形资产都有一个使用寿命的问题，超过这个寿命以后，有形资产便由耗损故障期中的第一阶段和第二阶段故障率曲线的早期和偶然耗损期进入损耗失效期。

在实践中，这种误导带来了两个严重的影响。

①定时维修本身是一项极易出错的工作，它会对系统稳定产生很大的干扰，而且，它很可能会引发早期故障，从而导致它原本想预防的故障发生。

②在理念层次上，相信浴盆曲线的人认为，在两次翻修之间不应有故障发生，即使发生了故障也不是维修的问题，“因为我们上周或去年才维修了它”。这些人会完全忽略翻修本身可能是故障的原因。更为严重的是有这样理念的人会在制定维修策略及大纲时，失去科学、经济、有效的工作方法。

(2) 多数故障都有一定的潜伏期，可通过现代科学的检测手段检测到，使维修工作更安全、及时、经济。

RCM 理论提出的潜在故障概念，使发生功能故障的资产系统或构件在潜在故障阶段得到更换和修理，使资产或构件能够在不发生功能故障的前提下得到充分利用，达到既经济又安全的使用目的，这是 RCM 的重要思想之一。

传统维修观念常夸大定时维修的作用，当定时维修和视情维修两者在技术上都可行时，优先采用定时维修。而 RCM 理论正好相反，同样的条件下，优先采用视情维修。因为采用视情维修可以充分利用功能故障的寿命，尽量地使每一个功能项目能实现其几乎全部可用寿命，达到经济的目的。另外，也能通过鉴别潜在故障的办法来防止功能故障的出现。

（3）从可靠性原理及实践寻找或消除隐蔽故障，可以预防多重故障的严重后果。

以可靠性为中心的维修所提出的隐蔽功能故障和多重故障的概念，揭示了故障发生的一些内在的本质关系。它有利于人们重新认识一些不可避免的故障，可以利用可靠性设计来保护有形资产的正常运转，如备用系统、冗余设计、急救装置、消防装置等。随着技术装备的现代化，这一趋势在不断地增长。

（4）预防性维修不能提高固有可靠性。

有效的预防性维修工作能够保持有形资产的固有可靠性或减缓可靠性降低速度，但不能保持或提高固有可靠性的水平。没有一种维修能使可靠性超出设计时所赋予的固有水平，只有重新设计或实施改进性维修。

（5）预防性维修难以避免故障的发生，不能改变故障的后果。

RCM 认为故障后果的改变不取决于维修，而取决于设计。维修可以降低故障发生的概率，但不能改变故障的后果。对于具有安全性和环境性后果的故障，可以采取冗余技术和损伤容限设计，使其不再有安全性的后果；或增加安全保护装置把破坏概率降低到一个可接受的水平。对隐蔽性故障应采取措施使其变为明显故障，以便控制多重故障。传统维修观念往往过高地估计了预防维修的作用，而缺乏故障后果与维修方式之间的内在关系的研究。

（6）采用不同的维修策略和方式可大大减少维修费用。

如何减少维修费用，是各个时期有形资产管理讨论的话题。过去人们对维修及可靠性知识的缺乏，仅仅注意在某一种维修方式上进行如何节约的工作，忽视了维修策略的变化可以带来质的变化这一问题。当我们过多地考虑维修的技术性问题时，维修管理的效率降低则是一种更大意义上的经济损失。由于可靠性理论的普及，我们可以进行各种维修策略的权衡。在基于可靠性的数据中可以确定出哪种维修策略更为经济或安全。另外，在选择维修策略时，还应注意一个问题，就是不论哪种维修方式都有它的先进性或经济性。所谓的选择就是能够针对实际情况多进行方案筛选，这一点在实际工作中说起来容易，做起来不一定简单，因为维修人员要面对的是众多的有形资产维修工作。

2.2 沥青路面 RCM 分析

以可靠性为中心的维修思想通过对沥青路面使用性能的可靠性分析，特别是沥青路面病害影响及危害程度分析，将沥青路面的主要病害进行系统整理分析。然后，根据病害后果的严重性，以养护维修方法的适用性、有效性和经济性为决断准则，确定是否进行维修工作，并确定工作的内容、维修级别和维修时机，大大降低了维修的工作量，提高了维修工作的有效性，实现了以最小的费用来保持或恢复沥青路面使用性能的养护维修目的。考虑到路面的量大面广和高价值特点，将以可靠性为中心的维修理论引入到路面的维修工作中的经济效益和社会效果是无法估量的，本章主要根据路面维修的概念，结合 RCM 分析的基本步骤，对路面维修的相关环节进行分析。

2.2.1 沥青路面的功能及构成分析

1. 沥青路面构成分析

(1) 垫层

垫层是位于底基层和土基之间的结构层次，其功能主要有两方面：

一是改善土基的湿度和温度状况，以保证路面结构的稳定性和抗冻能力。

二是将基层、底基层传递下来的车辆荷载应力扩散，以减小对土基的应力和变形。

当路床质量相对较差，设计时路面结构需要较大的厚度时，根据材料的可利用性和适合基层和垫层材料的费用对比，在路床土上设置垫层是最经济的解决方案。除此之外，垫层还有以下作用：

① 防止路床细粒土侵入基层；

② 减少冻胀作用的破坏影响；

③ 防止路面结构内或以下自由水的积累；

④ 为施工设备提供一个工作平台。

(2) 基层

基层是路面结构中面层以下的一层，它铺筑在垫层之上。如果无垫层，那么它直接铺在路床土上。它在路面中的主要功能是结构承载，它通常由集料（如破碎集料、破碎钢渣、破碎砾石和砂砾等材料）混合组成。基层是路面结构中的主要承重层，承受由面层传来的车辆荷载的垂直力，并扩散到下面的垫层。对基层底的要求是应具有足够的强度和刚度，良好的扩散应力能力，以及足够的稳定性和平整度。

（3）面层

面层是直接承受行车荷载作用及大气降水和温度变化影响的路面结构层次，并为车辆提供行驶表面，直接影响行车的安全性、舒适性和经济性。由于面层直接承受行车荷载的垂直力、水平力和冲击力的作用，同时还会受降水的侵蚀和气温变化的影响。因此，面层应具有足够的结构强度和刚度，抗变形能力，较好的稳定性和温度稳定性，以及良好的表面特性（如抗滑性和平整度）。

2. 沥青路面的功能分析

路面结构是公路基础设施的主要组成部分。公路路面直接为车辆提供高速行驶的表面，车辆在公路上的运行质量的优劣除了车辆自身特性外，完全取决于路面的表面特征。如何满足高速行车的功能需求，体现公路快速、安全、舒适的优越性，为用户提供优质的服务水平，对公路的路面结构特征提出了更高要求。具体而言，路面结构功能特征应包括的主要内容如图2.1所示：

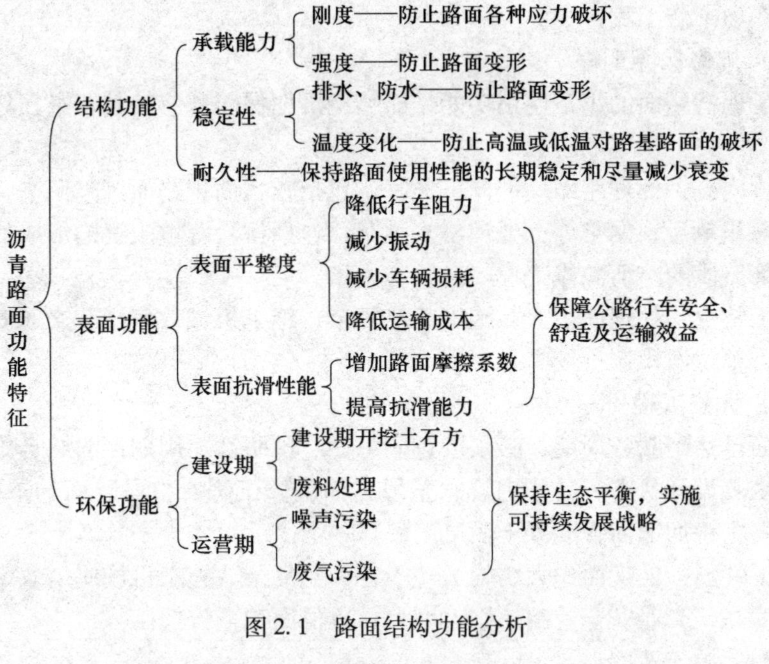

图2.1　路面结构功能分析

2.2.2　沥青路面的维修类型

许多不同的路面维修技术可以延长路面的使用寿命，这些技术的应用通常为一种经济有效的方法，可以把路面加铺、再生或重建的时间延缓数年。在选定路面维修方法时，必须考虑路面病害、结构状况以及现有路面的功能状况。表2.1为沥青路面病害修复和预防性养护方法。

表2.1　沥青路面病害修复和预防性养护方法

病害	修复方法	预防性方法	病害	修复方法	预防性方法
龟裂	全厚式修复	封裂缝	坑洞	全厚式修复	封裂缝和封层
泛油	撒布热砂	—	唧浆	全厚式修复	封裂缝和封层
块裂	封裂缝	—	剥落	封层	恢复封缝
沉陷	整平加铺层	—	车辙	整平加铺层	—
集料磨光	抗滑剂	—		冷铣刨	—
	表面处治	—	壅包	挖除和置换	—
	稀浆封层	—	自然风化	封层	恢复封缝

按工程处理范围的大小、机械使用效率、施工工艺难易程度及工程对设备的要求特点来划分，将机械化养护作业划分为维修保养工程、大修工程、抢修工程、专项维修工程四类。

（1）维修保养工程

为了保持路面的正常使用功能，能够经济性保养和修补其轻微损坏部分的作业。

具体内容：处理路面局部严重病害，包括较大面积路面沉陷调平、路面车辙、大面积龟裂、网裂等；处理桥头跳车，包括桥台背填土沉陷形成的跳车现象，局部路段的路面翻修工程。

施工特点：处理面积大，施工工艺复杂，施工机械效率高，交通安全控制难度大，单位面积造价较高。

（2）大修工程

路面已达到服务周期，必须进行应急性、预防性、周期性的综合维修，使其全面恢复设计状态。具体内容：整段路面翻修工程、整段路面的罩面工程、水泥混凝土桥加铺沥青混凝土面层工程。

施工特点：处理面积大、施工功能各异且复杂、施工机械使用效率高、机械化程度高，交通安全控制工作难度大，单位面积造价低。

（3）抢修工程

对由于水灾、地震、交通事故、风暴、雨雪等造成的路面重大损坏进行的修复，保证其正常使用。具体内容：由于水毁、地震等造成的路面拉裂、路面沉陷等处治工程。

施工特点：处理面积较小，施工工艺复杂，机械使用效率低，机械化程度较高，交通安全控制工作难度大，单位面积造价高。

（4）专项维修工程

专项工程内容单一，包括路面沉陷调平、桥头跳车、局部路段翻修工程，工艺要求严格，各道工序已经全部或部分实现现代化。

路面维修是一项通过保养路面及修复其损坏部分而保持或提高路面完好程度的综合活动，包括维护与修复两大方面，其重要作用有：

①维护路面的正常使用功能，充分满足使用要求。

②减少和防止路面提前损耗，增加路面耐久性和使用完好性。

③恢复或改善一部分或大部分损坏的路面使用功能，合理延长路面使用年限。

④良好的维修能节约路面维修投入，取得良好的经济效果。

2.2.3　沥青路面病害类型及其危害程度分析（FMECA）

病害类型、影响及其危害性分析即 FMECA，是一组分析方法，包括病害类型分析 FMA、病害影响分析 FEA、病害危害性分析 FCA 以及其各种组合，常称为 FMECA，是一种分析、评价潜在失效的方法，是在可靠性设计中发展起来的。表 2.2 是典型 FMECA 分析表。

表 2.2　典型 FMECA 分析表

项目	功能	病害类型	病害后果	病害原因	发生的频率	影响的严重程度	发现的难易程度	危害度	目前控制	维修措施
1										
2										
⋮										

1. 沥青路面病害类型

沥青路面的损坏有裂缝类、变形类、表层损坏或缺损类和修补损坏四大类，各大类可按形态、特点和原因的不同细分为表 2.3 中所列的几种主要损坏。各种损坏可分别按相应的标准区分为三个轻重程度等级（个别损坏不分级），列于表 2.3 中。

表 2.3　沥青路面的损坏类型和轻重程度鉴别标准

损坏类型	描述	轻重程度分级	计量方法
横向裂缝	与道路中线近于垂直，由①施工接缝，②低温缩缝，③基层接（裂）缝反射所造成	轻微：裂缝边缘无或仅有轻微碎裂，缝隙宽不大于6mm； 中等：边缘中等碎裂，缝隙宽大于6mm，有少量支缝，引起车辆跳动； 严重：裂缝边缘严重碎裂，有较多支缝，引起车辆剧烈跳动	以长度或面积计
纵向裂缝	与道路中线大致平行，由①施工接缝，②下卧层沉降，③承载力不足所造成		
块裂	裂缝将面层分割成面积约 0.1～$10m^2$的矩形块，由混合料收缩和温度变化所造成		以面积计
龟裂	一系列相互交叉的裂缝将面层分割成锐角多边形小块，其最长边小于30cm，由荷载疲劳作用所引起	轻微：纵向不连贯的发裂，无碎裂； 中等：发展成轻度龟裂，有轻度碎裂； 严重：中等龟裂，较严重碎裂并松动	以龟裂区外接面积计
车辙	路表面沿轮迹的凹陷变形，由行车荷载作用下路面结构层的永久变形和（或）路基的塑性变形引起	轻微：车辙深6～13mm； 中等：车辙深13～25mm； 严重：车辙深大于25mm	以面积或长度计
波浪（搓板）	路表面有规律的纵向起伏变形，由于混合料热稳定性不足所造成	轻微：车辆轻微震动，无不舒适感； 中等：车辆有较大震动，略有不舒适感； 严重：车辆震动很大，很不舒适	以面积计
沉陷	路表面的局部凹陷，由地基沉降所引起		
胀起	路表面的局部隆起，由冻胀所造成		
泌水和唧浆	水从裂缝中缓慢渗出；水和细料在重车作用下从裂缝中泵吸出	轻微：出现泌水，重车驶经时有水泵出； 中等：路表面裂缝处可观察到泵出材料； 严重：路表面裂缝处有大量泵出材料；	记录发生地点

续表

损坏类型	描述	轻重程度分级	计量方法
泛油	路表面形成一层有光泽的、玻璃状的沥青黏膜，因沥青过多或空隙率太小	不分级	以面积计
松散和老化	集料颗粒和沥青结合料散失	轻微：集料和结合料开始磨损； 中等：出现中等粗糙的构造表面； 严重：出现严重粗糙的构造表面	
坑槽	面层混合料散失后出现的坑洞	轻微：深度不大于 25mm； 严重：深度大于 25mm	以数量和面积计
磨光	集料棱角磨圆或呈平滑状	不分级	以面积计
修补损坏	原路面采用相同或其他材料进行修补后的状况	轻微：状况良好，性能满意； 中等：略有轻微到中等程度的各种病害； 严重：严重损坏，需重新修补	

2. 沥青路面病害的判定

沥青路面病害的判定一般不是以路面结构整体失效为条件，而是以路面的设计功能标准和使用标准而定，当实际功能达不到设计和使用的标准时判定为病害。所以，路面的病害判定可参考建设法规和路面使用标准。如果既有路面该方面的指标达不到该标准或者使用者对其的要求，就可认为路面在该方面存在病害，但目前该方面的数据比较分散，且很多是定性说明，或者干脆就没有。我国应加强关于这方面的研究，整理出一个系统的路面病害判定标准，因为这对路面的设计质量、施工质量和维修质量的提高都起着基础性作用。

3. 沥青路面的病害成因分析

对大量的病害进行调查与分析可以发现，虽然病害类型各不相同，但是发生病害的原因有不少相同或相似之处，对引发病害的原因，必须有足够的认识。另外对病害实事求是地进行科学分析，找出病害发生的原因，一方面可为病害的处理提供可靠的依据，另一方面是总结经验教训，提出预防病害重复发生的保证措施。

路面使用性能与病害发生的原因之间建立有明确的对应关系。如果把各种原因与该病害结果连接起来，就形成一个链条——病害链。由于原因与结果、原因与原因之间逻辑关系不同，则形成的病害链也不同，主要有以下三种形式，如图 2.2 所示。

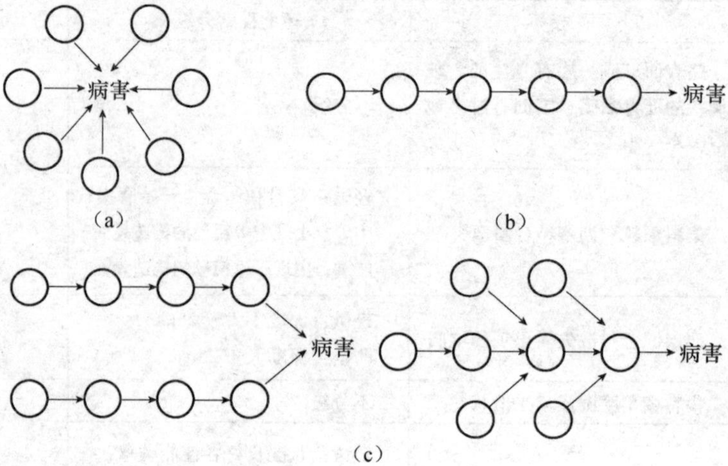

图 2.2　路面病害链类型图

(a) 集中型；(b) 连锁型；(c) 复合型

①集中型：各自独立的几个原因，共同导致病害发生则是集中型。

②连锁型：某一因素促成下一要素的发生，因果连锁则构成连锁型。

③复合型：某些病害往往是部分因果连锁，而又有一些是原因集中，则构成复合型。

4. 沥青路面病害发生的因素

路面自建成之日起就进入了消耗的过程，在这个过程中，由于种种原因，路面或迟或早出现不同程度的损坏和病害。路面病害的发生并不是都来源于路面结构，也有气候、施工质量等因素，多数是以一种复杂的方式相互作用而导致路面破损。

在路面维修过程中，一个详尽的路况调查是无价的。合理的路况调查能区分目前路面存在的破坏类型，从而有助于养护人员确定病害的起因。只有知道病害产生的原因，才有可能选择正确的维修方案（是否需要进行加铺）以修复和防止再次损坏。表 2.4 对沥青路面病害原因进行了分类。

表 2.4　沥青路面病害原因分类

序号	病害类型	主要是交通荷载引起的	主要是气候/材料原因引起的	备注
1	龟裂或疲劳裂缝	√		
2	泛油		√	
3	块裂		√	

续表

序号	病害类型	主要是交通荷载引起的	主要是气候/材料原因引起的	备注
4	壅包		√	
5	沉陷		√	
6	PCC板引起的接缝反射开裂		√	
7	车道/路肩下沉或隆起		√	
8	车道/路肩的分离		√	
9	纵向和横向裂缝		√	
10	修补处损坏	√		
11	集料磨光	√		
12	坑洞	√		
13	冻胀和水流	√	√	
14	松散和风化	√	√	
15	车辙	√		
16	滑动开裂		√	
17	膨胀		√	

2.2.4　沥青路面病害的逻辑判断

路面维修的逻辑决断工作是在路面病害的影响与后果分析之后，基于病害发生后损失最小的原则，对路面的主要病害进行分析，选择对该病害适用有效的维修方式。所以，维修的逻辑决断工作是病害后果与维修方式之间的桥梁，是以可靠性为中心的维修分析的核心。

如前所述，路面病害的后果包括安全性后果、任务性后果、经济性后果和其他后果。

其中，安全性、使用性和经济性后果是逻辑决断分析的主要内容。这些后果根据病害发生前能否通过使用检查的手段发现的特点可分为隐蔽性影响和明显性影响。

相应于病害的后果，病害维修中可采取的对策有：

（1）保养（所有类别都有）

保养是指为保持固有设计性能而进行的路表面清扫、除草等日常养护等。

适用性准则：保养工作必须是设计所要求的，必须能降低功能恶化率。

有效性准则：保养工作只要适用就是有效的。

（2）使用检查

按计划进行的定性检查（观察），以确定路面能否执行规定功能，其目的是发现隐蔽功能故障。

适用性准则：路面使用状态良好与否必须能够确定。

有效性准则（安全性和使用性影响）：工作必须能够将病害或多重病害发生的概率降低到规定的可接受水平。

有效性准则（经济性影响）：若该类预防性维修工作的费用低于路面病害引起的损失费用，则认为是有效的。

（3）功能检测（所有类别）

功能检测：按计划进行的定量检查，以确定路面功能参数是否在规定限度内，其目的是发现潜在病害。

适用性准则：产品必须满足下述三个条件才是适用的。

①路面功能退化必须是可探测的；

②路面必须存在一个可定义的潜在病害；

③路面从隐含病害发展到功能病害必须经历一段可以预测的时间。

有效性准则（安全性和任务性影响）：工作必须能够将病害或多重病害发生的概率降低到规定的可接受水平。

有效性准则（经济性影响）；若该类预防性维修工作的费用低于路面病害引起的损失费用，则认为是有效的。

（4）定时大修（所有类别）

定时大修：产品使用到规定的时间予以大修，使其恢复到规定的状态。

适用性准则：产品必须满足下面三个条件才是适用的。

①路面使用性能必须有可确定的耗损期；

②路面使用性能工作到该耗损期有较大的残存概率；

③必须有可能将路面使用性能修复到规定状态。

有效性准则（安全性和任务性影响）：工作必须能够将病害或多重病害发生的概率降低到规定的可接受水平。

有效性准则（经济性影响）：若该类预防性维修工作的费用低于路面病害引起的损失费用，则认为是有效的。

（5）定时重建

定时重建：路面使用到规定的时间予以重建。

适用性准则：路面必须在某个可鉴定的使用时间显示出功能的恶化，并且该项目的大部分必须能生存到该使用时间。

有效性准则（安全性的）：安全措施必须能降低发生病害的风险以保证安

全寿命达到设计要求。有效性准则（使用性的）：措施必须能将病害风险降到一个可接受水平。

使用性准则（经济性的）：经济寿命必须是有经济效果的，即使用费用必须低于所预防的病害的费用。

（6）综合工作（仅安全性的有）

由于这是一个安全性类别的问题，因此一定要做此项工作，必须分析所有可能的方法，为此，需要审查所有适用的工作，通过审查选择出最有效的一项或多项工作。

在回答病害确定问题时，必须考虑各类工作的适用性和有效性准则后才能选择。只有这样，才能避免根据传统的观念选择工作，得出更加合理、科学的预防维修工作。

适用性准则以路面病害原因为根据，有效性准则以故障后果为根据。如对于安全性、使用性和经济性后果有各自的有效性准则。

（7）RCM 逻辑决断分析

是按照 RCM 逻辑决断图进行的。逻辑决断图是由一系列的方框和矢量组成的，根据对所提出问题的选择确定分析流程的方向。决断图分为两层：第一层用来确定各功能病害的影响类型，第二层用来选择维修工作类型。

2.3　沥青路面维修性模型分析

沥青路面 RCM 定量分析模型由维修分析、可靠性分析、路面可用性影响评价和维修/病害费用计算及最佳维修时机分析等五部分构成，如图 2.3 所示。

2.3.1　维修性分析模型基本内容

维修性分析模型包括四个功能模块：定量分析单位选取、RCM 定性分析、维修性参数统计和维修效果评价。各功能模块的基本功能如下：

（1）定量分析单位选取模块。确定分析对象的维修范围，选取合理的定量分析单位需要考虑以下两个基本方面：维修参数（主要是维修时间）简化为确定量后能与实际情况吻合，使维修组合策略分析简化；在针对定期维修的定量分析中，合适的定量分析单位为维修单元。

（2）RCM 定性分析模块。包括使用功能、病害模式、病害后果分析（FMEA）和逻辑决断分析（LTA）方法，总结检修单元的病害范围，确定病害维修和预防维修合适的维修工作类型。

（3）维修性参数统计模块。统计一次病害维修和预防维修的时间及材料、

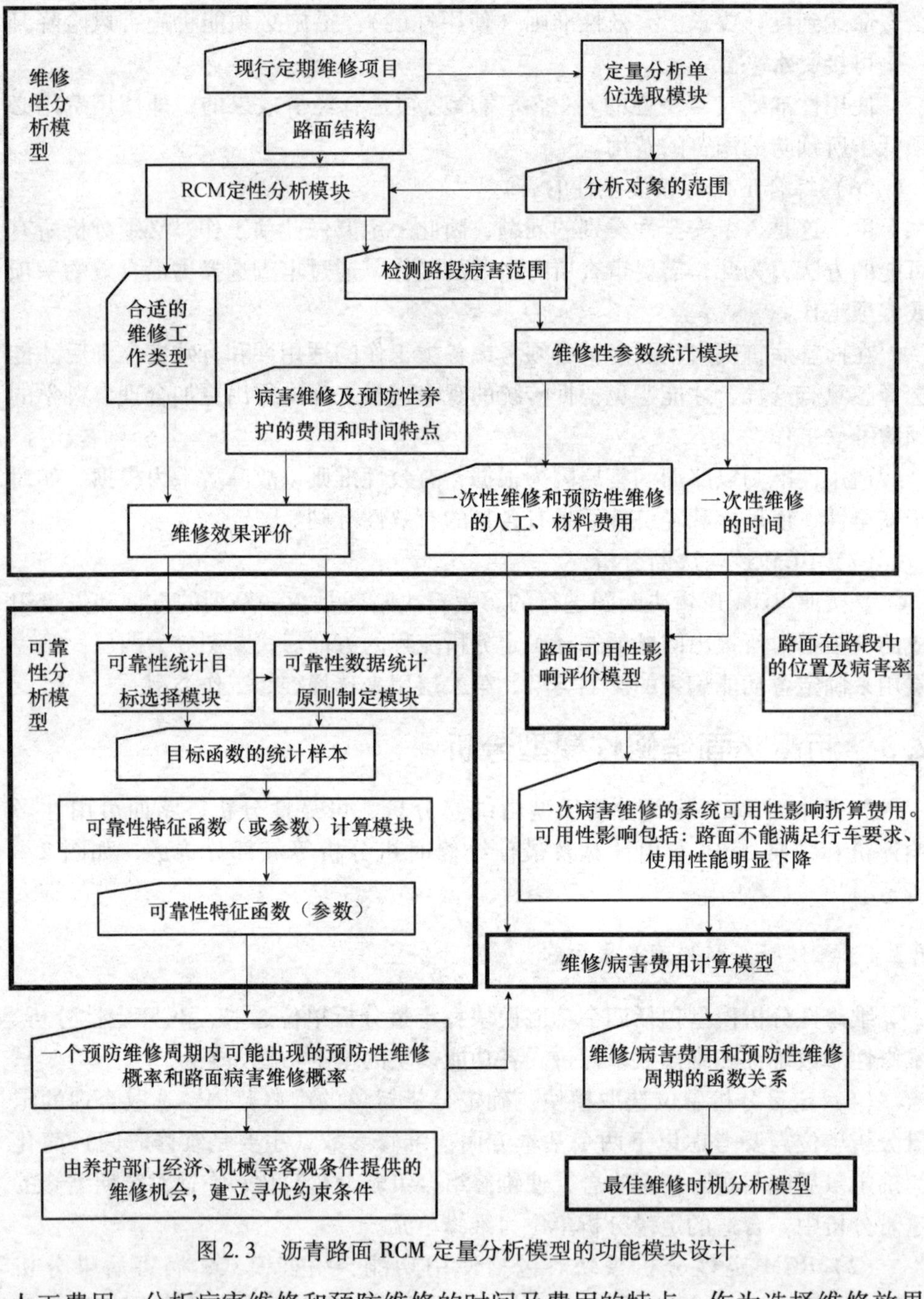

图 2.3　沥青路面 RCM 定量分析模型的功能模块设计

人工费用；分析病害维修和预防维修的时间及费用的特点，作为选择维修效果评价模块的依据。

（4）维修效果评价模块。有以下三种类型：最小维修、完全维修和不完全维修。本模块选择合适的类型评价实际维修工作的效果。

2.3.2　可靠性分析模型

可靠性分析模型包括以下三个功能模块：可靠性统计目标选择、可靠性数据统计原则制定和可靠性特征函数（或参数）计算。各功能模块的基本功能如下：

（1）可靠性统计目标选择模块。选择、确定、计算维修病害费用所需的可靠性特征函数（或参数）。可靠性特征函数主要包括：可靠度、病害率或风险函数以及路面性能下降速度分布函数；特征参数主要包括潜在病害发展到功能病害的时间，可修复病害的维修效果评价系数。

（2）可靠性数据统计原则制定模块，即研究目标函数统计样本的建立原则。根据所选择的维修效果评价模型，拟定运行病害记录和大、小修技术记录中历史数据整理原则。

（3）可靠性特征函数（或参数）计算模块。根据统计样本，利用参数法或非参数法计算可靠性特征函数（或参数）。

2.3.3　系统可用性影响评价模型

根据分析对象所在病害率以及排除一次病害所需的维修时间，计算对象病害维修对系统可用率的影响。

2.3.4　维修/病害费用计算模型

建立维修/病害费用和预防维修周期的函数关系。

2.3.5　最佳维修时机分析模型

最佳维修时机分析模型的基本功能是将路面的各次大、小修作为维修机会，建立寻优约束条件，在约束条件下，按单位工作时间的维修/病害费用最小的原则确定最佳维修周期，也即最佳预防维修时机。

第3章 基于三维有限元的沥青路面可靠性分析

3.1 沥青路面结构可靠性分析的基本原理

3.1.1 沥青路面结构可靠度的定义

结构可靠度定义为：在规定的条件下，结构能完成预定功能的概率。结合沥青路面结构的特点，其可靠度的定义为：沥青路面结构在规定的条件下，在规定的时间内，路面使用性能完成预定功能的概率。

对于沥青路面来说，“规定的条件”是指道路实际可能遇到的荷载以及气候环境等条件；“规定的时间”是指道路的设计使用年限；“路面使用性能”包含结构性能和功能性能两方面，可以分别采用开裂、车辙、表面弯沉等结构性指标，或者采用平整度等功能性指标，也可采用服务性能指数等综合指标来表征路面在某一时刻的使用性能，并规定使用期末的要求水平。这样，路面结构的可靠度可分别按各类路面设计方法采用的设计标准和指标给予不同的定义。例如，以控制荷载和温度应力综合作用下的疲劳断裂为设计标准时，可靠度的定义可为“荷载应力和温度应力不超出混凝土疲劳强度的概率”；而在控制服务能力下降量为设计标准时，可靠度的定义可为“路面服务性能指数的下降量低于预定最低限的概率”等等。然而，按这些定义分别分析不同路面、不同设计方法和指标得到的可靠度，它们之间很难进行比较。

路面在设计使用期内要经受该期间交通荷载的累计作用，各种路面或各种设计方法和指标，都可将路面服务能力表示为达到某一预定的使用性能（结构的或功能的）最低要求之前（可以称之为路面使用性能寿命期），路面结构所能承受的交通荷载的累计作用。而交通荷载的累计作用，可以转换为某一选定的标准轴载的当量累计作用次数。这样，采用不同设计方法或指标的各种路面结构，可以采用统一的可靠度定义，即路面使用性能退化到预定的最低水平时，路面结构所能承受的标准轴载作用次数 N 大于设计年限内标准轴载的当量累计作用次数 n 的概率，或者表示为式（3-1）：

$$P_s = P(N > n) \tag{3-1}$$

采用上述定义分析路面结构的可靠度，就有可能使不同路面类型或者采用不同设计方法和指标的可靠度计算值具有了可比性，从而有利于路面结构方案的比较和选择，也有利于多指标路面结构设计方法中各设计指标间的平衡设计。

3.1.2　沥青路面结构的极限状态

“当整体结构或结构的一部分超过某一特定状态，就不能满足设计规定的某一功能要求，此特定状态称为该功能的极限状态。”以上是一般工程结构的极限状态定义。对于极限状态均应规定明确的标志和限值，才能计算它的可靠度值。

工程结构的极限状态一般分为两类，承载力极限状态和正常使用极限状态。承载能力极限状态为对应于结构或结构构件能达到的最大承载能力或出现不适于继续承载的变形，正常使用极限状态为对应于结构或者结构构件达到正常使用或耐久性性能所规定的某项准则或限值。

（1）当结构或构件出现下列状态之一时，即认为超过了承载能力极限状态：

①整个结构或结构的一部分作为刚体失去平衡（倾覆、滑移等）；

②结构、结构构件或连接因材料强度或疲劳强度被超过而破坏；

③结构或者结构构件因过度的塑性变形而不适于继续承载；

④结构变为机动体系（如倒塌）；

⑤结构或结构构件丧失稳定（如压屈等）。

（2）当结构或构件出现下列状态之一时，即认为超过了正常使用极限状态。

①影响正常使用或外观的变形；

②影响正常使用或耐久性能的局部损坏（如裂缝）；

③影响正常使用的过大振动，引起人们不舒适或恐惧感等；

④影响正常使用的其他特定状态。

对于路面结构本身而言，结构层内的疲劳开裂符合承载能力极限状态的第二种情形，似乎应属于承载力极限状态，但是路面结构即使出现疲劳裂缝，也并不意味着路面结构不能继续承受车辆荷载作用，而是意味着路面服务性能的下降，也就是不符合承载能力极限状态为“达到最大承载能力或出现不适于继续承载的变形”的定义。从这一点看，路面结构的疲劳开裂应属于正常使用极限状态，即符合正常使用极限状态第二种情况“影响结构耐久性或结构外观的局部损坏（如裂缝）”。但是并不是说路面结构一旦出现了疲劳开裂就不能正常使用，路面结构刚出现疲劳开裂并不太影响其使用性能，而是由于某结构层疲劳开裂慢慢发展成贯通整个路面结构而形成裂缝，雨水开始下渗，引起了影响路面使用性能的沉陷、坑洞等病害出现和发展。而且，对一条路来说，只有这种病害出现数量超过一定界限时，才被认为路面结构不能满足正常使用性能要求。从结构出现疲劳开裂发展到影响路面使用性能的病害的时间间隔，以及病害的严重程度与当地的气候、日常养护和管理水平有着很大的关系，而且和路面结构不能满足正常使用要求的损坏界限和道路等级等因素有关。对于路面结构设计的弯沉指标而言，它似乎比较明确地符合正常使用极限状态的第一种情形（影响正常使用或外观的过大变形），但它对路面使用性能影响来说，与上述疲劳开裂的情况是类似的。因此，我国现行的路面结构设计的极限状态简单地归为承载能力极限状态或正常使用极限状态并不十分恰当。加拿大曾提出三种极限状态：承载能力极限状态，损伤极限状态和正常使用极限状态。其中，损伤极限状态指材料局部出现裂缝或碎裂而引起此类损坏。因其对人身安全的危险性较小，故可允许较大的发生概率。路面结构的疲劳开裂和弯沉过大归为损伤极限状态似乎更为合适。

3.1.3 沥青路面结构的可靠度分析模型

凡是以结构抗力－荷载效应这种形式出现的结构功能函数，统称为极限状态的 R-S 模型，即以综合随机变量 R 表示结构抗力，以综合随机变量 S 表示荷载效应，其相应的概率密度函数为 $f_{R}(r)$ 和 $f_{s}(s)$，分布函数为 $F_{R}(r)$ 和 $F_{s}(s)$，且 R 和 S 相互独立，则结构的功能函数为：

$$Z = g(R,S) = R - S \tag{3-2}$$

相应的极限状态方程为：

$$Z = g(R,S) = R - S = 0 \tag{3-3}$$

极限状态的物理意义为：

$$Z = R - S\begin{cases} > 0 & \text{结构可靠} \\ = 0 & \text{极限状态} \\ < 0 & \text{失效状态} \end{cases} \tag{3-4}$$

按式（3-1）所描述的可靠度定义，路面结构的极限状态方程则可写成：

$$Z = g(N,n) = N - n = 0 \tag{3-5}$$

式中，Z 为极限状态函数；N 为路面结构所能承受的标准轴载作用次数；n 为设计使用期内标准轴载作用次数预估的综合变量，二者都是一系列随机变量的函数。

根据试验数据和经验，路面结构使用性能寿命预估变量 N 的概率分布可以用对数或威布尔（Weibull）函数表示，交通荷载预估变量 n 的概率分布可以用对数正态函数分布表示。

1. 对数正态分布

如果变量 N 和 n 的概率分布都采用对数正态分布表示，则式（3-5）可改写为：

$$Z = g(N,n) = \ln N - \ln n = 0 \tag{3-6}$$

而结构的失效条件为：

$$Z = g(N,n) = \ln N - \ln n < 0 \tag{3-7}$$

由于 $\ln N$ 和 $\ln n$ 均为正态分布，极限状态函数 Z 也服从正态分布，其概率密度函数为：

$$f_z(z) = \frac{1}{\sqrt{2\pi}}\exp\left[-\frac{1}{2}\left(\frac{Z-\mu_z}{s_z}\right)\right] \tag{3-8}$$

式中，μ_z 为 $\mu_{\ln N} - \mu_{\ln n}$；$s_z$ 为标准差，$s_z = \sqrt{s_{\ln N}^2 + s_{\ln n}^2}$。

由此可求得 $Z < 0$ 的概率分布函数，也即失效概率：

$$P_f = F_z(0) = \int_{-\infty}^{0} f_z(Z) = \int_{-\infty}^{0}\frac{1}{\sqrt{2\pi}s_z}\exp\left[-\frac{1}{2}\left(\frac{Z-\mu_z}{s_z}\right)^2\right]dz \tag{3-9}$$

引入标准化变量

$$t = \frac{Z-\mu_z}{s_z} \qquad dz = s_z dt$$

则上式可改写成：

$$P_f = \frac{1}{\sqrt{2\pi}}\int_{-\infty}^{-\frac{\mu_z}{s_z}} e^{-\frac{t^2}{2}}dt = \varphi(-\beta) \tag{3-10}$$

式中，$\varphi(\cdot)$ 为标准正态分布函数；β 为可靠度指标，为变异系数的倒数，$\beta = \frac{\mu_z}{s_z} = \frac{\mu_{\ln N} - \mu_{\ln n}}{\sqrt{s_{\ln N}^2 + s_{\ln n}^2}}$；$s_z$ 为路面结构极限状态函数的总标准差。

β 是极限状态函数 Z 的均值 μ_z 离原点（失效状态 $Z=0$）的距离。当 s_z 保持不变，则随均值 μ_z 增大（曲线向右移），β 也增大，而失效概率 P_f 减小，可靠度 P_s 增大。因而，可靠度指标 β 可直接反映结构可靠度的大小。表 3.1 中所列即为可靠度 P_s 与可靠度指标 β 的对应关系。

表 3.1　可靠度 P_s 与可靠度指标 β 的对应关系

P_s（%）	99	98	97	96	95	93	90	85	80	75	70	60	50
β	2.32	2.07	1.89	1.75	1.65	1.48	1.28	1.04	0.84	0.67	0.52	0.25	0

利用正态概率分布函数的两个特征值（均值 μ_z 和标准差 s_z），可得可靠度

指标β，而后确定结构可靠度P_s的方法，称作一次二阶矩法。它有表达式简单、计算方法和精度可为工程接受的优点。应用这一方法，只有分析清楚路面结构极限状态函数的总标准差s_z，就可以按极限状态函数的均值μ_z，推算结构的可靠度指标β和相应的可靠度P_s；或者按要求的目标可靠度指标或目标可靠度，确定极限状态函数的设计均值。

2. 威尔布分布

路面使用性能寿命预估变量N的概率分布采用威尔布函数代表时，其分布函数为：

$$F_w(N) = 1 - \exp\left[-\left(-\frac{N}{\alpha}\right)^{\beta}\right] \quad (N > 0) \tag{3-11}$$

式中，α为特征函数；β为形状函数。它们与威尔布分布变量N的均值μ_N和方差s_N^2的关系式为：

$$E(N) = \mu_N = \int_0^{\infty} Nf(N)\,\mathrm{d}N = \alpha\Gamma\left(1 + \frac{1}{\beta}\right)$$

$$D(N) = s_N{}^2 = \int_0^{\infty} N^2 f(N)\,\mathrm{d}N - [E(N)]^2 = \alpha^2\left[\Gamma\left(1 + \frac{2}{\beta}\right) - \Gamma^2\left(1 + \frac{1}{\beta}\right)\right] \tag{3-12}$$

式中，Γ为伽马函数。

交通荷载预估变量n的概率分布采用对数正态分布函数代表时，其分布密度函数为：

$$f_{\ln}(n) = \frac{1}{\sqrt{2\pi}s_{\ln n}}\exp\left[\frac{(\ln n - \mu_{\ln n})^2}{zs_{\ln n}^2}\right](n > 0) \tag{3-13}$$

式中，$\mu_{\ln n}$和$s_{\ln n}$为对数正态分布的特征参数，对数平均值和对数标准差。其与对数正态变量n的均值μ_n和方差s_n^2的关系式为：

$$\begin{aligned} E(n) &= \mu_n = \exp(\mu_{\ln n} + \frac{1}{2}s_{\ln n})^2 \\ D(n) &= s_n^2 = \exp(2\mu_{\ln n} + s_{\ln n}^2)[\exp(s_{\ln n}^2) - 1] \end{aligned} \tag{3-14}$$

根据干涉理论，路面结构可靠度计算式可写为：

$$P_s = \int_{-\infty}^{\infty} f_{\ln}(x)[1 - F_{w(x)}]\,\mathrm{d}x \tag{3-15}$$

将式（3-9）和式（3-11）代入上式，并作$y = \dfrac{\ln x - \mu_n}{\sqrt{2\pi}s_n}$的变换，则可得到：

$$P_s = \frac{1}{\pi}\int_{-\infty}^{\infty} \exp(-y^2 - \lambda e^{\theta y})\,\mathrm{d}y \tag{3-16}$$

式中，$\lambda = \left(\dfrac{e^{\mu_n}}{\alpha}\right)^{\beta}$；$\theta = \sqrt{2\pi}s_n\beta$。

由上式可以看到，只要求解出 N 和 n 的分布函数的特征参数 α，β，μ_n，s_n，便可确定路面结构的可靠度。求解上述参数的方法，可采用一次二阶矩法、蒙特卡罗法或直接法。

3.2 基于有限元的路面结构可靠性计算方法

有限元的可靠性分析工具——Probabilistic Design。这个工具可用来研究设计参数的不确定性和随机性对计算结果的影响。主要可解决：

①输入的设计参数的随机发散性对计算结果的随机性影响；

②已知设计准则下的结构失效概率，即可靠度问题；

③不同输入的设计参数与输出结果之间的相关性。

一个可靠性分析主要包括以下几个步骤：

①建立可靠性分析文件；

②指定输入参数和输出参数；

③选择分析方法；

④执行分析；

⑤分析结果的评估。

其中，分析方法的选定是较为关键的步骤。有限元提供的可靠性分析方法主要有以下几种：

（1）蒙特卡罗方法。包括：直接法（Direct Sampling），拉丁超立方法（Latin Hypercube Sampling），用户自定义法（User-Defined Sampling）。

（2）响应面法（Response Surface Analysis Methods）。包括：中心点复合设计（Central Composite Design）；矩阵法（Box Behnken Matrix Design）；用户自定义法（User-Defined Sampling）。

其中蒙特卡罗法是较为传统的分析方法。它的基本特点是通过对随机变量的大量抽样，对抽样结果进行统计后获得结构的失效概率。蒙特卡罗法也因此被公认为是相对精确法。但是，对结构破坏概率较小（通常小于 1×10^{-3} 量级）时，这种方法的要求模拟次数就相当大，效益不太好。响应面法主要是以响应面近似地代替原极限状态功能函数，提高了编程效率。由于路面结构设计时所考虑的破坏概率通常都小于 1×10^{-3} 量级，且为提高可靠度的计算精度，本书采用有限元程序中的蒙特卡罗方法进行计算。

蒙特卡罗方法是一种采用统计抽样理论近似地求解数学问题或物理问题的方法，所以蒙特卡罗方法又称统计试验方法或随机模拟方法，是随着电子计算机的发展而逐步发展起来的。这种方法可以解决不确定性问题，也可用于解决确定性问题。用蒙特卡罗方法解决问题的基本思想是：首先建立与描述问题有相似性的概率模型，并利用这种相似性把这个概率模型的某些特征（如均值和标准差）与数学计算问题的解答联系起来，然后对模型进行随机模拟或统计抽样，最终利用所得结果求出这些特征的统计估计值作为原来的数学问题的近似解。

具体进行蒙特卡罗模拟时，通常是利用电子计算机按人们所关心和讨论的随机变量的某种分布方式产生足够多的随机变数，然后对这些随机变数进行统计推断，将所得的统计估计值作为随机变量统计特征值的近似值。所以，蒙特卡罗模拟方法为解决许多难以用传统的数学方法进行处理复杂问题提供了一条有效而又可行的途径。而且它既可用于结构失效概率的计算，又可用于抗力参数的统计分析。在结构可靠度的数值模拟中，该法具有模拟的收敛速度与基本随机变量的维数无关，极限状态函数的复杂程度与模拟过程无关的特点，更无须将状态函数线性化和随机变量当量正态化，具有直接解决问题的能力；同时，数值模拟的误差也可容易地确定，从而能确定模拟的次数和精度，而且随着高速计算机的发展以及数值模拟方法的改进，其模拟数目较大的问题也能得到改善。所以，上述特点决定了蒙特卡罗法会在结构可靠度分析中发挥更大的作用。

就路面结构可靠度分析而言，用蒙特卡罗方法来研究变量的随机性是很自然的。对于功能函数 $Z=g(x_1, x_2, x_3, \cdots, x_n)$，$Z<0$ 称为结构失效，如定义 $f(x_1, x_2, x_3, \cdots, x_n)$ 为各随机变量的联合分布概率密度函数，则结构的失效概率为：

$$P_f = \int \cdots \int f(x_1, x_2, x_3, \cdots, x_n) \mathrm{d}x_1 \cdots \mathrm{d}x_n \tag{3-17}$$

用蒙特卡罗方法求解时，先利用随机抽样法获取每一个变量的样本值，并根据抽样值计算功能函数 $Z=g(\hat{x}_1, \hat{x}_2, \cdots, \hat{x}_n)$，设进行了 N 次这样的抽样，则式（3-17）就可以近似为：

$$P_f \approx \frac{n(Z \leqslant 0)}{N} \tag{3-18}$$

式中，$n(Z\leqslant 0)$ 是 $Z\leqslant 0$ 的试验次数。显而易见，在蒙特卡罗方法中，失效概率就是结构失效次数与试验总次数之比，这就是该方法的基本出发点。

用蒙特卡罗方法求解路面结构可靠度的关键是求已知分布变量的随机数。根据随机变量函数的理论，只要知道一种具有连续分布的随机变量，就可以通过变换或运算产生其他任意分布的随机变量。而［0，1］区间均匀分布的随机变量是最简单、最基本的分布，因此只要能够产生［0，1］区间上均匀分布的随机数列，便可通过数学变换得到其他分布的随机数列。设 R 是区间［0，1］上标准均匀分布的随机变量，其密度函数为：

$$f(x) = \begin{cases} 1 & \text{当 } 0 \leqslant x \leqslant 1 \\ 0 & \text{其他} \end{cases} \tag{3-19}$$

也就是在［0，1］上取值为1，在［0，1］外取值为0。一般电子计算机上都备有可直接使用的均匀分布随机数函数或程序，如 rand 等。它一般是用数值转换中的同余法得到。总结起来，用数学方法产生随机数的实质就是利用计算机能快速地对数进行算术运算和逻辑运算的特点，选用一个合适的数学递推公式：

$$\xi_n = f(\xi_{n-1}, \xi_{n-2}, \cdots, \xi_{n-k}) \tag{3-20}$$

由于这些数是按照确定性的算法计算出来的，所以它们不是真正的随机数，所得数列经过一定时间会出现周期性的重复，人们也称其为伪随机数。但是，如果计算方法得当，它们就近似地是相互独立和均匀分布的，能够经得起数理统计中的独立检验和均匀分布检验而当作真正的随机数使用。有了［0，1］分布随机数列，其他分布的随机数列就可以顺利求出。下面针对路面结构可靠度分析中各参数的分布特点，对正态分布和对数正态分布随机数的产生进行简要描述。

（1）正态分布 N（μ，σ^2）随机数的产生

通过均匀分布的适当变换而产生正态分布随机数的方法有多种，如：反函数法、极限近似法以及随机变量函数法。其中，第三种方法因计算方便且快捷的特点而被广泛利用。首先产生两个相互独立的（0，1）均匀分布随机变量 R_1 和 R_2，则很容易证明如下关系式成立：

$$\left.\begin{aligned} X_1 &= \sqrt{-2\ln R_1}\cos(2\pi R_2) \\ X_2 &= \sqrt{-2\ln R_1}\sin(2\pi R_2) \end{aligned}\right\} \tag{3-21}$$

式中，X_1 和 X_2 是两个相互独立的标准正态分布 N（0，1）的随机变量。

这样就可以通过变换公式 $y_i = \mu + \sigma x_i$ 得到正态分布 N（μ，σ）的随机数：

$$\left.\begin{aligned} X_1 &= \mu + \sigma\sqrt{-2\ln R_1}\cos(2\pi R_2) \\ X_2 &= \mu + \sigma\sqrt{-2\ln R_1}\sin(2\pi R_2) \end{aligned}\right\} \tag{3-22}$$

也就是说，在区间（$-\infty$，$+\infty$）上的正态随机数可由如下关系式产生：

$$X = \mu + \sigma \times \varphi^{-1}[\mathrm{rand}(0,1)] \tag{3-23}$$

同理可知道，在指定区间（a，b）上的正态随机数可由如下关系式产生：

$$X = \mu + \sigma \times \varphi^{-1}\left\{\varphi\left(\frac{a-\mu}{\sigma}\right) + \left[\varphi\left(\frac{b-\mu}{\sigma}\right) - \varphi\left(\frac{a-\mu}{\sigma}\right)\right] \times \mathrm{rand}(0,1)\right\} \tag{3-24}$$

式中，$\varphi(\cdot)$，$\varphi^{-}(\cdot)$ 分别为标准正态函数的分布函数及其反函数。

（2）对数正态分布 $L_n(\mu, \sigma^2)$ 随机数的产生

对数正态分布的随机数产生方法是先将均匀分布的随机数变换为正态分布的随机数，然后再转换为对数正态分布随机数。

设 X 为对数正态分布随机数，有均值 μ_x，标准差 σ_x，变异系数 V_x。因为 $Y=\ln X$ 服从正态分布，所以根据对数正态分布的性质可知，其均值和标准差分别为：

$$-\mu_y = \ln\mu_x - \frac{1}{2}\sigma_{\ln x}^2 = \ln\left(\frac{\mu_x}{1+V_x^2}\right) \tag{3-25}$$

$$\sigma_y = \sigma_{\ln x} = [\ln(1+V_x^2)]^{\frac{1}{2}} \tag{3-26}$$

产生 Y 的随机数 y_i 后，就可得 X 的随机数为：

$$x_i = \exp(y_i) \tag{3-27}$$

也就是说在区间（0，+∞）上的随机数可由下列关系式产生：

$$X = \exp\{c + d\times\varphi^{-1}[\text{rand}(0,1)]\} \tag{3-28}$$

同理可知道在指定区间（a，b）上的随机数可由下列关系式产生：

$$X = \exp\left\{c + d\times\varphi^{-1}\left\{\varphi\left(\frac{\ln a - c}{d}\right) + \varphi\left[\left(\frac{\ln b - \ln a}{d}\right)\right]\times\text{rand}(0,1)\right\}\right\} \tag{3-29}$$

式中，$c=\ln\left(\frac{\mu^2}{\sqrt{\mu^2+\sigma^2}}\right)$；$d=\sqrt{\ln\left(\frac{\sqrt{\mu^2+\sigma^2}}{\mu^2}\right)}$。

3.3 沥青路面可靠性计算参数特性分析

在以弯沉及拉应力表达的极限状态方程下，沥青路面可靠度将随路面结构参数的变异性而发生变化。在对沥青路面进行可靠性分析之前，为了便于随机抽样数据的转换，必须了解路面参数的统计分布特征。本书以天津市、沧州市公路局历年来的调查测试数据为基础，以相关文献的研究结果为参考，主要对路表弯沉、回弹模量等进行统计检验，从而为后续的可靠性分析提供方便，路表弯沉统计检验结果见表 3.2。

表 3.2　河北省沧州市部分路段代表弯沉概率分布检验结果

路线名称	测试时间（年）	样本数量	变异系数（%）	正态分布			对数正态分布		
				AD 值	*P* 值	是否符合	*AD* 值	*P* 值	是否符合
S282	2005	126	0.14	0.247	0.725	是	0.255	0.698	是
G104	2005	136	0.34	0.573	0.127	是	0.382	0.381	是
G106	2005	78	0.54	0.868	0.018	否	0.382	0.381	是

续表

路线名称	测试时间（年）	样本数量	变异系数（%）	正态分布			对数正态分布		
				AD 值	*P* 值	是否符合	*AD* 值	*P* 值	是否符合
S041	2005	133	0. 32	0. 592	0. 113	是	0. 489	0. 206	是
S302	2005	101	0. 30	5. 201	<0. 005	否	0. 803	0. 082	是
S284	2005	141	0. 167	0. 589	0. 119	是	0. 447	0. 267	是
S272	2005	133	0. 70	1. 201	<0. 005	否	0. 688	0. 068	是
S384	2005	152	0. 11	0. 429	0. 286	是	0. 325	0. 506	是
S022	2005	168	0. 56	0. 856	0. 021	否	0. 274	0. 602	是
S307	2005	175	0. 44	1. 222	<0. 005	否	0. 638	0. 093	是
保沧线	2005	158	0. 34	0. 782	0. 04	否	0. 724	0. 056	是
平乐线	2005	189	0. 26	0. 671	0. 072	是	0. 479	0. 219	是
沧州连接线	2005	231	0. 54	0. 856	0. 02	否	0. 274	0. 602	是
富德线	2005	165	0. 17	0. 284	0. 536	是	0. 241	0. 705	是
河龙线	2005	159	0. 48	0. 908	0. 012	否	0. 374	0. 488	是
黄辛线	2005	141	0. 17	0. 589	0. 119	是	0. 447	0. 267	是
津保南线	2005	143	0. 236	0. 951	0. 014	否	0. 645	0. 085	是
廊伯线	2005	180	0. 54	1. 075	0. 006	否	0. 667	0. 07	是
南腾线	2005	152	0. 28	10. 65	0. 008	否	0. 480	0. 222	是
宁武线	2005	178	0. 11	0. 429	0. 286	是	0. 325	0. 506	是
千武线	2005	146	0. 259	0. 658	0. 08	是	0. 518	0. 179	是
肃临线	2005	126	0. 21	1. 418	<0. 005	否	0. 771	0. 089	是
沿海线	2005	89	0. 39	9. 66	0. 011	否	0. 495	0. 208	是
正港线	2005	76	0. 40	2. 129	<0. 005	否	0. 555	0. 145	是

3. 3. 1　弯沉的概率分布

在收集的数据中，对京沈高速公路代表弯沉的调查资料作重点检验。本书取 a 值为 0. 05，首先对每百米代表弯沉应用 Mintab 数理统计软件进行检验，结果见表 3. 3 和表 3. 4。

表 3.3　京沈高速公路（沈阳→北京方向）代表弯沉概率分布检验结果

桩号	代表弯沉 (0.01mm)	有效数据 个	桩号	代表弯沉 (0.01mm)	有效数据 个
90+000~89+000	51.9	300	80+000~79+000	59.7	90
89+000~88+000	38.2	306	79+000~78+000	60.2	108
88+000~87+000	65.1	306	78+000~77+000	56.9	312
87+000~86+000	56.2	306	77+000~76+000	79.6	308
86+000~85+000	46.4	294	76+000~75+000	74.7	298
85+000~84+000	46.3	314	75+000~74+000	68.4	298
84+000~83+000	50.9	306	74+000~73+000	60.4	306
83+000~82+000	56.9	302	73+000~72+000	70.7	306
82+000~81+000	53.4	318	72+000~71+000	64.5	304
81+000~80+000	69.5	286	71+000~70+000	58.4	312
检验结果	正态分布（$AD=0.135$，$P=0.973$），对数正态分布（$AD=0.187$，$P=0.892$）				

注：*AD* 为 Anderson-Darling 检验（A-D 检验），是一种基于经验累积分布函数的算法，特别适用于小样本，*AD* 值越小，表明分布对数拟合度越好，*P* 表示用正态分布模型是比较适合的，否则不适合，$P>0.05$。

表 3.4　京沈高速公路（北京→沈阳方向）代表弯沉概率分布检验结果

桩号	代表弯沉 (0.01mm)	有效数据 个	桩号	代表弯沉 (0.01mm)	有效数据 个
70+000~71+000	49.4	306	80+000~81+000	59.9	290
71+000~72+000	56.8	312	81+000~82+000	58.0	326
72+000~73+000	60.5	304	82+000~83+000	36.8	306
73+000~74+000	63.2	306	83+000~84+000	49.5	312
74+000~75+000	58.5	310	84+000~85+000	49.2	306
75+000~76+000	58.5	220	85+000~86+000	40.1	304
76+000~77+000	56.2	306	86+000~87+000	62.4	308
77+000~78+000	58.4	306	87+000~88+000	69.1	306
78+000~79+000	45.2	114	88+000~89+000	43.9	306
79+000~80+000	61.4	86	89+000~90+000	46.1	296
检验结果	正态分布（$AD=0.568$，$P=0.0.122$），对数正态分布（$AD=0.709$，$P=0.054$）				

从表 3.2～表 3.4 中的检验结果看，路段的代表弯沉均服从对数正态分布，部分路段的代表性弯沉值同时服从正态分布。因此，可以认为路段代表弯

沉的概率分布为对数正态分布。

3.3.2　土基回弹模量的概率分布

土基回弹模量的空间变异性及概率分布特征，是由于公路沿线路基土质、含水量、压实度和施工等多种因素引起的。为掌握土基回弹模量的概率分布情况，特将现有文献关于土基回弹模量的概率分布情况进行了汇总分析，见表3.5。

表3.5　土基回弹模量概率分布检验结果

路线名称	样本数量	均值（MPa）	变异系数（%）	概率分布类型		备注
				正态	对数正态	
京石高速公路	38	92.0	30.4	√	√	保定段
京石高速公路	19	63.3	44.2	×	√	徐水段
正定试验路	58	101	25.3	√	√	河北
涿州试验路	42	77	33.0	√	√	河北
济青高速公路	21	61.2	20.6	×	√	潍坊A段
济青高速公路	16	105.9	23.5	√	√	潍坊B段
312国道	18	78	26.0	×	√	苏州段
京石高速公路	12	46	29.6	√	√	北京段
三铜一级公路	30	78	26.8	√	√	陕西
沈大高速公路	10	39.2	26.0	√	√	沈鞍段
广深高速公路	6	88.5	43.7	×	√	A合约段

资料来源：沙庆林．高等级公路半刚性基层沥青路面［M］．北京：人民交通出版社，1999.

表3.6　土基回弹模量概率分布检验结果

测点位置	测点数	均值（MPa）	变异系数（%）	概率分布	说明
黑龙江	181	64.2	0.21	对数正态	数据部分引自交通部科研所的科研报告；用χ^2法检验，用正态分布拟合校核正态分布合理
北京	28	105.8	0.18	正态分布	
湖南	50	55.2	0.19	对数正态分布	
广东	15	47.2	0.27	接近正态分布	
广西	18	88.9	0.39	对数正态	
广东	17	56.5	0.25	正态分布	

资料来源：张起森，李运．沥青路面设计的可靠性分析［J］．中国公路学报，1992(1)：29～39.

表3.5、表3.6表明，土基回弹模量在变异系数较小时，可通过95%置信度的正态分布或对数正态分布检验，在变异系数较大时，土基回弹模量频率曲线具有明显的偏倚性，正态分布就不合适，此时，往往只能采用对数正态分布检验。故本书在计算沥青路面结构可靠度时，土基回弹模量采用对数正态分布的假设。

3.3.3 结构层材料回弹模量的概率分布

路面结构层材料回弹模量变异性的大小与混合料的均匀性和拌合的均匀性有着很大的关系。表3.7为各地路面结构层抗压回弹模量，表中含有8种不同路面材料的标准试件和现场试件共32组。概率分布检验结果，22组占68.8%同时服从正态分布和对数正态分布，另10组仅符合对数正态分布。因此，可确定材料的抗压回弹模量主要服从对数正态分布。

表3.7 各地抗压回弹模量概率分布检验结果

项目	材料组成	龄期	道路名称	容量	均值（MPa）	变异系数（%）	分布类型	
							正态	对数正态
底基层	石灰土	6月	京深高速路（河北段）	118	880	0.360	√	√
	石灰土	6月	京深高速路（河北段）	64	1160	0.317	√	√
	石灰土	6月	312国道	41	848	0.363	×	√
				287		0.0999～0.393	×	√
	石灰土	6月	济青高速路（潍坊西段）	17	766	0.276	×	√
基层	二灰碎石	6月	京深高速路（河北段）	85	1015	0.390	×	√
	二灰碎石	6月	312国道	65	1034	0.340	×	√
				172		0.169～0.469	×	√
	水泥砂砾	6月	济青高速路（潍坊西段）	23	1364	0.393	√	√
沥青面层	下面层		京深高速（河北段）	29	1446	0.293	√	√
	上面层		——	40	1398	0.202	√	√
	面层		312国道	106		0.129～0.292	√	√

资料来源：沙庆林．高等级公路半刚性基层沥青路面［M］．北京：人民交通出版社，1999.

3.3.4 路面厚度的概率统计

结构层厚度的变异性不但与施工方式有关，而且与结构层的厚度有关。路基顶面的平整度对底基层厚度的变异性有很大的影响，并进一步影响基层和面层厚度的变异性。路基的平整度好，底基层厚度的变异性就较小。沙庆林院士对39组路面底基层、基层和沥青面层厚度的数据进行分析，每组的数据最少9个，最多的有610个，共4200个数据。经概率分布检验，符合正态分布的有34组，有5组既不符合正态分布，也不符合对数正态分布，符合对数正态分布的有32组。美国资料也表明，路面厚度通常符合正态分布。因此，对于路面结构层厚度的概率分布也可明确采用正态分布。表3.8为部分路面厚度的概率分布表。

表3.8　路面厚度的概率统计分布

路段	结构层	点数	设计值（cm）	实测均值（cm）	变异系数（%）	概率分布
107国道广东段	面层	40	3.0	3.815	0.199	接近正态
	基层	20	35	34.92	0.082	正态分布
		14	28	29.44	0.043	正态分布
		21	27	27.917	0.163	
105国道广东段	面层	55	4.0	5.1	0.298	正态分布
	基层	40	15	15.47	0.137	正态分布
		15	20.5	15.5	0.165	
107国道岳阳段	底基层	156	17	17.92	0.201	正态分布
	基层	285	17	18.37	0.193	
	面层	126	15	17.62	0.194	
广深线某段	面层	26	6.0	8.092	0.246	接近正态

资料来源：张起森，李运．沥青路面设计的可靠性分析［J］．中国公路学报，1992(1)：29～39.

3.3.5　荷载参数的概率分布

在设计年限内，一个车道上的累计当量标准轴载作用次数按下式确定：

$$N_e = [(1+r)^t - 1] \times 365 \times n_1 \times \eta / r \tag{3-30}$$

式中，t 为设计年限，年；r 为设计年限内交通量平均增长率，%；n_1 为第一年的日平均当量标准轴载作用次数；η 为车道系数。

从上述公式看出，累计当量标准轴载作用次数 N_e 是日交通量、轴载、年平均交通量增长率和车道系数等随机变量的函数。从式（3-30）中可以看出，只要知道 N_e 表达式中自变量参数的分布函数及特征值，就可以推出 N_e 的分布函数和分布密度函数。

表3.9、表3.10是所收集到的天津市及河北省沧州部分路段的日交通量的概率分布，表3.1为道路横向分布系数的统计分析。

表 3.9　沧州市部分路段 2001～2005 年日交通量

路段名称	年份	年平均日交通量（次/日）							累计当量轴次
		小货	中货	大货	小客	大客	拖挂车	拖拉机	
104 国道	2001	1473	1178	624	2782	593	945	1037	10971
	2002	1142	822	436	3305	533	754	1181	8490
	2003	843	736	211	2403	347	489	845	5181
	2004	1854	1048	1236	2202	976	1010	1483	16028
	2005	1698	1124	443	2146	991	605	763	8131
	对数正态分布检验 $AD=0.193$，$P=0.780$；符合对数正态分布								
106 国道	2001	3746	1872	1288	3651	763	1075	152	16863
	2002	3320	1707	1113	3429	797	860	156	14426
	2003	2225	799	755	1368	551	428	120	8976
	2004	3377	1719	1128	3729	693	843	164	14234
	2005	5201	2372	648	5294	1346	654	130	11204
	对数正态分布检验 $AD=0.263$，$P=0.521$；符合对数正态分布								
205 国道	2001	711	1090	2166	1928	691	2147	649	27586
	2002	1184	1076	1956	2029	609	1455	788	22763
	2003	930	1075	1803	1709	558	1146	917	5007
	2004	1595	317	337	1326	413	357	291	20130
	2005	1435	1564	991	3576	1024	1434	689	16434
	对数正态分布检验 $AD=0.541$，$P=0.08$；符合对数正态分布								
307 国道	2001	479	539	439	1521	549	1240	1487	10631
	2002	403	608	392	1083	580	1303	1943	10804
	2003	496	401	699	1005	357	1071	1585	11457
	2004	1889	1607	2563	2330	800	1949	1187	30230
	2005	497	607	493	652	472	700	91	7775
	对数正态分布检验 $AD=0.606$，$P=0.05$；符合对数正态分布								
津保南线	2001	327	297	240	776	179	385	658	4248
	2002	335	317	270	813	176	457	733	4857
	2003	385	386	420	821	181	323	431	5215
	2004	442	428	569	873	185	187	1167	5949
	2005	1298	998	940	1454	403	151	1231	9096
	对数正态分布检验 $AD=0.325$，$P=0.357$；符合对数正态分布								
沧乐线	2001	1083	690	1591	2676	461	770	155	16261
	2002	1010	640	1475	2492	434	707	148	16050
	2003	1111	690	1569	2719	480	764	161	8242
	2004	1165	720	1717	2730	499	797	178	17362
	2005	1446	687	456	3666	667	531	231	16096
	对数正态分布检验 $AD=0.864$，$P=0.09$；符合对数正态分布								

表 3.10　京哈公路天津段个别交通参数概率分布检验结果

年份	年平均日交通量（次/日）							累计当量轴次	年平均增长率（%）
	小货	中货	大货	小客	大客	拖挂车	拖拉机		
1995	2058	593	406	1610	271	1183	405	10945	—
1996	2288	654	460	1892	306	1272	390	11916	8.87
1997	2544	721	521	2223	346	1367	375	13011	9.03
1998	2829	794	590	2612	391	1469	361	14250	9.19
1999	3146	875	669	3069	442	1579	347	15654	9.36
2000	3555	1552	869	2300	642	3165	589	22735	15.74
2001	3407	943	933	3443	567	2010	347	18399	9.04
2002	1824	994	1048	2370	567	1181	197	12963	2.45
2003	2006	1622	1942	1497	284	2025	244	17297	5.89
2004	2317	2259	2343	3709	359	2294	—	21521	7.80
2005	2910	3165	1306	299	3983	2109	—	22870	7.65
年平均日交通量对数正态分布检验 $AD=0.296$，$P=0.530$；符合对数正态分布。									

注：表中部分数据来自天津市公路局。

表 3.11　道路横向分布系数的统计分析

统计项目	双车道			四车道（大小车分行）	六车道（大小车分行）
	中心有分车线	中心无分车线	中心有分车线（因行车道较宽）		
样本数量	52	40	60	44	33
平均值	22.94	24.19	22.35	21.33	18.88
标准差	0.369	4.33	3.99	4.28	5.94
变异系数	0.161	0.179	0.179	0.201	0.315
$D_{正态}$	0.13	0.12	0.18	0.15	0.18
$D_{对数}$	0.11	0.086	0.15	0.12	0.12
$D_{\ln n}$	0.20	0.23	0.19	0.23	0.19

注：变异系数等于标准差与平均值的商。

资料来源：张起森，李运．沥青路面设计的可靠性分析［J］．中国公路学报，1992(1)：29～39.

本书根据对部分代表性路段的日交通量统计资料，通过概率检验，得出日平均交通量的概率分布接近于对数正态分布，年平均交通量增长率和车道系数均服从于对数正态分布，这与相关文献中的阐述基本一致。表 3.12 为沥青路面结构设计参数概率分布汇总情况表。

表 3.12　路面结构设计参数、控制指标概率分析汇总

<table>
<tr><th colspan="3">变量</th><th>概率分布</th><th>变异系数</th><th>变异原因</th></tr>
<tr><td rowspan="4">交通参数</td><td colspan="2">标准当量轴次 N_1</td><td>对数正态分布</td><td>0.25 ~ 0.45</td><td rowspan="4">预测</td></tr>
<tr><td colspan="2">交通量年平均增长率 r</td><td>正态分布</td><td>0.10 ~ 0.15</td></tr>
<tr><td colspan="2">车道系数 η</td><td>正态、对数分布</td><td>0.08 ~ 0.15</td></tr>
<tr><td colspan="2">累计轴载当量轴次 N_e</td><td>对数正态分布</td><td>0.30 ~ 0.35</td></tr>
<tr><td rowspan="13">路面结构设计参数</td><td colspan="2">土基回弹模量 E_0</td><td>对数正态分布</td><td>0.15 ~ 0.45</td><td>施工</td></tr>
<tr><td rowspan="3">抗压回弹模量 E_i</td><td>底基层</td><td>对数正态分布</td><td>0.19 ~ 0.47</td><td></td></tr>
<tr><td>基层</td><td>对数正态分布</td><td>0.21 ~ 0.54</td><td></td></tr>
<tr><td>面层</td><td>对数正态分布</td><td>0.07 ~ 0.40</td><td rowspan="4">施工</td></tr>
<tr><td rowspan="3">结构层厚度 h_i</td><td>底基层厚度</td><td>正态分布</td><td>0.04 ~ 0.15</td></tr>
<tr><td>基层厚度</td><td>正态分布</td><td>0.04 ~ 0.12</td></tr>
<tr><td>面层厚度</td><td>正态分布</td><td>0.02 ~ 0.23</td></tr>
<tr><td rowspan="3">劈裂强度 S_i</td><td>底基层</td><td>正态分布</td><td>0.14 ~ 0.44</td><td rowspan="6">施工、材料</td></tr>
<tr><td>基层</td><td>正态分布</td><td>0.20 ~ 0.38</td></tr>
<tr><td>面层</td><td>正态分布</td><td>0.08 ~ 0.40</td></tr>
<tr><td rowspan="3">抗压强度 P_i</td><td>底基层</td><td>正态分布</td><td>0.10 ~ 0.37</td></tr>
<tr><td>基层</td><td>正态分布</td><td>0.14 ~ 0.42</td></tr>
<tr><td>面层</td><td>正态分布</td><td>0.07 ~ 0.23</td></tr>
<tr><td rowspan="4">控制指标</td><td colspan="2">路面设计弯沉 l_d</td><td>正态分布</td><td>蒙特卡罗法</td><td rowspan="4">l_s、$\sigma_m = f(h_i, E_0, E_i \cdots)$
l_R、$\sigma_R = f(N_e, S_i \cdots)$</td></tr>
<tr><td colspan="2">路面计算弯沉 l_s</td><td>正态分布</td><td>误差传递公式</td></tr>
<tr><td colspan="2">允许拉应力 σ_s</td><td>正态分布</td><td>蒙特卡罗法</td></tr>
<tr><td colspan="2">层底拉应力 σ_m</td><td>正态分布</td><td>误差传递公式</td></tr>
</table>

3.4　基于三维有限元的沥青路面结构可靠性分析

3.4.1　沥青路面可靠性计算有限元模型

有限元数值分析方法的出现为路面的结构分析提供了一个有力的工具，它可以分析材料的非线性，非均布荷载，面层裂缝的产生、发展和传播的机理等一系列情形。它不仅能像层状体系理论那样允许材料参数在深度方向变化，也能考虑材料参数在水平方向的变化，并考虑本构关系的应力依赖性。但有限元法也有一定的局限性，它只能对具体结构和参数进行计算分析，无法直接用显式表示各变量之间的定量关系式，对不同的问题，需要重新生成输入的信息，因而对用户的要求较高。

有限元的主要优点是：①概念浅显，易于掌握，既可以从直观的物理模型来理解，也可以按严格的数学逻辑来研究；②适应性强，应用范围广，不仅能成功地分析具有复杂边界条件、非线性、非均质材料、动力学等难题，而且还可以推广到解答数学方程中的其他边界问题，如热传导、电磁场、流体力学等问题；③已经出现了许多大型结构分析通用程序，如 ANSYS，SAP，NASTRAN，ASKA，ADINA，ABAQUS 等，可直接应用。这些优点，使有限元得到了广泛的应用和发展。

有限元用于计算沥青路面结构的单元类型，可根据问题是否轴对称，分为环形单元和一般的空间单元，但由于弹性层状体系在水平方向无限，而用有限元法进行求解时，不可能在无限域上划分单元。因此，必须确定适当的计算范围，并简化边界支撑条件。

本书采用如下的有限元模型（示意见图 3.1）

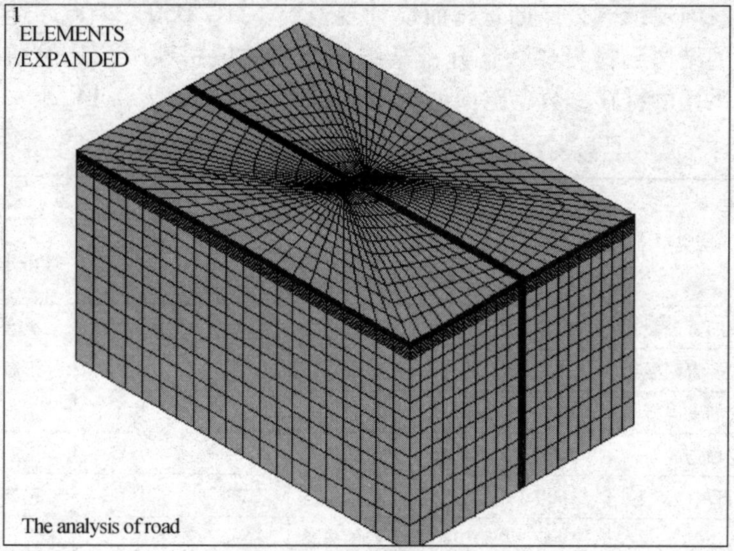

图 3.1　有限元模型示意图

（1）几何尺寸

路面模型的尺寸为水平方向的 X 轴与 Y 轴方向各为 4m，Z 轴深度方向根据路面结构的不同，需依据理论弯沉值的大小进行调整。根据《公路沥青路面设计规范》（JTG D50—2006）规定的标准轴载为 BZZ-100，轮胎接地压强为 0.7MPa，当量圆半径为 10.65cm，两轮中心距为 1.5d，为了计算方便，车轮荷载简化为 18.9cm × 18.9cm 的正方形均布荷载，接触面积为 357.21cm^2，双轮中心距 32cm，由于模型和荷载具有对称性，可取其中 1/4 进行分析以节省程序运行的时间。

（2）单元类型

采用六面体八节点单元 SOLID 45，考虑到计算速度的影响，假设材料组成具有各向同性的线弹性特性。

（3）边界条件

右侧 $UX=0$，上侧 $UY=0$，底面全部约束，左侧和下侧分别施加 SYMMETRY B. C 对称约束，具体操作时可以把约束全部加在符合位置的节点上。然后根据轮载尺寸在表面节点上施加均布荷载 PRESSURE 为 0.7MPa。全部荷载加好后就可以进行求解了。

求解完毕后提取路表节点的 Z 向位移进行分析。本书考虑各层模量 $E_1\sim E_5$，各层厚度 $H_1\sim H_4$ 的随机性，把这些变量分别进行 Random Input 的定义，把弯沉作为输出变量。有限元分析软件中提供了蒙特卡罗模拟和响应面模拟两种方法，本书采用蒙特卡罗模拟分析可靠性。

根据我国现行《公路沥青路面设计规范》（JTG D50—2006）选用路面结构及相应的结构层材料参数：分析某结构参数的敏感性时，其他结构参数不变。计算采用的材料参数、路面结构类型详见表 3. 13、表 3. 14。

表 3.13　计算时采用的路面结构及设计参数

层次	结构层类型	抗压回弹模量			厚度			泊松比
		均值（MPa）	变异系数（%）	概率分布	均值（cm）	变异系数（%）	概率分布	
1	细粒式沥青混凝土	1800	0. 10	对数正态	4	0. 1	正态	0. 25
2	中粒式沥青混凝土	1400	0. 15	对数正态	6	0. 1	正态	0. 25
3	粗粒式沥青混凝土	900	0. 15	对数正态	8	0. 1	正态	0. 25
4	水泥稳定碎石	3000	0. 15	对数正态	19	0. 15	正态	0. 20
5	水泥石灰砂砾土	1600	0. 15	对数正态	38	0. 15	正态	0. 20
6	土基	40	0. 25	对数正态	—			0. 30

弯沉及沥青层拉应力指标：$N_{e1}=2098$ 万次；半刚性层拉应力指标：$N_{e2}=2673$ 万次；对数正态分布，变异系数为 0. 35。

表 3.14　路面材料劈裂强度及变异性

材料名称	细粒式沥青混凝土	中粒式沥青混凝土	粗粒式沥青混凝土	水泥稳定碎石	水泥石灰稳定砂砾土
劈裂强度（MPa）	1. 2	1. 0	0. 8	0. 6	0. 4

3.4.2　沥青路面可靠度分析

影响沥青路面结构可靠性参数包括路面结构层厚度、路面材料回弹模量，荷载参数包括车辆轴重的变异性，下面分别就这些参数对可靠度的敏感性进行分析。

1. 极限函数的确定

依据现行公路沥青路面设计规范，高速公路、一级公路、二级公路的路面结构，以路表面回弹弯沉值、沥青混凝土层的层底拉应力及半刚性基层的层底拉应力为设计指标。路面结构层厚度确定时应满足结构整体刚度（即承载力）与沥青层或半刚性基层、底基层抗疲劳开裂的要求。轮隙中心处路表弯沉值 l_s 应小于等于设计弯沉值；轮隙中心或单圆荷载处的层底拉应力 σ_m 应小于或等于容许拉应力 σ_R。故得到沥青路面可靠度计算的极限函数为：

① $$Z = l_d - l_s = 600 \cdot NE_1^{-0.2} \cdot A_c \cdot A_s \cdot A_b - D_{deflection} \tag{3-31}$$

② $$Z_i = \sigma_R - \sigma_m = \frac{\sigma_{si}}{K_{si}} - \sigma_{mi} = \frac{\sigma_{si}}{K_{si}} - S_{maxi} \quad (i = 1,2,\cdots,5) \tag{3-32}$$

式中，σ_R 为路面结构层材料的容许拉应力，MPa；σ_s 为沥青混凝土或半刚性材料的极限劈裂强度，MPa；K_s 为抗弯拉强度结构系数，其具体公式参见现行设计规范；Z_i 为第 i 层层底拉应力极限状态函数；$D_{deflection}$ 为有限元程序计算弯沉值，MPa；S_{maxi} 为沥青混凝土层或半刚性基层层底最大拉应力，MPa。

2. 可靠度分析

模拟次数的多少会对蒙特卡罗法的分析结果的精度造成影响，根据文献[74]，模拟次数达2000次时计算结果与1000次时基本相同，故对于本次计算，其模拟次数采用1000次，如图3.2所示。随着抽样次数的增加，输出变量路表弯沉及极限状态函数值也趋向于稳定，1000次的抽样次数能够满足计算要求，具体计算结果见表3.15及图3.3。

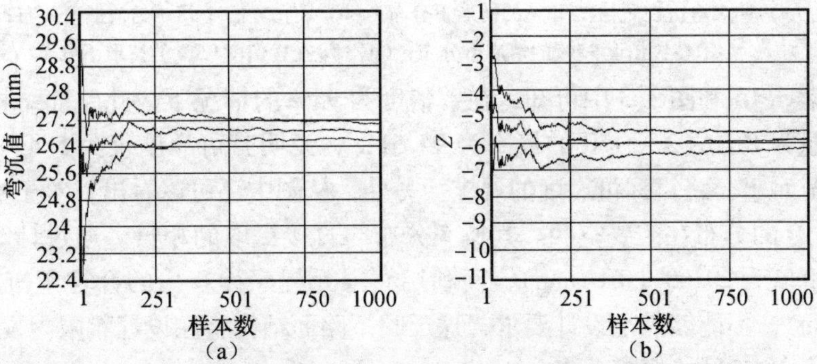

图3.2　抽样次数与输出变量间的关系

（a）抽样次数与弯沉之间的关系；（b）抽样次数与 Z 之间的关系

表 3.15　不同极限函数对应的可靠度

输出变量	Z	Z_1	Z_2	Z_3	Z_4	Z_5
可靠度（%）	5.49	77.28	100	100	100	100

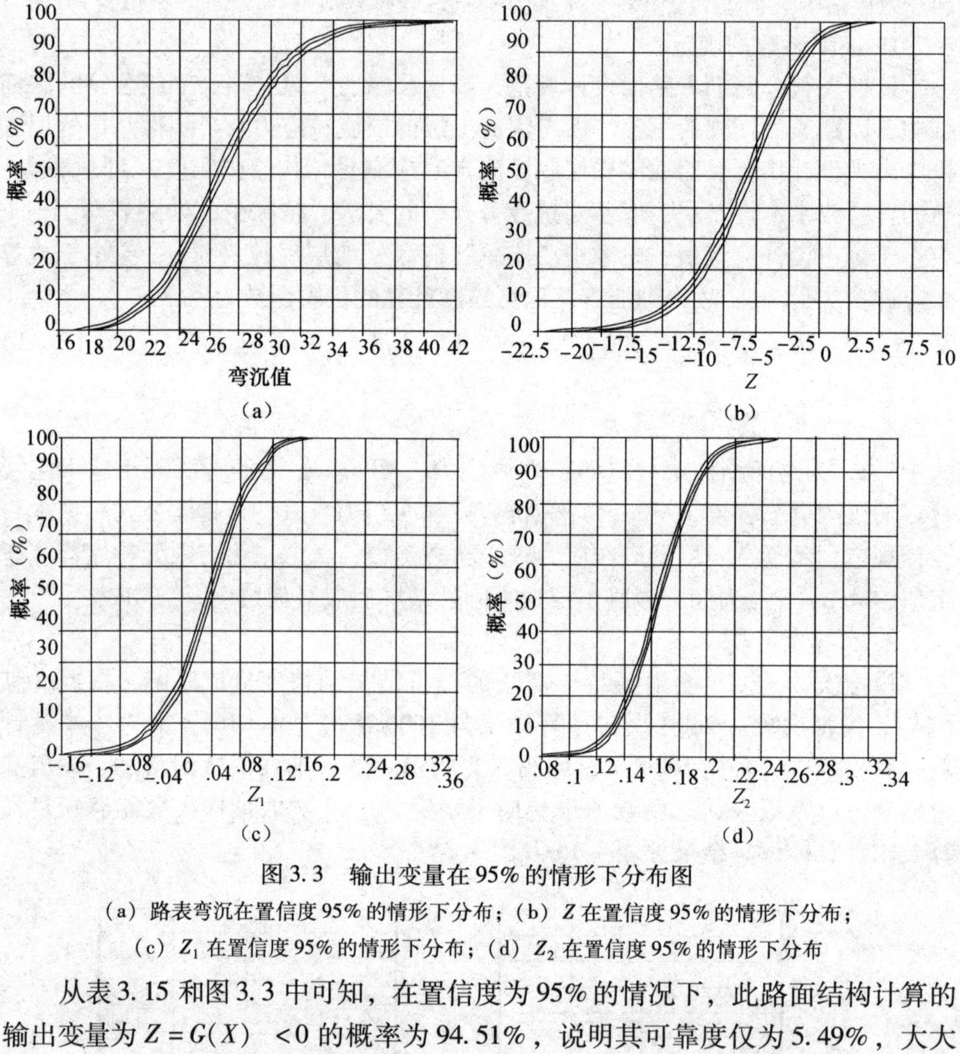

图 3.3　输出变量在 95% 的情形下分布图

（a）路表弯沉在置信度 95% 的情形下分布；（b）Z 在置信度 95% 的情形下分布；

（c）Z_1 在置信度 95% 的情形下分布；（d）Z_2 在置信度 95% 的情形下分布

从表 3.15 和图 3.3 中可知，在置信度为 95% 的情况下，此路面结构计算的输出变量为 $Z = G(X) \quad < 0$ 的概率为 94.51%，说明其可靠度仅为 5.49%，大大低于规范对于公路目标可靠度的要求。另外，从图中还可以看出，对于输出变量 Z，小于 0 的分布在主要空间。其概率分布与直接提取的相符。通过计算，得到设计弯沉值为 20.60（0.01mm），而利用有限元程序计算出的计算弯沉为 28.11（0.01mm），不能够满足设计要求，这反映了路面结构将在设计年限内发生破坏。

3. 输出变量的概率分布

将路表最大弯沉（$D_{deflection}$）、层底拉应力和不同功能函数 Z 设置为输出变量，因篇幅所限，本书仅列出部分输出变量的概率分布图，如图3.4，表3.16为输出变量的概率分布统计情况。

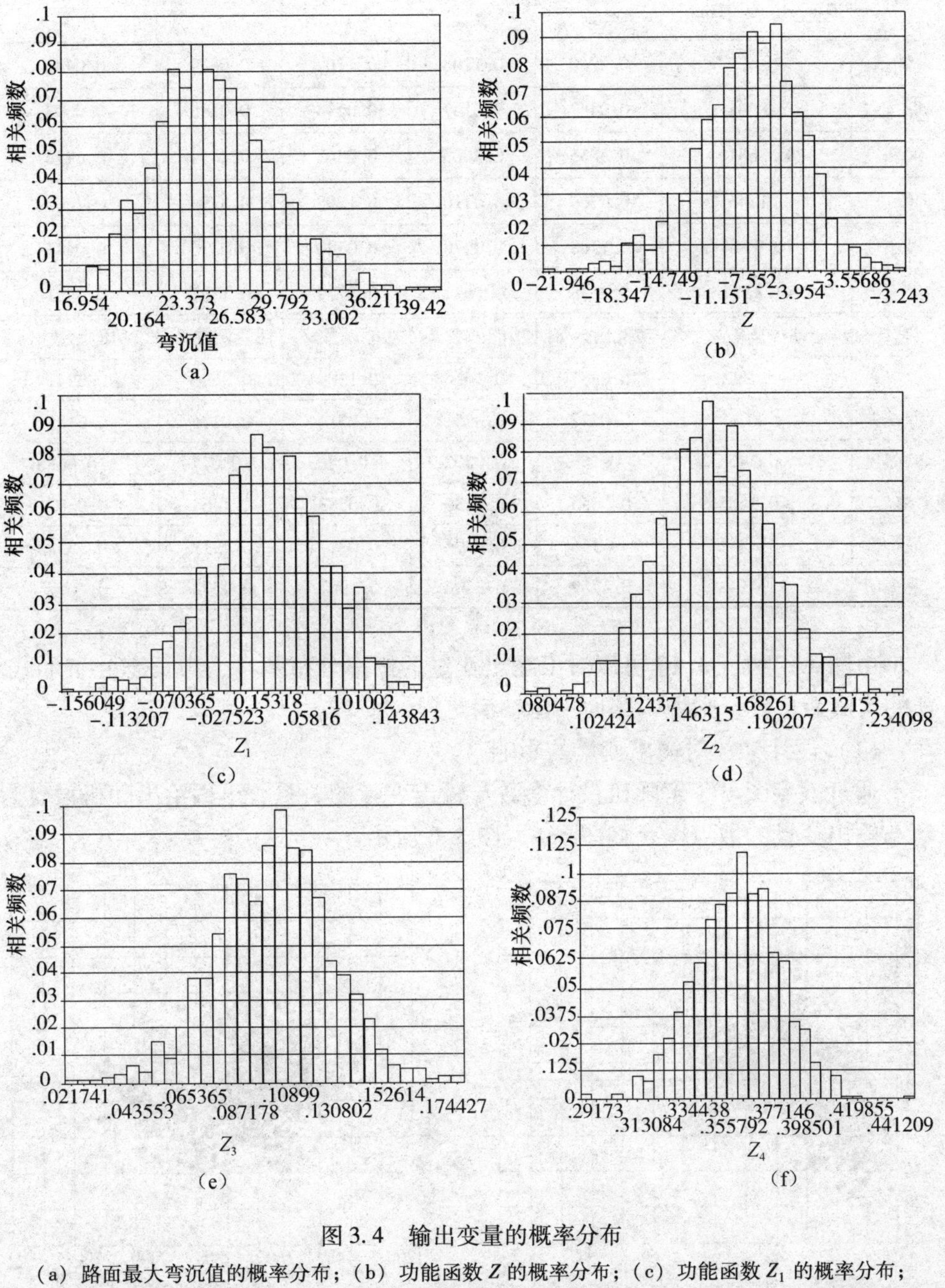

图3.4　输出变量的概率分布

（a）路面最大弯沉值的概率分布；（b）功能函数 Z 的概率分布；（c）功能函数 Z_1 的概率分布；（d）功能函数 Z_2 的概率分布；（e）功能函数 Z_3 的概率分布；（f）功能函数 Z_4 的概率分布

表 3.16　输出参数的概率分布

名称	路表弯沉值 $D_{deflection}$（0.01mm）	结构层层底应力（MPa）				
		S_{max_1}	S_{max_2}	S_{max_3}	S_{max_4}	S_{max_5}
均值	26.88	0.2960	0.1108	0.1102	0.0689	0.0445
标准差	3.8981	0.0467	0.0147	0.0194	0.0146	0.0093
偏斜度	0.3681	0.3655	0.2605	0.0363	0.4414	0.6916
峰度	0.1746	0.0769	0.0710	0.1208	0.3394	0.7693
最小值	16.9544	0.1788	0.0678	0.0580	0.0325	0.0241
最大值	41.8274	0.4538	0.1641	0.1779	0.1307	0.0851
名称	功能函数 Z	功能函数 Z_1	功能函数 Z_2	功能函数 Z_3	功能函数 Z_4	功能函数 Z_5
均值	−5.992	0.0357	0.1656	0.1109	0.3696	0.3941
标准差	4.114	0.0527	0.0251	0.2511	0.0216	0.0188
偏斜度	−0.3455	−0.2562	0.0502	−0.0802	−0.0778	−0.0688
峰度	−0.3455	0.0855	0.1130	0.0283	0.1464	0.0202
最小值	−21.945	−0.1560	0.0804	0.0217	0.2917	0.3355
最大值	5.9414	0.1759	0.2506	0.1907	0.4572	0.4657

由图 3.4 和表 3.16 可以看出输出变量的概率分布基本上为正态分布形式。Z 的均值为负值，则说明路面不能够满足设计要求。

（1）设计参数对输出变量的影响

通过散点图可了解随机设计参数与输出变量的关系，下面给出随机设计参数与输出变量的散点图，如图 3.5、图 3.6 所示。

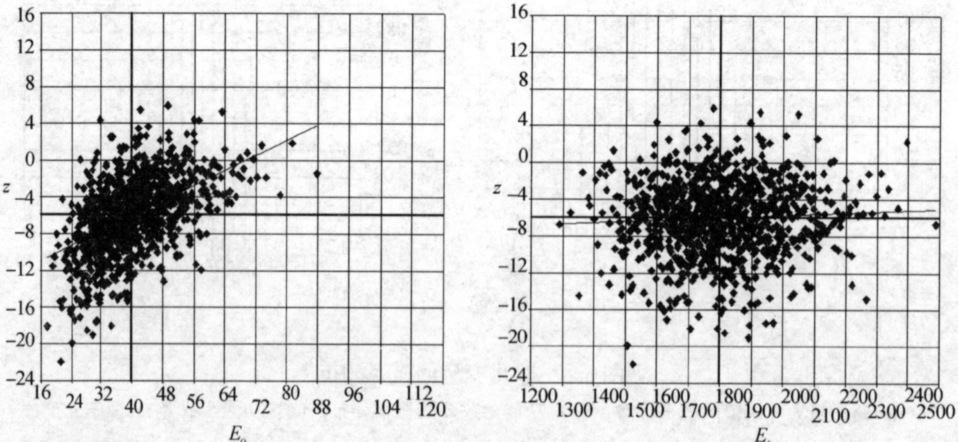

（a）　　（b）

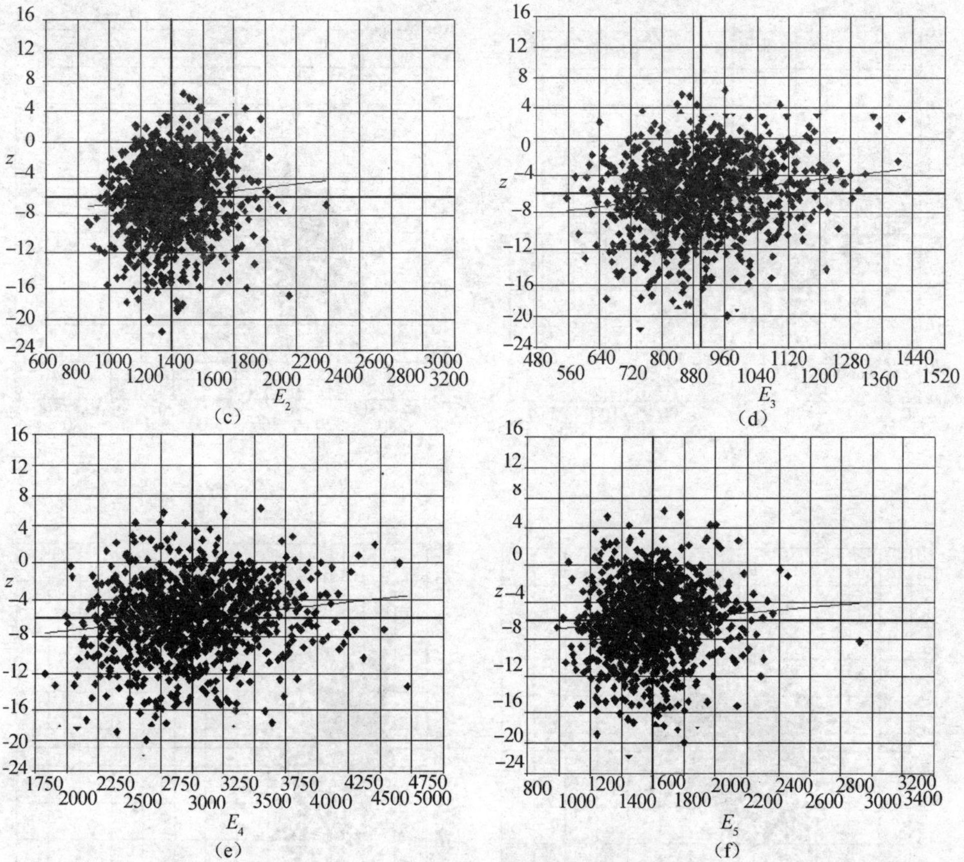

图 3.5　输出变量 Z 与回弹模量间的关系

(a) 土基回弹模量与输出变量 Z 的关系；(b) 上面层回弹模量与输出变量 Z 的关系；
(c) 中面层回弹模量与输出变量 Z 的关系；(d) 下面层回弹模量与输出变量 Z 的关系；
(e) 基层回弹模量与输出变量 Z 的关系；(f) 底基层回弹模量与输出变量 Z 的关系

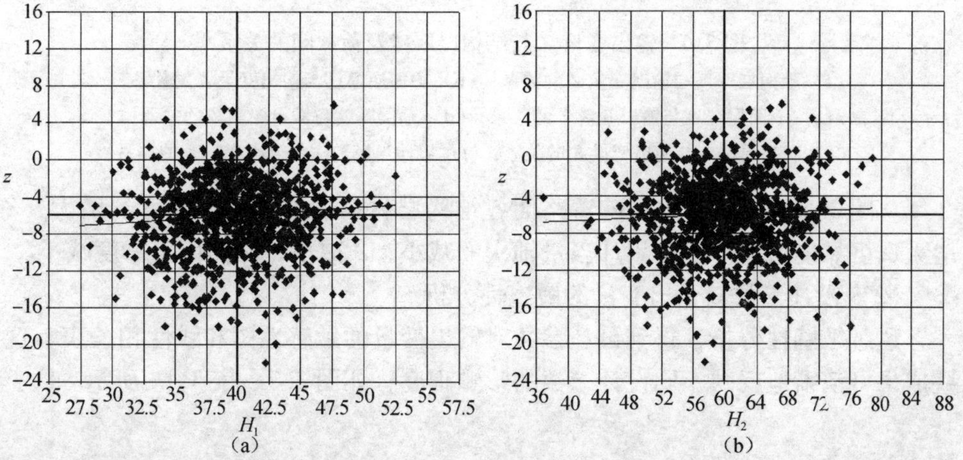

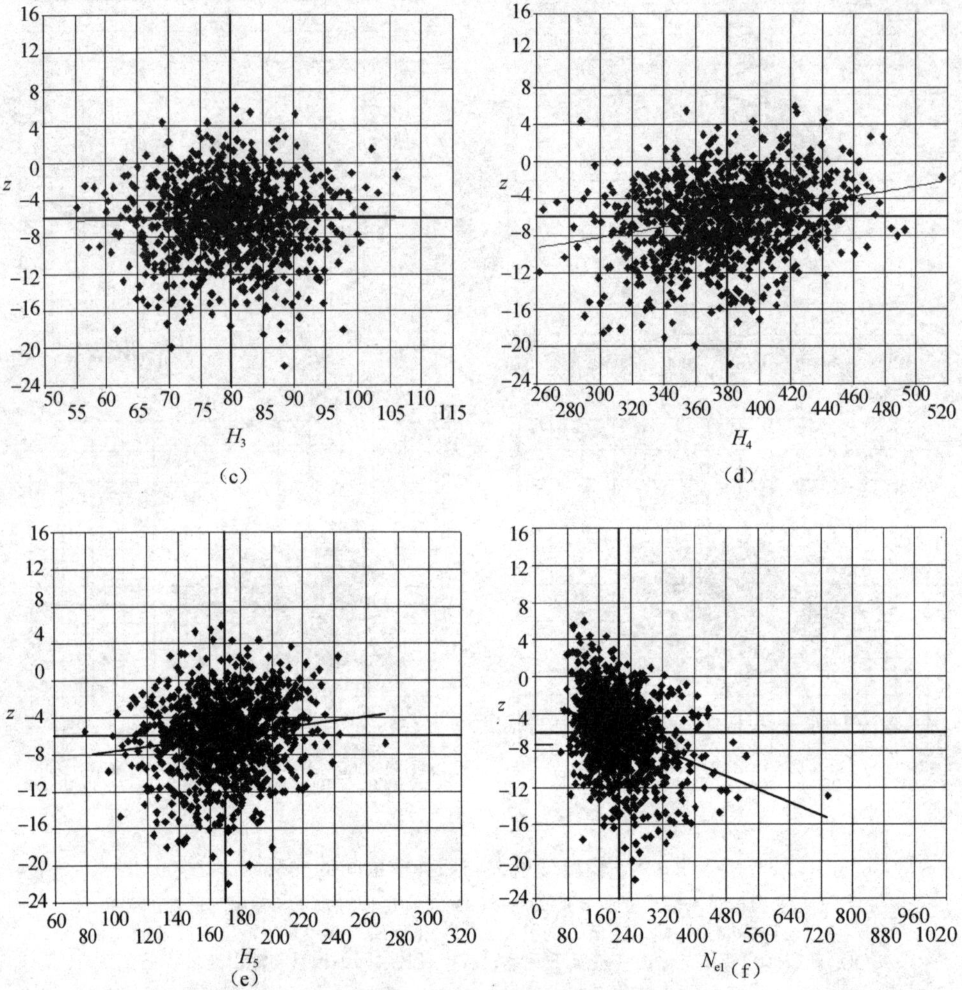

图 3.6　输出变量 Z 与结构层厚度及荷载间的关系

(a) 上面层厚度与输出变量 Z 的关系；(b) 中面层厚度与输出变量 Z 的关系；
(c) 下面层厚度与输出变量 Z 的关系；(d) 基层厚度与输出变量 Z 的关系；
(e) 底基层厚度与输出变量 Z 的关系；(f) 累计当量轴次与输出变量 Z 的关系

从图 3.6 中可以看出：随着路面各结构层材料回弹模量、厚度的增大，Z 增大，可靠度增强。随着累计当量轴次的减小，Z 减小，即路面可靠度减小。

(2) 设计参数对输出变量的敏感性分析

通过敏感性分析，得到设计参数对输出变量的敏感性图和线性相关表，这些成果可清晰地反映不同设计参数的影响程度，如图 3.7、表 3.17 所示。

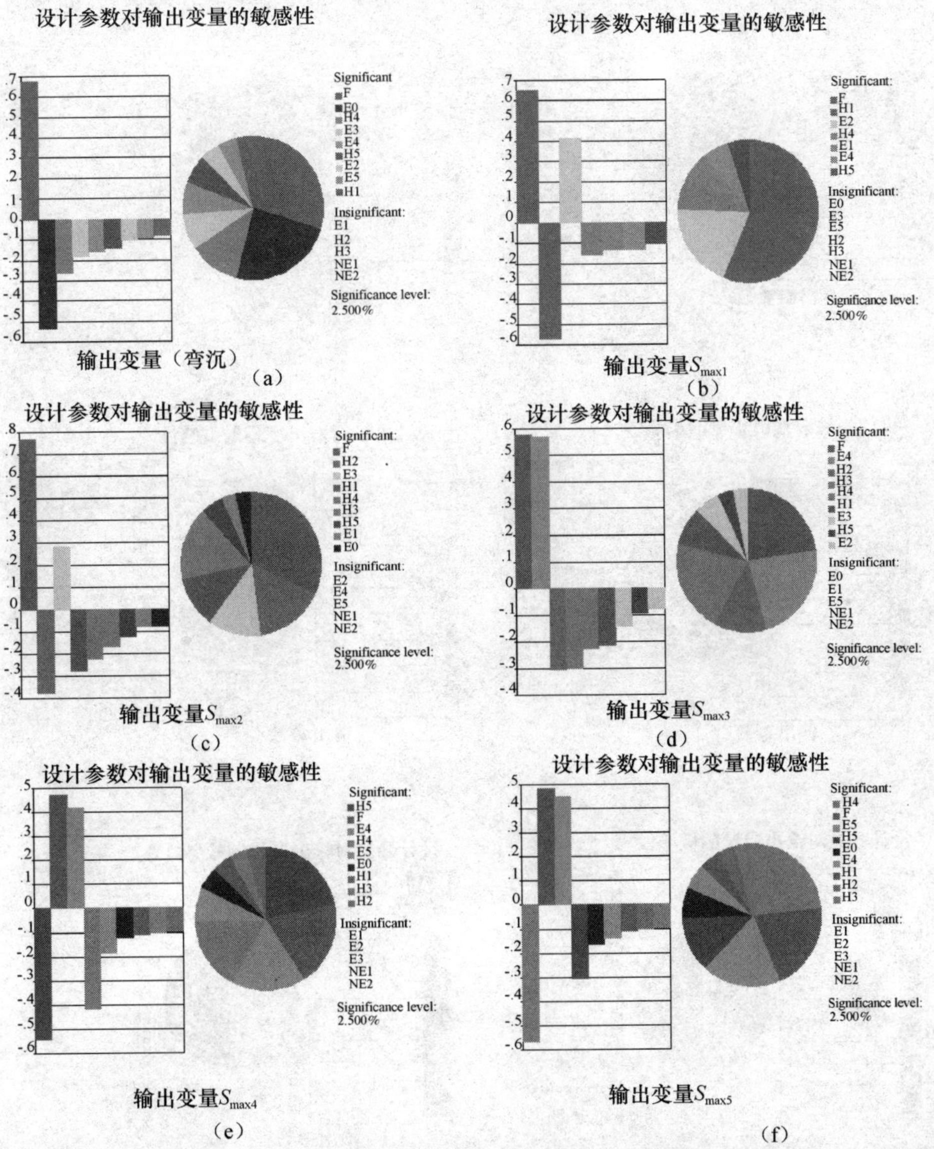

图 3.7　随机设计参数对输出变量的敏感性分析

（a）随机设计参数对路面弯沉的敏感性分析；（b）随机设计参数对上面层层底应力的敏感性分析；（c）随机设计参数对中面层层底应力的敏感性分析；（d）随机设计参数对下面层层底应力的敏感性分析；（e）随机设计参数对基层层底应力的敏感性分析；（f）随机设计参数对底基层层底应力的敏感性分析

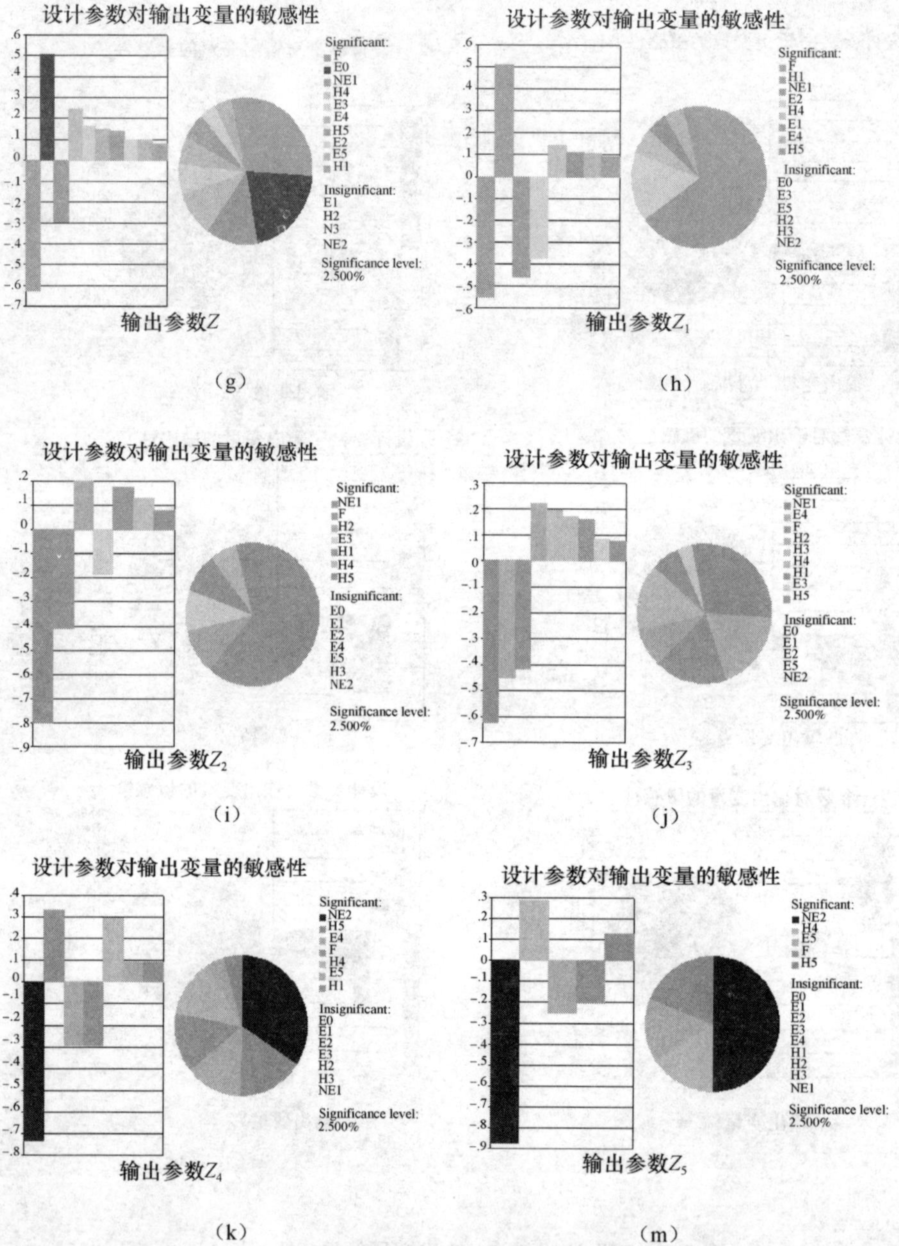

图 3.7　随机设计参数对输出变量的敏感性分析（续图）

（g）随机设计参数对 Z 的敏感性分析；（h）随机设计参数对 Z_1 的敏感性分析

（i）随机设计参数对 Z_2 的敏感性分析；（j）随机设计参数对 Z_3 的敏感性分析

（k）随机设计参数对 Z_4 的敏感性分析；（m）随机设计参数对 Z_5 的敏感性分析

表 3.17　随机设计参数对输出变量的线性相关系数

输出变量	路面各结构层及路基回弹模量（MPa）						累计当量轴次（N_{e1}）
	上面层	中面层	下面层	基层	底基层	土基	
$D_{deflection}$	**-0.067**	-0.096	-0.188	-0.171	-0.077	-0.537	-0.013
Z	**0.057**	0.093	0.174	0.154	0.086	0.498	-0.319
Z_1	**0.106**	-0.385	**-0.004**	0.107	**0.064**	0.025	-0.453
Z_2	**0.039**	**-0.033**	-0.175	**-0.017**	**0.050**	**0.018**	-0.780
Z_3	**0.051**	**0.069**	0.121	-0.453	0.004	**0.044**	-0.614
Z_4	**-0.004**	**-0.033**	0.022	-0.310	0.095	**0.062**	**0.029**
Z_5	**0.009**	**-0.026**	**0.044**	**0.054**	-0.270	**0.053**	**0.024**
输出变量	路面各结构层厚度（mm）						（N_{e2}）
	上面层	中面层	下面层	基层	底基层	荷载应力	
$D_{deflection}$	-0.087	**-0.065**	**-0.041**	-0.271	-0.140	0.678	**-0.036**
Z	0.088	**0.052**	**0.018**	0.257	0.142	-0.634	**0.056**
Z_1	0.532	**-0.032**	**-0.026**	0.156	0.095	-0.573	**0.038**
Z_2	0.193	0.207	**0.056**	0.131	0.099	-0.431	**0.071**
Z_3	0.176	**0.221**	**0.210**	0.174	0.095	-0.444	**0.043**
Z_4	0.080	**0.072**	**0.051**	0.295	0.347	-0.305	-0.707
Z_5	0.070	**0.066**	**0.019**	0.290	0.123	-0.226	-0.839

注：表中字为黑体表示此随机设计参数对输出变量不相关。

由图 3.7 和表 3.17 可知：

①荷载应力与路表计算弯沉 $D_{deflection}$ 为正相关，上面层模量、中下面层厚度及累计当量轴次 N_{e2} 与 $D_{deflection}$ 无明显相关性，而其余随机参数与 $D_{deflection}$ 负相关。随机变量设计参数对弯沉的影响程度从大到小依次为：荷载应力 F > 路基回弹模量 E_0 > 基层厚度 H_4 > 下面层模量 E_3 > 底基层厚度 H_5 > 中面层模量 E_2 > 底基层模量 E_5 > 上面层厚度 H_1。其中，荷载应力、路基回弹模量与路表计算弯沉 $D_{deflection}$ 相关系数分别为 0.678 和 -0.537，与其他随机变量设计参数相比占绝对优势，同时也说明这两个设计参数对控制路表弯沉具有重要的意义。

②对于输出变量 Z 而言，除上面层模量，中、下面层厚度及累计当量轴次 N_e 与其不相关外，其余各结构层模量、厚度都与其正相关，即随着各结构层厚度、路面材料抗压回弹模量的增大，对于以弯沉为控制指标的状态函数而言，路面结构的可靠度将得到提高。而荷载应力和累计当量轴次 N_e 与输出变量 Z 负相关。几个参数对输出变量 Z 的影响程度从大到小依次为：荷载应力 F > 路基回弹模量 E_0 > 累计当量轴次 N_e > 基层厚度 H_4 > 下面层模量 E_3 > 基层

模量 E_4 > 底基层厚度 H_5 > 中面层模量 E_2 > 底基层模量 E_5 > 上面层厚度 H_1。因输出变量 $Z = l_d - l_s$，故随机设计参数对其影响规律与 $D_{deflection}$，只是累计当量轴次 N_{e1} 成为关键因素。输出变量 Z 与路基回弹模量 E_0 的相关性 0.498 超出了其与累计当量轴次 N_{e1} 的相关性，进而反映了路基回弹模量对于提高路面结构可靠度的重要性，基层厚度和下面层模量也是重要因素，就两者而言，增大基层厚度对于提高路面结构可靠度而言更为适宜。

③与以层底拉应力为极限状态函数的输出变量 Z_1、Z_2、Z_3、Z_4、Z_5 相关的随机变量设计参数不尽相同。荷载应力 F 和累计当量轴次 N_e 对所有的输出变量均为负相关因素，同时下一层回弹模量对于上一层层底输出变量而言也为负相关因素；荷载应力 F 对于输出变量 Z_1、Z_2、Z_3、Z_4、Z_5 的影响程度逐渐减小，从对 Z_1 的影响的第一位依次下降到第四位，而累计当量轴次除对 Z_1 影响程度排三位外，对其他四个状态函数为最重要因素。同时发现，中面层厚度 H_2 对于 Z_2、Z_3，基层模量对于 Z_3、Z_4 也为较重要因素。底基层厚度 H_5 对于 Z_4 的影响超出了对 Z_5 的影响，紧随累计当量轴次 N_e 之后。说明要提高以基层层底拉应力为极限状态函数的路面结构可靠度来说，增大 H_5 为一较理想的选择。

第 4 章　既有沥青路面结构可靠性状态诊断与预测

沥青路面结构可靠性状态必须满足一定的性能要求，一旦发现其结构状态不能满足要求，必须采取一定的养护维修措施以恢复其性能。在进行维修前，公路养护人员的主要任务就是根据沥青路面现有的路况信息确定其维修措施，进而制定合理的维修计划。维修费用与所确定的维修措施有很大关系，维修级别设定越高，相应的工时和材料费用也越高。但如果只考虑本次维修费用而设定过低的等级，可能会缩短沥青路面下次须进行维修的时间，导致单位时间路面使用维修费用过高。因此，如果能够根据路面可靠性状态制定出合适的维修策略，就能帮助公路部门节约大量的维修成本，使得控制维修成本真正落到实处。目前，由于以下原因，公路管理人员很难在维修养护前确定合适的维修等级：（1）沥青路面结构本身系统非常复杂，根据检测和诊断设备可以得到路面结构的整体性能衰退情况，但无法确定不同路面结构可靠性状态时应采用的维修等级；（2）路面养护人员针对路面结构可靠性状态进行维修案例以及实践经验积累的匮乏。

本章试图从既有沥青路面结构可靠性状态分析的角度出发，在利用目前先进的无损检测技术的基础上，对既有路面结构进行可靠性分析，应用灰色系统理论进行路面结构可靠性状态的预测。

4.1　既有沥青路面结构参数的检测

4.1.1　路面结构层厚度的检测

目前，公路部门检测面层厚度的标准方法是按一定频度随机取芯，一般为每公里每车道 5 个。计算机模拟研究表明，按这一频度随机取芯无法对面层厚度做出客观的总体评价，只有当取芯频度达到每公里 70 个以上时，其评价才是可靠的。但这样的取芯频度将招致对面层的严重破坏，是不现实的。而地质雷达的连续无损检测却能很好地克服这一矛盾。图 4.1 为目前我国销售市场上常见的两种地质雷达。

（a）　　　　（b）

图 4.1　路面地质雷达测试仪

（a）IRIS/IRIS-L 路面雷达测试系统；（b）SIR-20 道路检测探地雷达

1. 地质雷达检测的基本原理

地质雷达检测公路面层厚度属于反射波探测法，其基本原理与探空雷达相似，即向地下发射一定强度的高频电磁脉冲波，电磁波在地下传播的过程中遇到不同电性物质分界面时，就会产生反射波，地质雷达接收并记录这些反射信息。电磁波在特定介质中的传播速度是不变的，因此根据地质雷达记录上的地面反射波与地下反射波的时间差 ΔT，即可据下式算出该界面的埋藏深度 H：

$$H = V \cdot \frac{\Delta T}{2} \tag{4-1}$$

对于公路面层检测而言，H 即为面层厚度，式中 V 是电磁波在地下介质（面层）中的传播速度，相对于雷达所用的高频电磁波（900～2500MHz）而言，公路面层所用的材料都是低损耗介质，其速度由下式表示：

$$V = \frac{C}{\sqrt{\varepsilon}} \tag{4-2}$$

式中，C 是电磁波在大气中的传播速度，约为每秒 30 万 km；ε 为面层的相对有效介电常数，它取决于构成面层的所有物质的介电常数。

反射信号的振幅与反射系数呈正比，在以位移电流为主的低损耗介质中，反射系数可表示为：

$$\gamma = \frac{\sqrt{\varepsilon_1} - \sqrt{\varepsilon_2}}{\sqrt{\varepsilon_1} + \sqrt{\varepsilon_2}} \tag{4-3}$$

式中，ε_1、ε_2 分别为上、下介质的相对介电常数，对公路检测而言，ε_1 为面层的相对介电常数，ε_2 为基层的相对介电常数。由式（4-3）可知，反射信号的强度主要取决于上、下介质的电性差。电性差越大，反射信号越强。对沥青混凝土面层而言，面层与基层（稳定层）存在明显的电性差，可以预期面层底部会有强反射出现。不同面层（上、中、下）之间所用材料也存在细微差别，因此也可以得到较弱的反射信息。

雷达波的穿透深度主要取决于地下介质的电性和波的频率。电导率越高，穿透深度越小；频率越高，穿透深度越小，反之亦然。对于公路检测而言，水泥混凝土面层电导率高于沥青面层的电导率，因此相同频率的雷达波在沥青面层中的穿透能力大于在水泥混凝土面层中的穿透能力。在实际检测工作中，对沥青面层一般采用2500MHz天线测量，对于水泥混凝土面层2500MHz天线一般难以穿透，只能用900～1000MHz天线测量。

公路专用地质雷达都是在行进中以电磁波扫描的方式进行的，因此该项技术具有连续、无损、高效率的特点。

2. 检测结果的可靠性

通过三个已有钻孔连一地质雷达剖面，剖面长度约80m，用第一个钻孔的芯样厚度及雷达波传播时间标定速度，并根据雷达波传播时间计算第二、第三个孔位的厚度。结果表明，第二、第三个孔位的计算厚度与芯样实测厚度误差分别为0.8mm和－1.5mm，见表4.1。

表4.1 芯样厚度与雷达测定厚度对比表 cm

芯样号	芯样厚度	雷达测定厚度	绝对误差	相对误差
1	13.5	13.62	+0.12	0.89%
2	11.0	11.08	+0.08	0.73%
3	12.0	11.85	－0.15	1.25%

通过四个任选点位连一地质雷达剖面，剖面长度约为200m。首先钻开第一个点位并据其芯样厚度标定雷达波速度，然后预报其他三个点的厚度，最后钻开这些点位并将其芯样厚度与预报厚度做比较。结果表明，第二、第三、第四个点位的预报误差分别为－0.26cm、+0.18cm和+0.2cm，详见表4.2。

表4.2 雷达测定厚度与芯样厚度对比表 cm

芯样号	雷达测定厚度	芯样厚度	绝对误差	相对误差
1	8.83	9.0	－0.17	8.83%
2	12.44	12.7	－0.26	2.05%
3	11.48	11.3	+0.18	1.59%
4	13.20	13.0	+0.20	1.54%

在某高速公路上做一约20km长的地质雷达剖面，根据该路段内三个已知钻孔的芯样厚度标定速度，计算各点厚度，然后在该剖面上选取一段相对起伏

较大的部位（约18m），在高、中、低三个点位钻孔取芯验证。结果表明，三个点位的厚度误差分别为－1.7mm、－2.0mm和－2.2mm，参见表4.3。

除以上有针对性地专门试验外，在生产性检测工作中也做了大量的验证工作，误差一般不超过3.0mm。

表4.3　雷达测定厚度与芯样厚度对比表　　cm

孔位	雷达测定厚度	芯样厚度	绝对误差	相对误差
1	8.83	9.0	－0.17	1.89%
2	15.80	16.0	－0.20	1.25%
3	9.38	9.6	－0.22	2.29%

综上所述，地质雷达对面层厚度的检测结果在具体点位上是足够精确的，对特定区段的评估是非常可靠的，完全可以取代现行的钻孔取芯手段。

4.1.2　路面结构层模量的检测与反演技术

1. 路面弯沉数据的测试

由于路面弯沉检测的设备类型及产品型号繁多且每种设备都有其自身的技术特点和局限性，因此，对代表性弯沉检测设备进行综合评价是十分必要的。美国联邦公路合作研究计划（NCHRP）10-27项目对15种常用的路面弯沉检测设备进行了系统分析和综合评价，得出的结论是动力弯沉检测设备优于静力弯沉检测设备。其中落锤式弯沉仪（FWD）与其他弯沉检测设备相比又具有测速快、精度高（弯沉分辨率达1μm）、且能较好地模拟实际行车荷载对路面的动力作用等优点，尤其是FWD能够准确测定较完整的弯沉盆信息，为路面结构层模量反算提供了必要的基础。Dynatest FWD的系统构成如图4.2所示，其承载板半

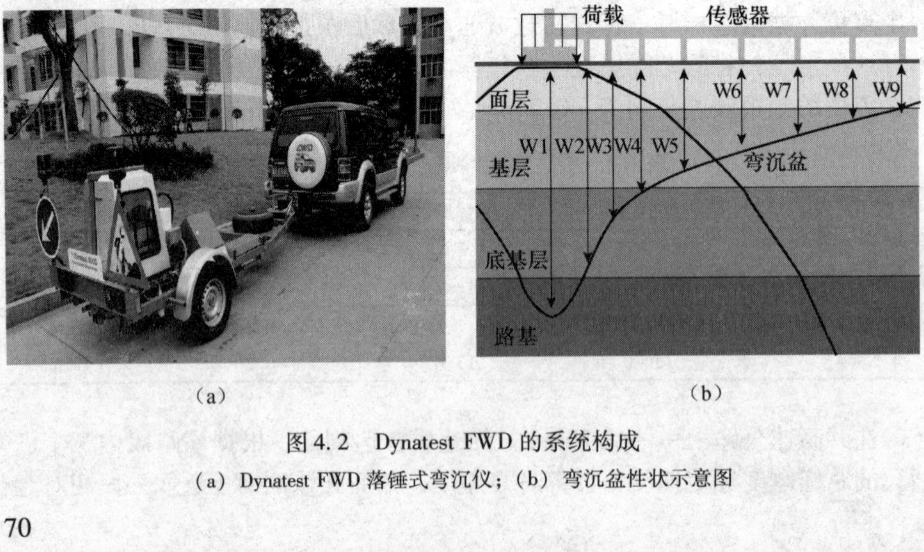

（a）　　（b）

图4.2　Dynatest FWD的系统构成

（a）Dynatest FWD落锤式弯沉仪；（b）弯沉盆性状示意图

径为 15cm，根据不同的研究需要配置有不同数量的位移传感器，该试验配置了 9 个位移传感器。FWD 一般采用 9 个传感器，其布置方案为 0cm、20cm、30cm、45cm、60cm、90cm、120cm、150cm、200cm，各传感器对应弯沉用 $D(0)$，$D(20)$，…，$D(200)$ 来表征。

2. 路面结构层模量反算

路面结构层模量反算是一个相当复杂而且困难的问题，不论是采用线性或非线性亦或考虑静载或动载等力学分析模型，计算路面结构的弯沉、模量反算最终都可以归结为非线性最优化问题，也就是如何采用有效的优化算法和数据处理方法寻求最优的路面结构层力学参数集合，使得 FWD 的实测弯沉盆与力学计算的理论弯沉盆达到最佳的拟合。

美国在模量反算方面进行了大量的研究，早在 1973 年美国德克萨斯州运输学院的 Scrivner F H 等人根据 Burmister 双层体系解，采用分析法首次提出了 FWD 弯沉盆反算模量的方法，并编制了反算的诺谟图。1977 年犹他大学的 Yih Hou 在他的博士论文中，首次采用近似公式求偏导数的方法进行多层体系解的路面模量反算。1979 年德克萨斯州运输学院的 Lytton R L 等人采用当量层方法提出了具有刚性下卧层的模量反算，并编制了反算程序。20 世纪 80 年代后期，美国佛罗里达州立大学的 Ruth B E 等分析了 Dynaflect 弯沉与各层模量的关系，提出了一组四层体系的刚度参数预估公式。同时，1978 年丹麦工程大学的 Ullidtz P 根据 Odemar K N 的假设采用当量层的方法反算路面模量。我国于 20 世纪 80 年代后期从国外开始引进 FWD，在路面模量反算方面的研究起步较晚，1999 年东南大学的倪富健等人采用了 POWELL 方法进行模量反算，郑州工业大学的王复明采用了模式识别法，交通部公路所的王旭东采用了变尺度法（DFP），1998 年后王旭东采用了改进遗传算法、人工神经网络法和同伦方法。

4.1.3　路面结构层间状态的检测

路面结构层间状况是确定既有路面结构可靠性状态的关键因素，正确测定路面层间结合状态直接决定着维修措施的制定。

我国现行的半刚性基层沥青路面设计规范以层状弹性体系为基础，设计时假定道路各结构层之间的接触面完全连续。弹性层状理论力学计算结果也表明，层间连续状态下的路面层底拉应力和路表弯沉等值均显著小于层间滑动状态。沥青层施工工序不连续、不洒粘层油时，虽然钻孔试件是连在一起的，但并不是一个整体，因为两层之间是大量的点点接触。在洒粘层油的情况下，由于粘层油的品质、洒布量、施工质量及其他环境因素等控制不严，均可以导致层间抗剪能力差，从而导致路面破损。工程实践也同时证明，沥青混凝土面层与水泥稳定基层之间以及沥青混凝土各层之间的层间界面粘结比较薄弱，处于完全滑动与完全连续的中间状态，层与层之间通过接触传递应力。这样，沥青路面的实际工作状态与设计理论工作状态不相符合，从而直接影响到路面结构可靠性状态的预估。

1. 室内试验法

钻孔芯样代表着沥青混凝土路面的真实状态，通过对其层间抗剪能力的评价，可以评价整个路面的层间抗剪性能。层间粘结能力评价的试验方法为层间剪切试验。国内外对此研究较多，各种试验方法的主要区别为荷载模式、试件成型方法、试件尺寸与形状、加载速率等方面。试验方法有参照土工试验的直剪试验、参照桥面铺装试验方法的拉拔试验、采用金属材料性能试验的压缩抗拉试验、斜剪试验等。

2. 层间接触推断法

东南大学的黄宝涛、廖公云等人采用分形理论和层间接触理论，对半刚性基层沥青路面层间接触状态进行微观分析，在此基础上建立了路面结构的层间接触模型，根据级配分形维数值的公式计算了沥青面层、半刚性基层层间接触临界值的大小。其分析结果显示：在其他条件保持恒定的情况下，当层间有效接触面积大于临界值时，微观无数大小不同的接触点将处于弹性状态，宏观上路面结构表现出弹性性质；当层间有效接触面积小于临界值时，微观无数大小不同的接触点将处于塑性状态，宏观上路面开始发生塑性损伤变形。提出了依据级配计算路面结构层间接触状态值的方法，可以纠正我国道路结构设计规范里基于线弹性层状理论，假设层间接触完全连续或完全光滑与工程实践存在明显偏差的情况，从而更清晰地分析路面微观结构与宏观路用性能之间关系。

3. 粘结系数法

哈尔滨工业大学冯德成、宋宇等人在已有研究基础上，提出应用层间粘结系数 K 来评价路面层间结合状态，从理论模型和试验模型两个角度充分论证了其可行性，并通过试验手段，建立不同试验组合，模拟实际路面典型结构对层间粘结系数 K 值进行测定，根据试验结果结合理论分析从而为现行规范半刚性基层沥青路面按层间完全连续验算设计指标时提出了修正范围。

4.1.4 既有路面隐含病害的检测

公路路面为层状结构，其组成由上向下一般分为面层、基层、底基层、填土碾压路基等，统称为结构层。开裂始于面层者较容易发现，而面层完好、基层或底基层已经开裂并形成隐含裂缝者，不通过检测就很难发现。若能通过快速无损检测，及早发现存在于公路面层之下各结构层中的隐含裂缝，分析路面结构的可靠性状态，并及时采取针对性措施进行养护和治理，将具有十分重要的意义。

国内修建的高速公路面层、基层或底基层的厚度一般在十几到几十厘米范围。各结构层出现开裂一般以垂直断裂为主，倾斜开裂也存在，但所占比例较少。如果结构层中的裂缝面接近水平，则演变为水平裂缝，而水平裂缝大多表现为层间脱空，属于层内发育的很少。层间脱空在平面上的展布范围一般较大，用地质雷达比较容易检测。为此这里重点讨论采用地质雷达检测垂直或接近垂直的隐含裂缝问题。

1. 检测方法

采用正确的检测方法是使用地质雷达检测公路结构层中隐含裂缝取得成功的关键。通常，地质雷达被用于公路或高等级公路检测时，主要是用来检测公路结构层的厚度或路基沉陷、层间脱空、基层破碎等病害。因厚度检测的点距一般不要求太密，且上述几种病害的横向范围一般也较大，所以，通常将地质雷达检测点距设定为 0.5 ~1.0m。上述几类病害在雷达检测剖面上总会有明显的异常反映。而对于公路结构层开裂，在垂直于裂缝走向的方向上，裂缝的横向尺度很小，常见的裂缝宽度一般都不会超过 1cm，宽度在 3mm 以下的裂缝最为常见。若采用上述同样的点距进行检测，则裂缝很容易被漏掉，在检测剖面上就很难发现或判定由裂缝引起的异常。所以，采用地质雷达检测公路结构层中的隐含裂缝，点距的选取最为关键。另外，根据结构层的厚度和相应的裂缝发育深度，选择合适的天线频率也很重要。国内高速公路结构层总厚度一般不超过 1m，一般选用主频为 500MHz 左右的雷达天线较为合适。

在进行公路检测时，沥青碎石面层或水泥稳定碎石层对雷达信号的衰减较大。当雷达天线的两个极板在横向上没有跨越或覆盖裂缝，而是完全偏离裂缝时进行触发扫描并记录，则来自裂缝的雷达回波信号就很微弱，由裂缝引起的异常就很难被识别。可见，为了对裂缝进行有效检测，必须保证雷达天线的收、发极板在垂向上覆盖裂缝进行多次触发扫描并记录。设天线收、发极板间距为 L，相对于裂缝，当天线从位置“1”移动到位置“2”时，移动了一个收、发间距 L，在此期间触发扫描并记录，就能得到对裂缝异常的有效记录。

对于 500MHz 的雷达天线，收、发极板间距为 20cm，为达到对地下可探测深度范围内微裂缝的回波信号记录不少于 3 道，采样点距就不能大于 6.67cm(20/3)。为增加对裂缝异常识别的可靠性，在实际检测试验时可采用 5cm 的采样点距。实际上，500MHz 屏蔽天线为蝶形极板天线，极板中心距为 20cm，它对地下裂缝的实际覆盖范围与天线的外形尺寸基本相当，约为 30cm。

若采用5cm 的采样点距，则对裂缝的实际记录道数一般不少于6 道。所以，在实际雷达检测剖面上，裂缝异常显示非常明显。

2. 裂缝的判别

均匀层状介质中的垂直裂缝，雷达波响应特征与单一均匀介质中的情况有一定区别。所以，研究并熟悉均匀层状介质中的垂直裂缝对雷达波场的响应特征，对实际检测和辨别公路结构层中的裂缝异常非常重要。

由于裂缝一般都为空气所充填，当雷达天线覆盖裂缝时，除能记录到来自裂缝顶端较强的一次散射波外，还能记录到由低于裂缝顶端的各结构层分界面形成的能量较强的二次散射波。由于空气与其他介质分界面对雷达信号的散射或反射较强，对信号频率衰减较少，使得裂缝异常在雷达检测剖面上表现为明显的高频多次波。垂直裂缝的异常的散射双曲线两翼表现为左右对称的燕尾状；向左倾斜的裂缝的异常反应为倾向一侧散射能量较强，另一侧较弱。当倾角较大时，甚至只能看到一翼，这是直观判别隐含裂缝倾向和倾角相对大小的有效方法。

4. 2　既有沥青路面结构可靠性状态分析

4. 2. 1　交通参数对路面结构可靠性的影响

由于国民经济和公路交通运输事业的发展，运输车辆中大型货运车辆的比重不断增加，载货汽车的超载现象变得越来越严重，汽车超限超载已是普遍存在的问题。在河北、河南、山西等一些重要矿区的调查表明，10t 以上的重型货车的超载比例在 40% 以上，某些路段达到 80%，最大超载率超过 300%。

表4. 4 为 2007 年天津市代表性公路交通量统计情况，数据表明，天津市各条干线除少数公路外日累计当量轴次都达到了 1000 万次以上，个别公路如外环线，日累计当量轴次甚至达到了一亿次，足以证明天津市省级干线公路交通流量之大。由表 4. 4 中还可看出，各条公路不仅交通流量大，而且以重车居多，即行使车辆中大、中货车和拖挂车较多。

交通压力大，路面易被破坏，致使公路的服务水平越来越差。天津汽车超载情况调查表明，超载车约占重车的 30% ~70%，平均超载率为 50% ~70%，载重 25t 以上货运汽车超载的达 80% ~90%。例如在津围公路潮白河大桥附近设点调查，8h 内共计车流量 5857 辆，其中 8t 以上载重车 1026 辆，占总数的 17. 5%，1026 辆重车中超载 431 辆，占重车总数的 42%，可见天津市主要公路超载的普遍性和严重性。

表 4.4　天津市代表性公路交通量统计

路线代码	路线名称	观测站名称	代表路段里程（km）	合计		次	万次
				自然数	折算值	累计当量轴次	
S101	津围线	公路所	13.425	17659	26160	45662910	4566
S101	津围线	下仓	7.29	11704	18014	30992670	3099
S101	津围线	上仓	20.583	6732	10996	22983470	2298
S101	津围线	王庄子	35.38	4972	7027	12736270	1274
S104	津北线	刘台立交	20.73	4344	6910	17004850	1700
S105	津沽线	辛庄	8.051	33062	38204	23594620	2359
S106	津歧线	板桥	14.8	15187	17991	20859260	2086
S106	津歧线	上古林	31.6	15423	18333	20845820	2085
S107	津港线	周庄子	13.5	30563	36818	2.03×10^7	2028
S108	津王线	团泊大桥	11	9014	15665	41033690	4103
S109	津涞线	付村	5.6	24013	29602	34088850	3409
S111	津霸线	韩家墅	15.28	11197	14694	23590110	2359
S113	外环线	机场路	7.6	46088	58190	57837680	5784
S113	外环线	引河桥	11.215	36840	60625	1.21×10^8	12055
S113	外环线	南曹铁路	6.26	57451	81843	121113400	12111
S113	外环线	津淄公路	13.27	49900	68835	93018590	9302
S115	津滨高速	军粮城	23.123	6583	9119	14738390	1474
S116	津文公路	杨成庄	15.703	14301	17460	20772720	2077
S117	津保高速	王庆坨	23.944	11336	18242	2.31×10^7	2312
S118	津蓟高速	九园站	102.56	6685	9303	19018300	1902
S202	芦汉线	车站	8.815	11869	17593	2.31×10^7	2310
S205	宝芦线	八门城	20.7	4302	5941	10656830	1066
S205	宝芦线	廉庄子	21.55	3163	4236	6823843	682
S208	袁茶路	茶东道班	6.279	5570	8237	17775220	1778
S210	平宝线	牛道口	16.45	6974	12024	35409910	3541
S210	平宝线	尤古庄	23.919	9730	15918	42777230	4278
S212	南东线	后河淤	9.86	6845	9600	15644870	1564
S213	静王线	靳庄子	10	12086	14520	14233020	1423
S219	九园线	顾家庄	26	6302	10624	3.07×10^7	3069
S302	喜邦线	贾各庄	10.5	8914	11491	1.53×10^7	1533
S302	喜邦线	马伸桥	7.854	4593	6391	11838820	1184
S303	玉杨线	蒙圈	9.515	4224	6057	1.03×10^7	1031

交通参数对既有路面可靠性的影响很大，以天津市杨北公路为例，杨北公路始建于1963年，西起武清县杨村镇，东至塘沽区北塘镇，全长约80km，是天津公路干线之一，为重车路线和大件运输线，车流量较大，重车较多。2001年进行了

重建，其路面结构及有关计算参数见表4.5。设计参数的概率分布如第3章所述。

表4.5 杨北公路路面结构形式及材料参数

层次	材料类型	结构层厚度		抗压回弹模量		劈裂强度及变异性	
		h_i(cm)	$C_v(h_i)$	E_i(MPa)	$C_v(E_i)$	S_i(MPa)	$C_v(S_i)$
1	细粒式沥青混凝土	4	0.08	1500	0.15	1.2	0.10
2	粗粒式沥青混凝土	6	0.10	1200	0.15	0.8	0.10
3	水泥稳定碎石	36	0.15	2000	0.18	0.6	0.15
4	二灰土	15	0.20	800	0.20	0.4	0.20
5	土基	—		50		0.22	—

1. 以路表弯沉为控制指标的可靠度计算

为了找出重载作用下对路面结构可靠性的影响，进而分析不同累计标准轴载情况下的路面结构的可靠度变化规律，笔者通过杨北公路现有路面结构，分别研究不同作用下，以弯沉和层底拉应力为输出变量的路面结构的可靠性变化情况。路面结构计算模型如第3章所述。考察在考虑当量轴次与可靠度的关系时，发现可靠度均值发生变化，其他输入参数的均值、变异性和概率分布并不发生变化。表4.6为以路表弯沉为指标的不同荷载作用下累计当量轴次 N_e 与可靠度之间的关系。

表4.6 不同荷载作用下累计当量轴次 N_e 与可靠度之间的关系
（以路表弯沉为指标）

荷载均值(MPa) / N_e(万次)	可靠度（%）						
	0.7	0.8	0.9	1.0	1.1	1.2	1.4
100	99.78	93.87	81.58	63.43	38.79	22.31	4.89
200	93.43	78.36	52.83	31.04	14.87	5.70	1.02
300	86.15	63.24	35.06	16.02	5.72	1.98	—
400	77.24	48.49	22.77	9.22	2.72	0.64	—
500	67.94	39.43	17.37	5.15	1.25	0.03	—
600	60.53	30.46	10.22	3.46	0.83	0.02	—
700	54.53	25.51	8.12	2.14	0.03	—	—
800	49.32	20.41	6.99	1.16	0.02	—	—
900	40.40	16.85	4.43	1.44	—	—	—
1000	38.49	13.32	4.40	0.72	—	—	—
1200	30.32	9.37	2.66	—	—	—	—
1400	23.74	6.59	1.38	—	—	—	—

分析图 4.3 中的曲线变化规律可知，随累计当量轴次的增大，沥青路面结构可靠度会快速降低到一个比较低的水平，尤其是 100 万～500 万次这段区间内，可靠度降幅更大，在累计当量轴次大于 500 万次时，可靠度有所变缓。在累计当量轴次大于某一值时，随累计当量轴次的增加，路面结构可靠度曲线将逐渐趋于水平，也即对累计当量轴次的敏感性水平将逐渐减小。

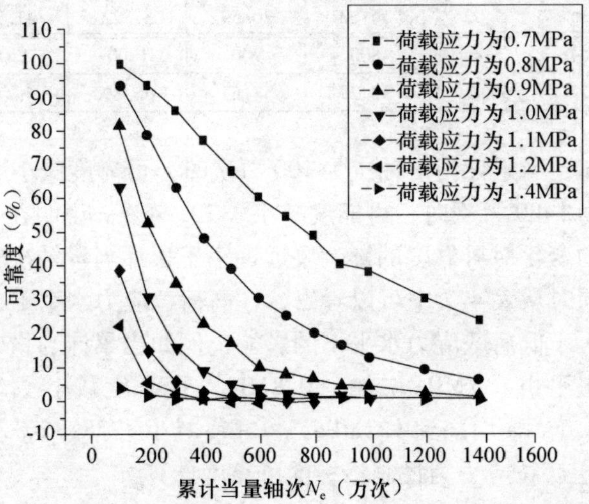

（a）

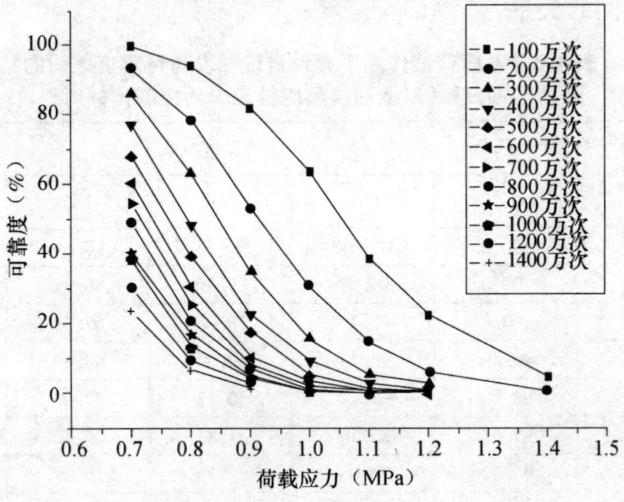

（b）

图 4.3　以路表弯沉为控制指标的可靠度计算

（a）可靠度与累计当量轴次之间的关系；（b）可靠度与荷载应力之间的关系

此外，从图4.3中还可以清楚看出，荷载对可靠度有着重要的影响。随荷载应力的增大，路面结构的可靠性呈衰减的趋势。表4.7为荷载应力水平由0.7MPa增加到0.8MPa时不同当量轴次可靠度变化率。

表4.7 不同当量轴次可靠度变化率

累计当量轴次（万次）	100	200	300	400	500	600
可靠度变化率（%）	5.92	16.13	26.59	37.22	41.96	49.68
累计当量轴次（万次）	700	800	900	1000	1200	1400
可靠度变化率（%）	53.22	58.29	58.62	65.39	69.10	72.24

由表4.7可知，当累计当量轴次为100万次时，可靠度减小了5.92%，而当累计当量轴次为1400万次时，可靠度减小了72.24%。说明在累计当量轴次低时，荷载应力的变化对可靠度的影响要远远小于累计当量轴次较高时对可靠度的影响程度。同时从表4.7中可以看出，在高荷载应力水平下，荷载的变化对可靠度影响要大于低荷载应力水平下的影响，例如当累计当量轴次为100万次时，荷载应力水平由0.7MPa增加到0.8MPa，可靠度减小了5.92%，而当荷载应力水平由1.1MPa增加到1.2MPa，可靠度减小了38.85%。

2. 以上面层层底拉应力为控制指标的可靠度计算

表4.8与图4.4为以上面层层底拉应力为指标的不同荷载作用下累计当量轴次与可靠度之间的关系。

表4.8 不同荷载作用下累计当量轴次与可靠度之间的关系（以上面层层底拉应力为控制指标时）

荷载均值（MPa） / N_e（万次）	可靠度（%）				
	0.7	0.8	0.9	1.0	1.2
100	100.0	100.00	99.14	98.36	98.36
200	100.0	99.97	89.20	86.82	42.36
300	100.0	98.17	76.35	67.58	19.33
400	99.49	95.58	62.34	48.49	9.98
500	98.20	91.21	50.13	37.09	5.39
600	97.93	85.14	41.83	25.46	2.72
700	95.32	79.05	32.75	19.89	1.71
800	92.96	70.76	27.58	15.13	1.32
900	89.18	62.20	22.60	11.21	1.02
1000	87.77	57.22	18.91	9.22	0.89
1200	82.19	46.20	13.35	5.22	0.33
1400	71.08	36.94	9.32	3.57	0.21

当行车荷载增大时，面层层底拉应力增大，沥青路面结构的可靠度也肯定随之下降，这种影响程度也随累计当量轴次的增加而增加，例如累计当量轴次为 400 万次时，仅降低了 3.91%，而在累计当量轴次为 1400 万次时，荷载应力由 0.7MPa 增加到 0.8MPa，可靠度从 71.08% 降到 36.94%，降低了 34.14%。图 4.4 反映了这样一个事实，那就是路面结构可靠度的降幅随累计当量轴次的增加而增加。

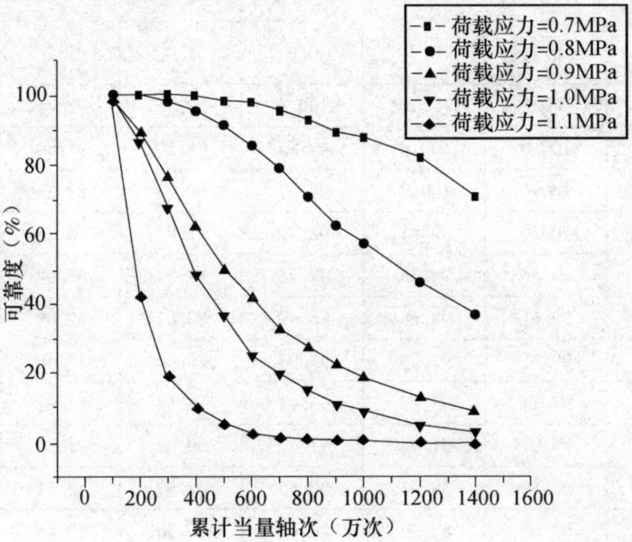

(a)

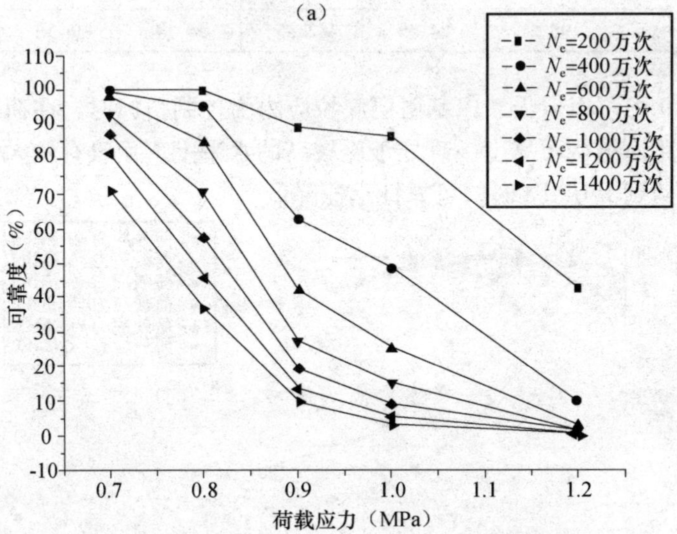

(b)

图 4.4　以上面层层底拉应力为控制指标时的可靠度变化

(a) 可靠度与累计当量轴次之间的关系；(b) 可靠度与荷载应力之间的关系

3. 以基层层底拉应力为指标的可靠度计算

表4.9与图4.5是以基层层底拉应力为控制指标时不同荷载作用下累计当量轴次与可靠度之间的关系。

表4.9 不同荷载作用下累计当量轴次与可靠度之间的关系
（以基层层底拉应力控制为指标时）

荷载均值（MPa）/ N_e（万次）	可靠度（%）					
	0.7	0.8	0.9	1.0	1.2	1.4
100	100.0	100.0	100.0	99.79	97.75	92.57
200	100.0	100.0	99.87	98.50	91.80	79.51
300	100.0	100.0	98.97	96.89	83.35	66.86
400	100.0	99.81	98.72	91.95	76.38	58.01
500	99.86	99.35	97.78	87.77	68.98	49.91
600	99.61	98.60	96.49	83.07	62.09	43.74
700	99.51	97.27	95.94	78.09	57.46	39.17
800	99.24	93.88	93.11	75.54	51.81	35.15
900	99.01	91.94	91.42	69.03	47.31	31.85
1000	98.50	89.41	90.55	67.57	45.91	30.39
1200	97.65	87.09	86.68	60.30	39.45	25.76
1400	95.51	84.35	82.85	54.14	36.58	24.89

从表4.9中可以看出，以基层层底拉应力为控制指标时，在荷载应力水平比较低时，路面结构可靠度一直处于比较高的水平上，而没有较大变化，当荷载应力水平达到1.0MPa时，可靠性迅速降低。

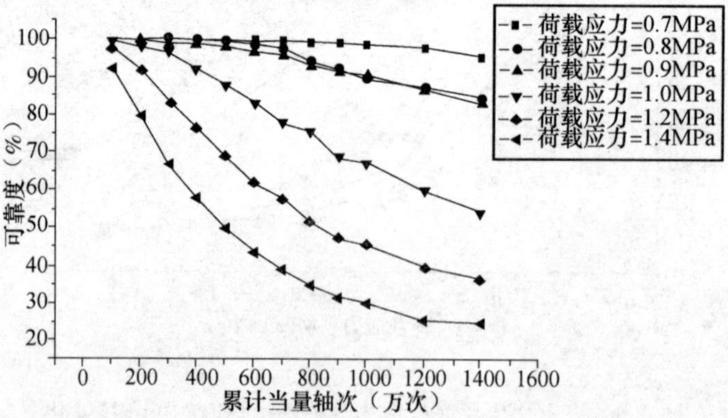

(a)

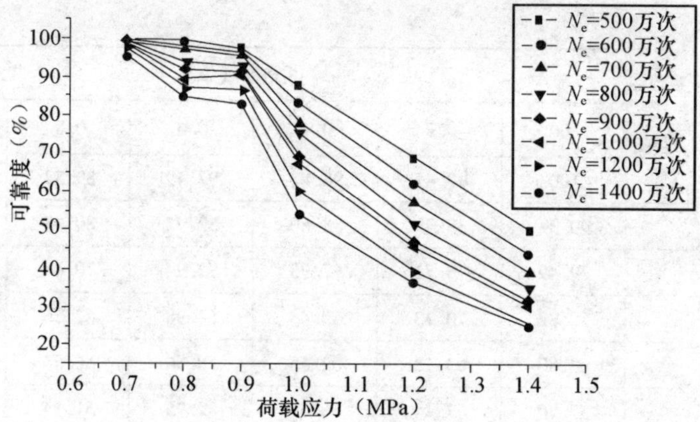

（b）

图4.5　不同荷载作用下累计当量轴次与可靠度之间的关系
（基层层底拉应力为控制指标时）
（a）可靠度与累计当量轴次之间的关系；（b）可靠度与荷载应力之间的关系

4.2.2　沥青路面结构层间状态对可靠性的影响

沥青路面由各个结构层组成，层与层之间的粘结尤为重要，我国现行的《公路沥青路面设计规范》（JTG D50—2006）在处理沥青路面结构层间接触问题时将其视为层状弹性连续体系；有的研究则忽略路面结构层之间的状态将其视为光滑。然而这两种处理方法并不符合道路实际情况，实际上它很有可能既不是联结得足以保证层面间完全连续，也更非处于完全滑动状态。目前，我国公路沥青早期损坏现象比较突出，很大程度上是因为我国公路的基层主要形式为半刚性基层，而半刚性基层致密、呈板体性的特点使得沥青面层与半刚性基层之间在使用过程中往往难以达到理想的连续状态，故笔者拟采用层间接触系数来处理层间滑动问题，分析不同接触条件下沥青路面可靠度的变化。

不同接触状态下的累计当量轴次对可靠度有影响。选定表4.5中路面设计参数，计算出不同接触状态下累计当量轴次与可靠度之间的关系见表4.10。

表4.10　不同接触状态下的累计当量轴次与可靠度之间关系（以弯沉控制为指标）

滑移系数 α / N_e（万次）	可靠度（%）					
	0	0.2	0.4	0.6	0.8	1.0
100	100	100	100	99.89	99.84	99.78
200	100	100	100	96.72	95.08	93.43

续表

滑移系数 α / N_e（万次）	可靠度（%）					
	0	0.2	0.4	0.6	0.8	1.0
300	100	99.41	98.82	92.49	89.32	86.15
400	90.37	89.49	88.60	82.92	80.08	77.24
500	79.49	78.71	77.93	72.94	70.44	67.94
600	70.82	70.13	69.43	64.98	62.76	60.53
700	63.80	63.18	62.55	58.54	56.54	54.53
800	57.70	57.14	56.57	52.95	51.14	49.32
900	47.27	46.81	46.34	43.37	41.89	40.40
1000	45.03	44.59	44.15	41.32	39.91	38.49
1200	35.47	35.13	34.78	32.55	31.44	30.32
1400	27.78	27.51	27.23	25.49	24.62	23.74

从图 4.6 中可以看出，在以弯沉为控制指标的可靠度计算中，层间接触状态对可靠度的影响很小，层间完全连续接触的可靠度为层间完全光滑值的 85% 左右，这是因为层间接触状态对于路表最大弯沉值的影响甚微，可以认为在行车荷载作用下，路表竖向弯沉与层间接触状态无关。

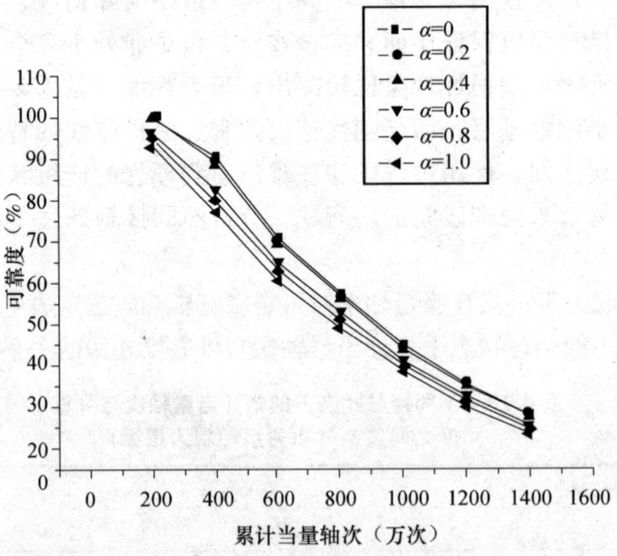

（a）

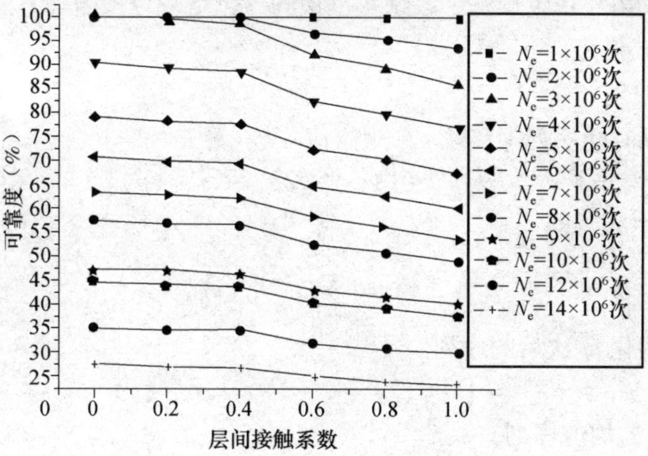

（b）

图 4.6　不同接触状态下的累计当量轴次与可靠度之间关系

（a）可靠度与累计当量之间的关系；（b）可靠度与荷载应力之间的关系

4.3　基于灰色理论的沥青路面结构可靠性状态预测

路面在使用过程中，损坏程度会随时间的推移或作用轴次的累积而逐渐加剧。当破坏达到某种程度时，须采取养护维修或改建措施以恢复或提高其使用性能。因此，对路面可靠性进行预测已成为路面管理系统的重要组成部分。纵观国内外现有预测模型，主要有预测单一数值的确定型模型和预测状态分布的概率型模型。确定型模型是为其某项使用性能指标预估出一个数值，而概率型模型则是预估它的状态分布。

4.3.1　灰色理论的基本知识

对于复杂多变的、非平稳的随机过程，基于静态分析方法建立的模型难以确保预测精度，有时甚至由于模型误差使预测结果的置信区间过大而失去实际意义。20 世纪 80 年代，我国学者邓聚龙教授建立了灰色系统理论并将其应用于预测分析。其基本思路是：将已知的数据序列按照某种规则“生成”动态或非动态的白色模块，从杂乱无章的原始数据中开拓或寻找其内在规律，再按照某种变化、解法来建立灰色模型从而预测未来数值。灰色理论的微分方程模型称为灰色模型（Grey Model，简称 GM）。单一变量一阶微分方程用 GM(1，1）只涉及一个变量，适合路面结构可靠性预测。GM(1，1）模型是基于灰色系统理论的最常用预测模型。在常用的数列灰色预测、灾变灰色预测、季节灾变灰色预测、拓扑灰色预测、系统灰色预测、包络灰色预测等方法中，均离不开GM(1，1）模型。

1. 预测原理

设等间隔时间序列 $x^{(0)}$ 有 n 个观察值

$$x^{(0)} = \{x^{(0)}(1), x^{(0)}(2), \cdots, x^{(0)}(n)\},$$

作 m 次累加生成，即

$$x^{m}(k) = \sum_{i=1}^{k} x^{(m-1)}(i),$$

可得随机性弱化 m 次后的序列

$$x^{(m)} = \{x^{(m)}(1), x^{(m)}(2), \cdots, x^{(m)}(n)\},$$

令 $z^{(m)}$ 为 $x^{(m)}$ 的均值序列

$$z^{(m)}(k) = \frac{1}{2}[x^{(m)}(k) + x^{(m)}(k-1)],$$

则

$$z^{(m)} = \{x^{(m)}(1), x^{(m)}(2), \cdots\}。$$

设等间隔时间序列 $x^{(0)}$ 有 n 个观察值

$$x^{(0)} = \{x^{(0)}(1), x^{(0)}(2), \cdots, x^{(0)}(n)\},$$

作 m 次累加生成，即

$$x^{m}(k) = \sum_{i=1}^{k} x^{(m-1)}(i)$$

可得随机性弱化 m 次后的序列

$$x^{(m)} = \{x^{(m)}(1), x^{(m)}(2), \cdots, x^{(m)}(n)\}, (m = 1,2,\cdots)。$$

令 $z^{(m)}$ 为 $x^{(m)}$ 的均值序列

$$z^{(m)}(k) = \frac{1}{2}[x^{(m)}(k) + x^{(m)}(k-1)]$$

则

$$z^{(m)} = \{z^{(m)}(2), z^{(m)}(3), \cdots, z^{(m)}(n)\}$$

一般地，随机非负序列经过多次累加后，大多可以采用指数曲线逼近，现以$m=1$为例建立白化型灰色预测模型，白化型GM(1，1）微分方程：

$$\frac{\mathrm{d}x^{(1)}}{\mathrm{d}t} + ax^{(1)} = b \tag{4-4}$$

式中，a 为发展系数；b 为灰作用量。

根据最小二乘法原则，可得参数 a，b：

$$a = \frac{C \cdot D - (n-1)F}{(n-1)F - C^2} \tag{4-5}$$

$$b=\frac{D\cdot F-C\cdot E}{(n-1)F-C^2} \tag{4-6}$$

式中：

$$C=\sum_{k=2}^{n}z^{(1)}(k)$$

$$D=\sum_{k=2}^{n}x^{(0)}(k)$$

$$E=\sum_{k=2}^{n}z^{(1)}(k)\cdot x^{(0)}(k)$$

$$F=\sum_{k=2}^{n}z^{(1)}(k)^2$$

求解微分方程可得预测模型：

$$\hat{x}(k+1)=\left[x^{(0)}(1)-\frac{b}{a}\right]\cdot e^{-nk}+\frac{b}{a}\qquad(k=0,1,2,\cdots,n) \tag{4-7}$$

还原模型，可得预测值：

$$\begin{cases}\hat{x}^{(0)}(1)=x^{(1)}(1)=x^{(0)}(0)\\ \hat{x}^{(0)}(k+1)=x^{(1)}(k+1)-x^{(1)}(k)\end{cases}\qquad(k=0,1,2,\cdots,n) \tag{4-8}$$

2. 等维递补灰色预测模型

全数据 GM(1，1) 模型是由现在时刻（即原点）向未来时刻进行预测的，未来时刻越远，预测值灰区间就越大，这样，模型对问题的描述将因时间的逐渐外推而逐渐失真。因此，用 GM(1，1) 模型进行短期预测时，预测结果较好，当进行长期预测时效果较差，仅反映一种趋势。原因是模型中灰参数估计“一劳永逸”的应用，忽视了它的动态时变的性质。

鉴于这种情况，可先用已知数列建立的 GM(1，1) 模型预测一个值，然后补充一个新信息数据到已知数列中，同时去掉最老的一个数据，使序列等维，接着再建立 GM(1，1) 模型，这样用预测灰数新陈代谢，逐个滚动预测，依次递补，直到完成预测目标。这种 GM(1，1) 模型的特点是：①及时补充和利用灰信息，缩小了预测值的灰区间；②每预测一步，对灰参数作一次修正，并随之修正模型，使预测值在动态过程中产生；③可用较短数列进行长期预测，但也不能无止境地预测下去。由于考虑到与预测期接近的数据更有效，因此该模型预测精度比全数据 GM(1，1) 模型有显著提高。

4.3.2 基于灰色理论的路面结构可靠性预测

以京哈公路天津段路面结构可靠度为例，用 Excel 进行 GM(1，1) 预测，本书基于 Microsoft Office Excel 2003 完成。数据样本为 2002 ~2007 年间京哈公路天津段路面结构可靠度。建立灰色模型预测的步骤如下：

(1) 建立灰色模型

① 输入原始数列 $x^{(0)}$：按图 4.7 建立表格结构，在 B2∶B7 输入原始数列 $x^{(0)}=\{95.58,\ 91.21,\ 85.14,\ 79.05,\ 70.76,\ 62.20\}$；在 A8 靠右输入"n ="，在 B8 输入公式" = COUNT(B2∶B7)"，接着点击"插入"菜单下的"名称→定义"，将其命名为"n"。

	A	B	C	D	E	F	G
1	年份	原始数列 $x^{(0)}$	级比检验 $\sigma^{(0)}(k)$	累计数列 $x^{(1)}$	$x^{(1)}$ 的均值序列 $z^{(1)}$	辨识参数a, b	
2	2001	95.58		96		C=	1521.2
3	2002	91.21	1.048	187	141.185	D=	388.36
4	2003	85.14	1.071	272	229.36	E=	1.13E+05
5	2004	79.05	1.077	351	311.455	F=	5.24E+05
6	2005	70.76	1.117	422	386.36	a=	0.092
7	2006	62.20	1.138	484	452.84	b=	105.686
8	n=	6	$\sigma^{(0)}(k)\in[$	0.751	1.331	]	

图 4.7　沥青路面可靠度灰色预测模型

② 级比检验 $\sigma^{(0)}(k)=x^{(0)}(k-1)-x^{(0)}(k)$：也即建模可行性检验，在 6 个样本下判断级比是否满足 $\sigma^{(0)}(k)\in\left[e^{-\frac{2}{n+1}},\ e^{\frac{2}{n+1}}\right]=[0.751,\ 1.331]$。在 C3 输入" = B2/B3"，点击 C3 右下角向下拖动至 C7，完成计算；分别在 D8、E8 输入" = EXP(-2/(n +1))"、" = EXP(2/(n +1))"。

③ 作一次累加生成，得累加序列 $x^{(1)}$：在 D2 输入" = B2"，D3 输入公式" = B3 + D2"，点击 D3 右下角向下拖动至 D7，得到数列 $x^{(1)}=\{96,\ 187,\ 272,\ 351,\ 422,\ 484\}$。

④ 辨识参数 a，b：在 E3 输入" = (D2 + D3)/2"，拖动至 E7，得到 $z(1)$；根据式 (4-5)、式 (4-6)，完成 G2∶G7，得到各参数，如图 4.7 所示。同样，命名 G6 为"a"，G7 为"b"，对于参数的估计还可以通过 Excel 中的矩阵法或回归法求得。

⑤ 建立灰预测模型：命名 B2 为"$x^0(1)$"，将各参数带入式 (4-8)，得 $\hat{x}^{(1)}$。

(2) 模型检验

① 残差检验：残差检验即模型精度的检验（图 4.8），步骤如下：

Microsoft Excel - 沥青路面可靠度GM(1,1)预测.xls

文件(F) 编辑(E) 视图(V) 插入(I) 格式(O) 工具(T) 数据(D) 窗口(W) 帮助(H)

M24

	A	B	C	D	E	F	G	H	I	J	K	L
11	参差检验						级比偏差检验			关联度检验		
12	k	$\hat{x}^{(1)}$	模型值 $\hat{x}^{(0)}$	残差 $\Delta^{(0)}(k)$	相对误差 ε (%)	|ε|(%)	μ	级比偏差值ρ (%)	|ρ|(%)	参数		关联系数η
13	1	96	96	0	0.000	0	0.912			MIN=	-2	
14	2	188	93	-1	-1.479	1.479		4.433	4.433	MAX=	2	0.937
15	3	273	84	1	0.850	0.850		2.301	2.301			0.530
16	4	350	77	2	2.605	2.605		1.777	1.777			0.318
17	5	420	70	1	0.766	0.766		-1.882	1.882			1.715
18	6	484	64	-2	-2.960	2.960		-3.748	3.748			1.000
19					平均ε (average)(%)=	1.732		|ρ|(average)(%)=	2.828		关联度r=	0.900
20					平均精度p(%)=	98.268						

图 4.8　模型检验

（a）输入 k 值：在图 4.8 中 A13: A18 输入 $k=\{1, 2, 3, 4, 5, 6\}$。

（b）求 $\hat{x}^{(1)}$：根据式（4-7），在 B1 中输入公式 "=(x^0(1)*b/a)*EXP(-a(A13-1))b/a"；点击 B13 右下角向下拖动至 B18，得到数列 $\hat{x}^{(1)}$。本步骤注意式（4-7）中 k 的取值范围。

（c）求模型值 $\hat{x}^{(0)}$：根据式（4-6）在 C13 输入 "=B13"，C14 输入 "=B14-B13"，并拖至 C18。

（d）计算残差 $\Delta^{(0)}(k)=x^{(0)}(k)-\hat{x}^{(0)}(k)$：在 D13 输入公式 "=B2-C13"，拖至 D18 得 $\Delta^{(0)}$。

（e）求相对误差 $\varepsilon(k)=[\Delta^{0}(k)/x^{(0)}(k)]\times 100\%$：在 E13 输入公式 "=D13/B2*100"，拖至 E18 得 ε。

（f）求平均相对误差 $\varepsilon(\text{average})=\dfrac{1}{n-1}\sum\limits_{k=2}^{n}|\varepsilon(k)|$：在 F13 输入公式 "=ABS(E13)"，拖至 F18 得 $|\varepsilon|$；在 F19 输入公式 "=AVERAGE(F14: F18)"。

（g）求建模精度 $p^{0}=[1-\varepsilon(\text{average})]\times 100\%$：在 F20 输入公式 "100-F19"，得到 $p^{0}=98.268\%>90\%$，满足精度要求。

②级比偏差值检验

定义级比偏差值：

$$\rho(k)=\frac{\sigma^{(0)}-\sigma^{(0)}(k)}{\sigma^{(0)}}\times 100\%=\left[1-\frac{1+0.5a}{1-0.5a}\sigma^{(0)}(k)\right]\times 100\%$$

式中，模型级比 $\sigma^{(0)}=\dfrac{\hat{x}^{(0)}(k-1)}{\hat{x}^{(0)}(k)}=\dfrac{1+0.5a}{1-0.5a}$；

序列级比 $\sigma^{(0)}(k)=\frac{x^{(0)}\ (k-1)}{x^{0}\ (k)}$。

(a) 定义中间参数 μ：

在图 4.8G13 中输入公式“=(1-0.5a)/(1+0.5a)”，并命名为“μ”。

(b) 计算级比偏差值 ρ：

在图 4.8H14 中输入公式“=(1-u*C3)×100%”，拖至 H18 得 ρ。

(c) 计算平均 $|\rho|$：

在 I14 输入“=ABS(H14)”，拖至 I18；I19 输入“=AVERAGE(I14: I18)”。

由图 4.8 可以看出 $|\rho(k)|<15\%$，说明 $x(0)$ 的 GM(1, 1) 具有 15% 指数符合率；$|\rho|$(average) = 2.828% < 10%，符合要求。

③关联度检验

关联度检验，又称几何检验，检验模型曲线的形状与原始数列曲线形状接近的程度。

设 $\min=\min\ \{\Delta_k^{(0)}\}$，$\max=\max\ \{\Delta_k^{(0)}\}$，则

(a) 计算参数

在 K13 输入“=MIN(D13: D18)”，在 K14 输入“=MAX(D13: D18)”，并分别命名为“min”和“max”。

(b) 求关联系数 $\eta(k)=\frac{\min+\rho_{\max}}{\Delta_k^{(0)}+\rho_{\max}}$

在 L14 输入“=(min+H14*max)/(D14+H14*max)”。

(c) 求关联度 $r=\frac{1}{n}\sum_{k=1}^{n}\eta(k)$

在 L19 输入“=AVERAGE(L14: L18)”。

由图 4.8 知 $r=0.9$，根据经验，当分辨率 $\rho=0.5$ 时，关联度 $r>0.6$ 便较为满意。

(d) 后验差检验（残差概率检验）

后验差检验即残差概率检验（图 4.9），设原始序列 $x(0)$ 的标准差 $S_1=\sqrt{\frac{\sum[x^{(0)}(k)-x^{(0)2}]}{n-1}}$，残差序列 $\Delta^{(0)}$ 的标准差 $S_2=\sqrt{\frac{[\Delta^{(0)}(k)-\Delta^{(0)2}]}{n-1}}$，则按下列步骤进行计算：

- 输入原始数列 $x(0)$：在图 4.9B22 输入“=B2”，并拖至 B27。
- 计算均值 $-x(0)$：在图 4.9B28 输入“=average(B22: B27)”。
- 求标准差 S_1：在 C22 输入“=B22-B28”，并拖至 C27，由于 $-x(0)$ 是常数项，公式中必须使用绝对地址符号 \$，避免复制公式时改变数据。按 F4 键可

简单地实现绝对地址和相对地址间的转化。在 B29 输入"=SQRT[SUMPRODUCT(B22:B27，B22:B27)]/(n-1)"，得 $S1=13$，并定义 B29 为"_S1"。

• 求标准差 S_2：同理，完成图 4.9 中 D21:E29，得 $S2=1.43$，并定义 E29 为"_S2"。

• 计算方差比 $C=S_2/S_1$：在 G28 输入"=_ S2/_ S1"，得 C=0.114。

• 计算小误差概率 $P=p\{\Delta^{(0)}(k)-\Delta^{(0)}<0.6745S_1\}$：在 F22 输入"=ABS(E22)"，拖至 F27，设 S0=0.6745S1，得 G29 为 8.51。

C 值越小 P 值越大模型精度越高，一般要求 $C<0.35$，最大不超过 0.65；$P>0.95$，不得小于 0.7。由图 4.9 可知，$C=0.114$，$P=1$，由文献［7］知模型精度等级为 1 级。

如果级比偏差检验、残差检验、关联度检验和后验差检验都能通过，则说明模型有足够的精度，可以作为预测模型，否则，需进行残差修正，建立残差 GM(1，1) 模型，并把残差 GM(1，1) 的预测值加到原预测值中，以提高预测精度，从上面的检验可知，模型精度满足要求。

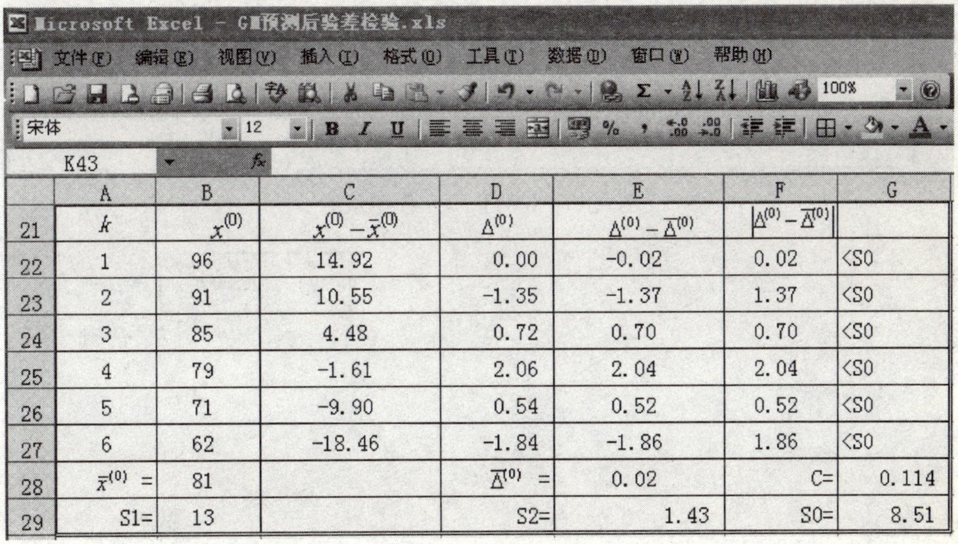

	A	B	C	D	E	F	G
21	k	$x^{(0)}$	$x^{(0)}-\bar{x}^{(0)}$	$\Delta^{(0)}$	$\Delta^{(0)}-\bar{\Delta}^{(0)}$	$\lvert\Delta^{(0)}-\bar{\Delta}^{(0)}\rvert$	
22	1	96	14.92	0.00	-0.02	0.02	<S0
23	2	91	10.55	-1.35	-1.37	1.37	<S0
24	3	85	4.48	0.72	0.70	0.70	<S0
25	4	79	-1.61	2.06	2.04	2.04	<S0
26	5	71	-9.90	0.54	0.52	0.52	<S0
27	6	62	-18.46	-1.84	-1.86	1.86	<S0
28	$\bar{x}^{(0)}$ =	81		$\bar{\Delta}^{(0)}$ =	0.02	C=	0.114
29	S1=	13		S2=	1.43	S0=	8.51

图 4.9　后验差检验

（3）预测计算

①全数据直接预测。按图 4.7 制好表头，由式（4-7）、式（4-8）计算得预测值 D32:D45。

②等维递补灰色预测。根据 1997～2002 年的 6 个样本，按第 4.3.1 节及本节的所有步骤完成 2003 年的预测；舍去 1997 年数据，补充 2003 年预测数

据，根据1998~2003年的6维数列，重复上述步骤完成2004年的预测……鉴于篇幅不再赘述。计算结果如图4.10、图4.11所示，可以看出等维递补预测精度较高。

	B	C	D	E	F	G	H
31	k	$\hat{x}^{(1)}$	全数据 $\hat{x}^{(0)}$	等维递补 $\hat{x}^{(0)}$	$x^{(0)}$	全数据 $\lvert\varepsilon\rvert$	等维递补 $\lvert\varepsilon\rvert$ %
32	1	95.58	95.58	95.58	95.58	0.00	0.00
33	2	188.14	92.56	92.56	91.21	1.48	1.48
34	3	272.55	84.42	84.42	85.14	0.85	0.85
35	4	349.55	76.99	76.99	79.05	2.61	2.61
36	5	419.76	70.22	70.22	70.76	0.77	0.77
37	6	483.80	64.04	64.04	62.20	2.96	2.96
38	7	542.21	58.41	58.41	58.41	0.00	0.00
39	8	595.48	53.27	53.25	53.25	0.03	0.00
40	9	644.06	48.58	48.55			
41	10	688.37	44.31	44.27			
42	11	728.79	40.41	40.35			
43	12	765.64	36.86	36.78			
44	13	799.26	33.61	33.53			
45	14	829.92	30.66	30.55			

图4.10　GM(1，1) 模型预测

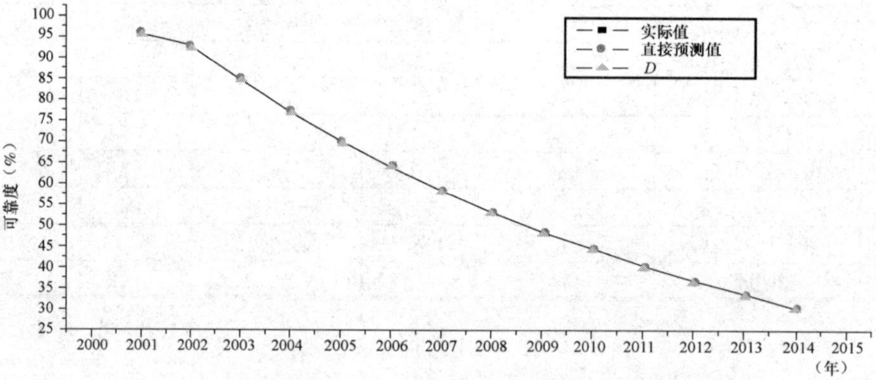

图4.11　路面结构可靠度预测

Microsoft Office Excel 可按公式法、解矩阵法、回归法等求解灰参数，可大大减轻求解的工作量，从而简捷地建立 GM(1，1) 模型。本章通过京哈公路天津段路面结构可靠度的预测，给出了详细的建模及模型检验过程，验证了用 Excel 建立灰色数列预测模型是一种快速、准确、可行的方法。

第 5 章　沥青路面检测数据特性分析与使用性能评价

5.1　沥青路面使用性能检测指标

路面检测数据是路面使用性能评价和预测的前提，也是路面养护管理决策的基础。多年来国内外路面管理系统的应用实践表明，路面管理系统的顺利推广实施，路面养护管理决策的科学与否，路面基础数据的采集都是非常重要的因素。根据对道路路面的功能性能、结构性能、结构承载力、安全性能的综合分析，路面检测主要包括路面平整度检测、路面破损检测、路面弯沉检测和路面抗滑能力检测等方面。对于高速公路而言，路面平整度检测和路面破损检测最为关键。

5.1.1　路面弯沉检测

弯沉是反映路基路面综合承载能力的指标，弯沉值越大，承载能力就越小，反之就越大。其目的是检测路面结构承载力不足的路段，确定路面的使用寿命，分析路面结构损坏的原因，为制定路面养护维修计划提供依据。弯沉测试属于无破损路面结构承载力检测方法，路面表面在荷载作用下的弯沉值，可以反映路面结构的承载能力。

路面弯沉检测技术主要经历了静态弯沉测试和动态弯沉测试两个阶段。静态弯沉测试常用的仪器是贝克曼梁弯沉仪和自动弯沉仪，其测试速度慢、精度低；动态弯沉测试主要采用稳态弯沉仪、激光弯沉仪和落锤式弯沉仪（FWD），其测试精度高，能够实现快速连续和动态测试的要求。目前 FWD 是国内外高等级公路和机场最常用的路面强度无损弯沉检测设备，它能够较好地模拟行车荷载，对路面的加载方式，很接近路面受行车荷载作用的实际情况，并且能快速、安全、准确采集到大量路面在荷载作用下的变形信息。

针对我国公路半刚性基层沥青路面的结构承载能力，可根据弯沉测试的结果，采用路面结构强度系数（SSI）作为评价指标。

$$SSI = l_R/l_0 \quad (5\text{-}1)$$

式中，l_R 为路面允许弯沉，mm；l_0 为路面实测弯沉，mm。

本次数据采集，路面结构强度检测设备采用连续式路面自动弯沉仪，对双幅外侧行车道进行连续检测。检测工作开始前，采用标准设备，对自动弯沉仪进行技术标定、校核，校核工作完成后，开始路面检测。

测定时速为 3.5km/h，检测步距约 7m 左右测定一次（左右各有一个测点），连续采样，以每百米为计算区间，得到实测弯沉值，数据处理采用 3 倍原则剔除异常数据，并取 97.7% 的保证率来计算代表弯沉值。

5.1.2 路面平整度检测

平整度是路面施工质量与服务水平的重要指标之一。它是指以规定的标准间断或连续地量测道路表面的凹凸情况，即不平整度的指标。路面平整度从行车舒适性、车速、车辆运行经济性和道路养护等多方面直接影响路面的行驶质量和服务水平，是路面质量及养护管理的重要参考指标。

路面平整度的检测技术主要有断面类检测和反应类检测两类。

断面类检测是直接沿行驶车辆的轮迹量测路表面高程，得到路表实际纵断面，通过数学分析后以综合统计量作为其平整度指标。断面类平整度检测的主要方法有水准测量、梁式断面仪测量、惯性断面仪测量、纵断面分析仪测量等。

反应类检测是在测试车上安装传感器和显示器，传感和累积车辆悬挂系统的累积位移，其测定值为悬挂系统的累积位移量。

本次检测采用 ZCD2000 平整度检测车，对车道进行连续检测，检测速度为 50km/h。连续采样，数据按每百米计算评测数据。

5.1.3 路面破损检测

路面破损状况是用以确定道路路面维修的主要依据，也是导致路面行驶质量和服务水平下降的重要因素。根据调查，我国高速公路半刚性基层沥青路面破损现象以裂缝和车辙为主，约占全部破损量的 80% 左右。

由于路面破损所表现出来的形态和特征是多样的，而破损的原因也是多样的，因此路面破损检测在整个路面检测中是难度和误差最大的一项。路面破损检测的方法有人工检测和自动检测两种，传统的人工检测方法工作量大、成本高、效率低，仅适用于一般的国、省道干线公路，对于车速高、流量大的高速公路而言，则应在条件允许的情况下尽可能采用自动检测设备，提高工作效率。

我国《高速公路养护质量检评方法（试行）》中推荐采用路面破损率或坏

板率来表征高速公路路面破损状况。沥青混凝土破损率按式（5-2）计算。

$$DR_a = 100\frac{\sum_i w_i A_i}{A} \tag{5-2}$$

式中，DR_a 为沥青混凝土路面破损率；A_i 为沥青混凝土路面破损中第 i 类破损的调查面积，m^2；A 为调查路段理论面积，m^2；w_i 为沥青混凝土路面破损中第 i 类破损权重。

本次数据采集采用人工目测与丈量的方法。纵、横缝量测其长度，裂缝面积用其长度乘以0.3m计算，开裂率即为裂缝面积除以该路段总面积。块、网裂和其他损坏则量测其实际面积，路面的车辙变形不计入。

5.1.4 路面抗滑能力检测

路面的抗滑能力是指车辆轮胎受制动时沿路表面滑移所产生的抗滑力，主要通过测定道路表面的摩擦系数来确定。车辆轮胎和路面的摩擦系数与路面类型、轮胎种类、轮胎磨损程度、胎压、车速及路面潮湿状况等多种因素有关。路面的抗滑能力检测的主要方法有制动距离法、锁轮拖车法、偏转轮拖车法、摆式仪法等。目前常用的测试仪器是英国TRRL研究所开发的横向力系数常规检测仪（SCRIM，Sideway force Coefficient Routine Investigation Machine），这也是我国《高速公路养护质量检评方法（试行）》中推荐的路面抗滑能力检测方法。SCRIM是一种高速高效检测设备，能够在50～90km/h的测速条件下对路面摩擦系数数据进行高密度采集，可以满足高速公路快速、大规模的不间断交通测试的要求。

在实际应用中，SCRIM测试的横向力系数SFC(Sideway Force Coefficient)是路面纵向和横向摩擦系数的综合反映，能够较好地表征车辆轮胎受制动时路面所产生的抗滑力。

$$SFC = F/SF \tag{5-3}$$

式中，F 为垂直力，N，SCRIM采用的为2000N；SF为横向力，N。

本次数据采集路面抗滑性能检测设备采用摩擦系数测试车，由自动测试系统对车道进行连续检测，检测速度为50km/h。连续采样，数据按每百米计算评测数据。

5.1.5 车辙检测

车辙是路面质量检测和养护管理中的一项重要指标。长期以来由于我国缺少相应高效的检测技术和仪器，而国外的车辙检测仪器价格一般在数百万元，该指标一直未能列入规范中的必检项目。随着我国高速公路的飞速发展，对高速公路的性能提出了更高的要求，迫切需要对车辙给出客观的检测，从而科学地指导路面的养护。

目前，国内已引进了车辙检测仪，横向布置的传感器有3个、5个或9个等。由于在横向范围内探头数量少，车辙精度难以保证，通过分析多传感器车辙检测原理，提出了一种基于31路激光位移传感器的路面车辙检测方法，给出了车辙计算公式，采用TCP/IP协议进行数据的高速实时传输，可以测量横向3.750mm宽度范围内的车辙分布，提高了车辙检测结果的可信度，可满足高速公路车辙养护检测需要。

本次数据采集激光断面仪检测车辙深度，其工作原理是通过激光器、转动装置、光电放大器、整形器等仪器，当光点打在路面时，反射激光即给时钟信号记录时间脉冲，在视距图上得到时间坐标。当发光器和激光器转动且激光点对路面扫描时，到达不同的位置，得到不同的脉冲时间。当路面有凹陷，这一点的光点跌入坑中，落差即为车辙深度。光点经历车辙深度的光时差与光点的增长部分相等，车辙计算见式（5-4）：

$$RU = c_0 \times (t_2 - t_1) \tag{5-4}$$

式中，RU为车辙，mm；t_1 为光点至车辙顶部或凹陷顶部 A_1 的时间，ns；t_2 为光点至车辙底部或凹陷底部 A_2 的时间，ns；c_0 为激光速度等于光速，$c_0 = 299.79$mm/ns。

故光点从 A_1 落到 A_2 时，光长增加，在时距上反映光时从 t_1 到 t_2，从斜直线上凹陷。显然时距图上的凹陷部分，只要在仪器中输出波形上读出记录 t，即可根据式（5-4）算出车辙深度。

左、右侧平均车辙深度指左、右轮迹在该20m内各断面最大值的平均值。在对较长的路段进行评定时，均取该20m内左、右平均车辙深度中的较大值作为该段的平均车辙深度。路段平均车辙深度指该评定路段（一般是1km）每20m平均车辙深度的平均值。最大值指该路段每20m平均车辙深度的最大值。最小值指该路段每20m平均车辙深度的最小值。

5.2 沥青路面使用性能检测结果分析

5.2.1 沥青路面使用性能检测结果

本次检测路段为唐津高速公路，起讫桩号为K80+000~K100+000。唐津高速公路是全国公路网中国道主干线丹（东）~拉（萨）高速公路的支线，连接唐（山）和（天）津，此公路也是连接京沈高速、京沪高速及国道102、103、104、105的重要干线，是我国东北地区南下交通及天津交通主要通道，于1998年修成通车，为双向四车道。

路面原结构形式为：4cm 中粒式 +7cm 粗粒式 +7cm 粗粒式 +20cm 水泥稳定碎石 +15cm 石灰粉煤灰碎石 +15cm 二灰土 +15cm 石灰土，总厚度为83cm。

2008年3月，路面使用性能检测数据见表5.1、表5.2。

表5.1　唐津高速公路路面使用性能检测数据（唐山到天津方向）

桩号	路面状况指数 PCI	行驶质量指数 RQI	路面结构强度指数 PSSI	抗滑性能指数 SRI	路面养护质量指数 PQI
80 +000 ~81 +000	82.4	94.8	45.4	90.20	80.13
81 +000 ~82 +000	76.7	96.1	75.1	66.00	82.06
82 +000 ~83 +000	71.3	94.8	82.5	66.73	81.31
83 +000 ~84 +000	72.3	94.5	76.6	73.78	81.08
84 +000 ~85 +000	73.7	94.3	89.7	74.73	84.24
85 +000 ~86 +000	40.8	93.5	47.3	69.50	63.41
86 +000 ~87 +000	39.0	93.6	58.7	75.01	65.64
87 +000 ~88 +000	67.0	93.8	66.6	66.72	76.27
88 +000 ~89 +000	58.9	94.7	79.4	69.05	76.55
89 +000 ~90 +000	71.2	92.6	70.8	63.25	77.80
90 +000 ~91 +000	73.3	90.0	57.4	66.54	75.30
91 +000 ~92 +000	62.1	92.9	49.3	75.52	71.65
92 +000 ~93 +000	72.8	94.8	45.3	73.02	75.02
93 +000 ~94 +000	78.0	96.3	57.3	71.83	79.65
94 +000 ~95 +000	64.4	94.9	51.8	65.63	72.68
95 +000 ~96 +000	60.7	95.2	59.1	68.74	73.28
96 +000 ~97 +000	84.3	95.3	78.8	69.11	85.55
97 +000 ~98 +000	74.3	94.3	44.8	68.49	74.83
98 +000 ~99 +000	72.4	95.7	64.6	69.13	78.68
99 +000 ~100 +000	61.1	96.3	35.7	66.83	68.91

表5.2　唐津高速公路路面使用性能检测数据（天津到唐山方向）

桩号	路面状况指数 PCI	行驶质量指数 RQI	路面结构强度指数 PSSI	抗滑性能指数 SRI	路面养护质量指数 PQI
100 +000 ~99 +000	74.4	96.6	60.2	77.62	79.62
99 +000 ~98 +000	68.3	95.6	49.7	81.69	75.46
98 +000 ~97 +000	65.5	95.4	38.5	84.00	72.43
97 +000 ~96 +000	78.7	94.7	37.9	85.21	76.79

续表

桩号	路面状况指数 PCI	行驶质量指数 RQI	路面结构强度指数 PSSI	抗滑性能指数 SRI	路面养护质量指数 PQI
96 +000 ~95 +000	74.0	94.4	68.4	82.74	80.91
95 +000 ~94 +000	73.5	94.7	78.0	79.44	82.40
94 +000 ~93 +000	69.6	95.0	49.5	72.32	74.77
93 +000 ~92 +000	71.3	95.1	60.6	77.62	78.11
92 +000 ~91 +000	69.4	93.8	58.7	84.32	77.33
91 +000 ~90 +000	59.2	93.5	64.4	84.98	74.82
90 +000 ~89 +000	70.5	95.1	83.0	62.03	80.78
89 +000 ~88 +000	68.7	94.6	79.9	70.84	80.19
88 +000 ~87 +000	66.9	93.8	83.9	75.59	80.56
87 +000 ~86 +000	68.7	94.5	86.9	84.13	82.88
86 +000 ~85 +000	67.8	93.6	73.4	85.23	79.67
85 +000 ~84 +000	72.7	94.1	83.9	86.54	83.78
84 +000 ~83 +000	80.6	96.2	99.4	70.68	88.83
83 +000 ~82 +000	77.6	95.2	93.6	84.40	87.64
82 +000 ~81 +000	73.9	96.4	91.9	66.01	84.59
81 +000 ~80 +000	77.8	96.3	97.8	70.65	87.55

5.2.2 沥青路面使用性能数据统计特性

路面性能参数的大小是路面材料、各结构层厚度和刚度、路基土类型和状态、温度和湿度、交通状况及路面龄期等因素综合作用的反映。由于影响变量众多，可以预估各测点性能参数测定值会有较大的变异。路面可靠性分析中设计和施工参数的随机性是用随机变量的概率分布模型来描述的。测定大量路面数据，统计分析路面性能参数的概率分布及变异水平，将为路面性能的概率化预测、评价及可靠性分析，提供有价值的前期基本参考依据。为了适应确定各参数的概率分布模型和变异水平的要求，分析时编制了同时适应大小子样的 MinTab 电算程序，采用χ^2 检验、*K-S* 检验和 *W* 检验等三种拟合检验方法，根据样本的统计量来推断总体是否服从正态分布、对数正态分布、威布尔或伽马分布。

本书对唐津高速公路 K80 ~ K100 共长 20km 的路况普查数据进行分析，分析时首先将全程测定数据点绘成断面图，如图 5.1 ~ 图 5.4 所示。

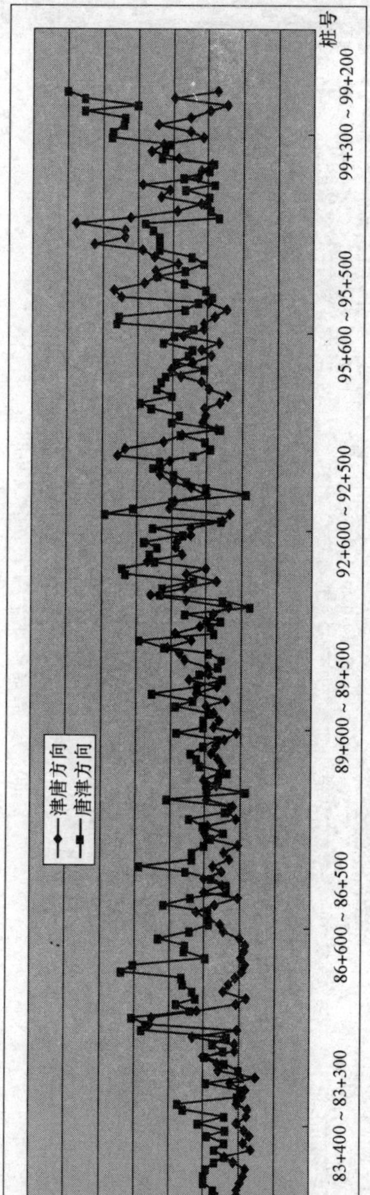

图 5.1　唐津高速弯沉断面

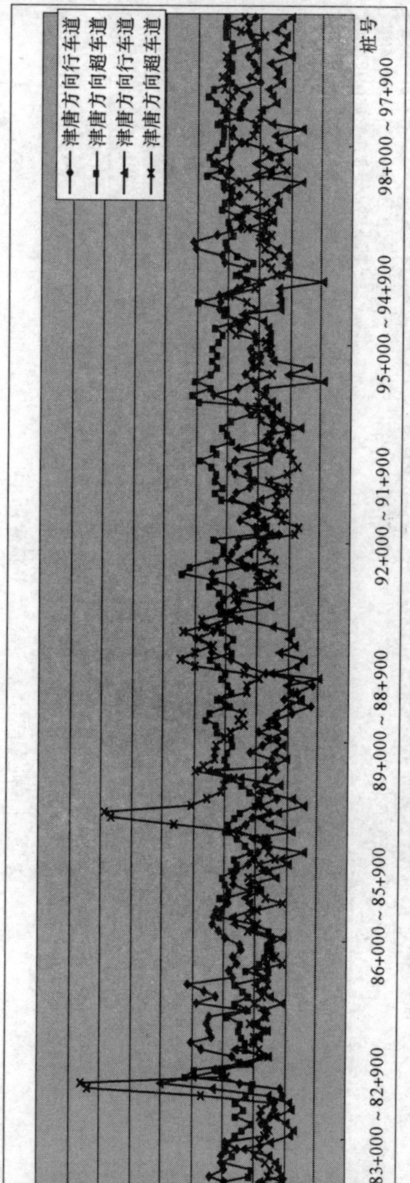

图 5.2　唐津高速横向力系数（SFC）断面

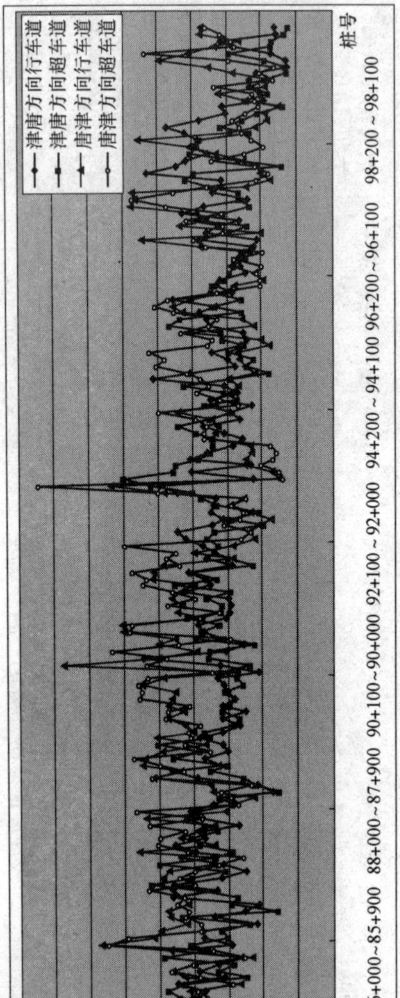

图5.3　唐津高速平整度断面

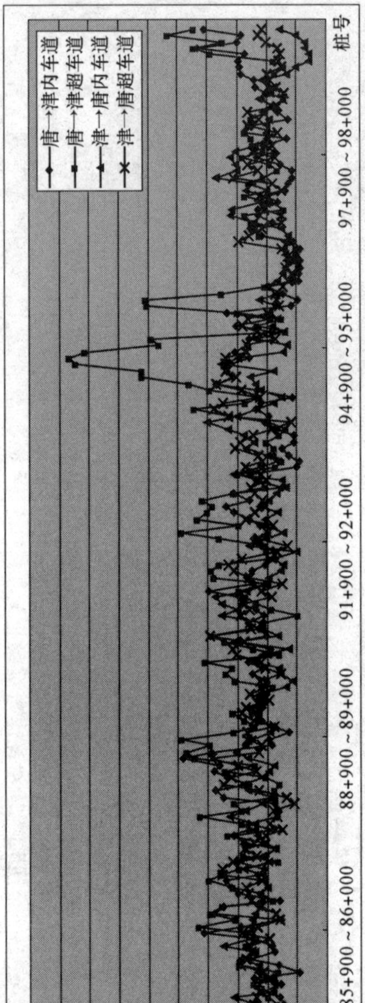

图5.4　唐津高速平均车辙深度断面

研究依托数千个现场测定数据，对唐津高速公路沥青混凝土路面各单项性能参数（路面裂缝率、车辙深度、弯沉、摩擦系数、平整度以及各路面性能综合评价参数）的概率特性进行了统计分析，部分统计分析结果见表5.3～表5.7及图5.5～图5.16。图中N为样本容量，MEAN为均值，ST. D为标准差。

表5.3　唐津高速路面弯沉参数统计分析

路段名称	样本容量	均值（0.01mm）	标准差（0.01mm）	正态分布检验			对数正态分布检验		
				AD值	P值	检验结果	AD值	P值	检验结果
唐津高速（唐山→天津）	189	54	15.89	0.892	0.022	否	0.745	0.052	是
唐津高速（天津→唐山）	186	47	14.48	2.980	<0.005	否	0.580	0.129	是

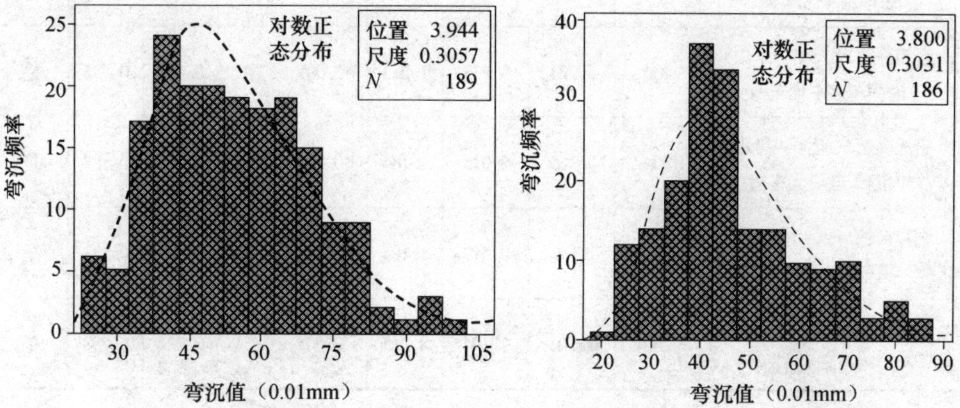

图5.5　唐津高速（唐→津）（津→唐）弯沉参数对数正态分布拟合

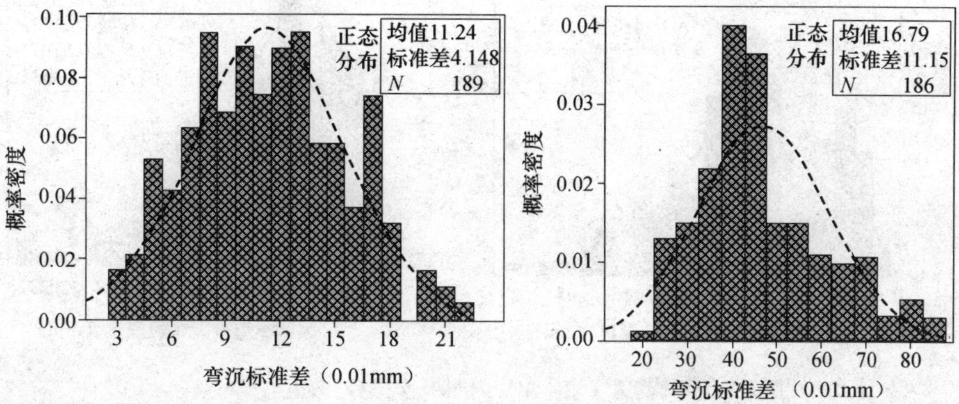

图5.6　唐津高速（唐→津）（津→唐）弯沉参数正态分布拟合

表 5.4　唐津高速路面车辙参数统计分析

路段名称	样本容量	均值	标准差	正态分布检验			对数正态分布检验		
				AD 值	P 值	检验结果	AD 值	P 值	检验结果
唐津高速（唐山→天津）内侧车道平均车辙	189	54	15.89	0.892	0.022	否	0.745	0.052	是
唐津高速（唐山→天津）内侧车道最大车辙	200	28	9.298	1.474	<0.005	否	0.610	0.112	是
唐津高速（唐山→天津）超车道平均车辙	200	13.3	6.622	5.867	<0.005	否	0.249	0.743	是
唐津高速（唐山→天津）超车道最大车辙	200	34.99	16.55	3.521	<0.005	否	0.301	0.505	是
唐津高速（天津→唐山）内侧车道平均车辙	200	10.24	3.233	1.272	<0.005	否	0.169	0.535	是
唐津高速（天津→唐山）内侧车道最大车辙	200	25.65	9.015	1.184	<0.005	否	0.522	0.182	是
唐津高速（天津→唐山）超车道平均车辙	200	25.6	8.617	1.184	<0.005	否	0.589	0.123	是
唐津高速（天津→唐山）超车道最大车辙	200	28.01	10.04	8.215	<0.005	否	0.724	0.058	是

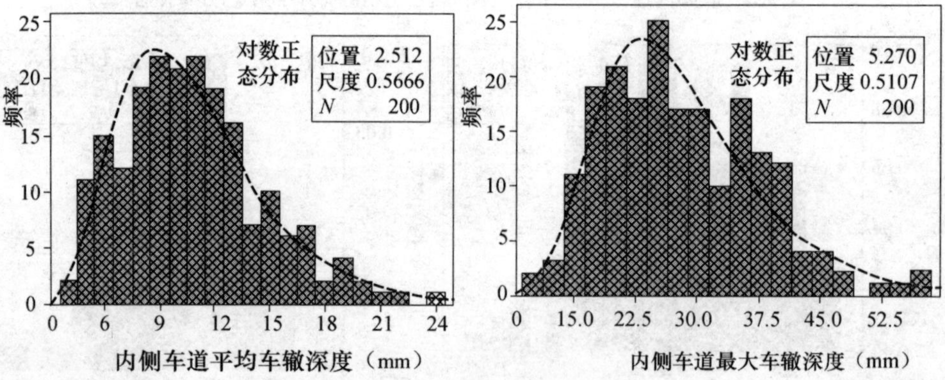

图 5.7　唐津高速（唐→津）内侧车道车辙对数正态分布拟合

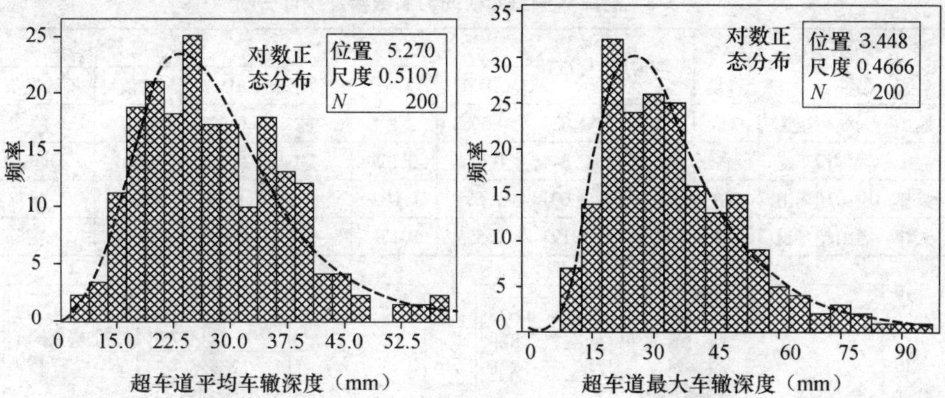

图5.8　唐津高速（唐→津）超车道车辙对数正态分布拟合

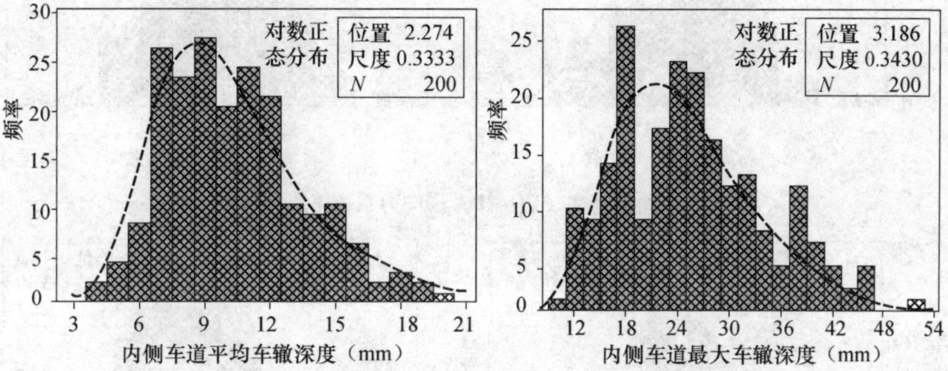

图5.9　唐津高速（津→唐）内侧车道车辙对数正态分布拟合

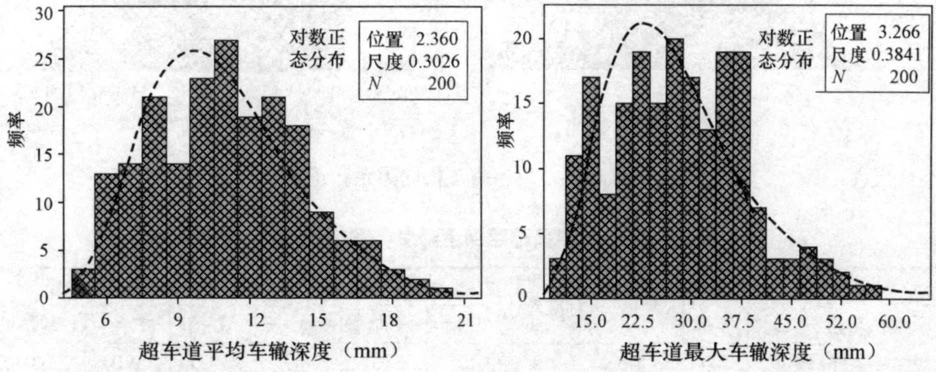

图5.10　唐津高速（津→唐）超车道车辙对数正态分布拟合

表 5.5　唐津高速路面横向力系数参数统计分析

路段名称	样本容量	均值	标准差	正态分布检验			对数正态分布检验		
				AD 值	P 值	检验结果	AD 值	P 值	检验结果
唐山→天津行车道	200	42.78	2.829	0.5088	0.197	是	0.629	0.1	是
唐山→天津行车道	199	42.77	2.844	0.538	0.165	是	0.657	0.085	是
天津→唐山超车道	200	47.29	3.604	0.665	0.082	是	1.066	0.008	否
天津→唐山超车道	200	48.44	3.193	0.555	0.151	是	0.940	0.018	否

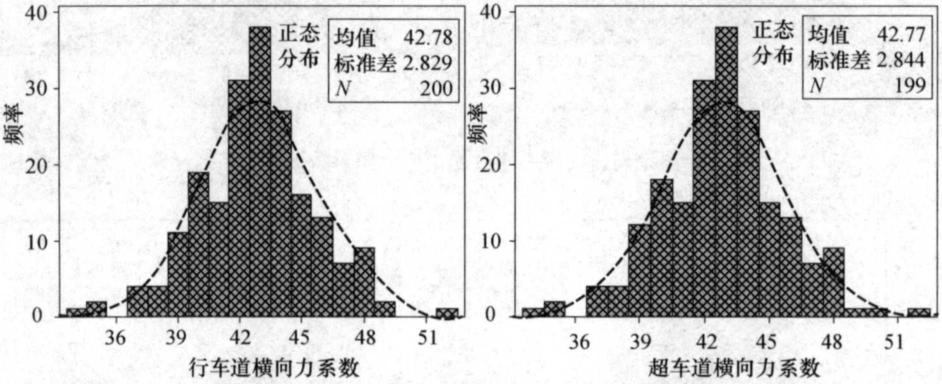

图 5.11　唐津高速（唐→津）横向力系数正态分布拟合

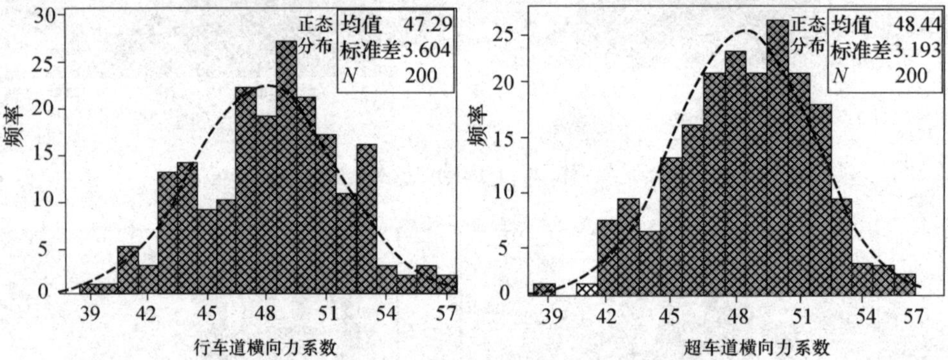

图 5.12　唐津高速（津→唐）横向力系数正态分布拟合

表 5.6　唐津高速路面平整度参数统计分析

路段名称	样本容量	均值	标准差	正态分布检验			对数正态分布检验		
				AD 值	P 值	检验结果	AD 值	P 值	检验结果
唐山→天津行车道	200	3.535	1.218	1.021	0.051	是	1.430	<0.005	否
唐山→天津超车道	200	3.572	1.280	0.664	0.082	是	1.802	<0.005	否
天津→唐山行车道	199	3.103	0.9304	0.196	0.889	是	2.506	<0.005	否
天津→唐山超车道	199	3.008	1.012	0.512	0.193	是	4.231	<0.005	否

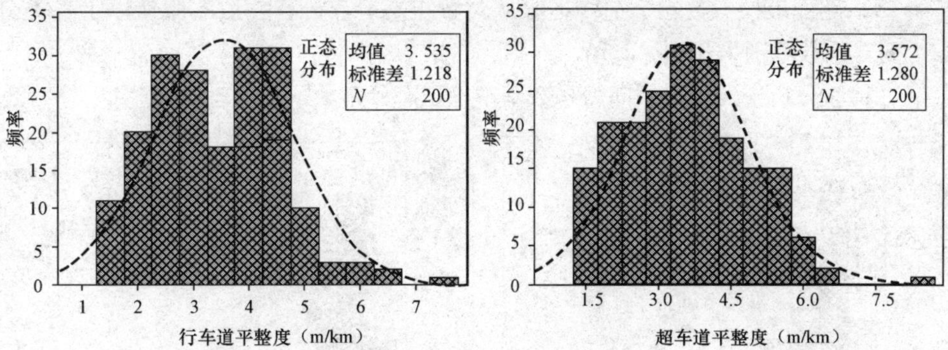

图 5.13　唐津高速（唐山→天津）路面平整度参数正态分布拟合

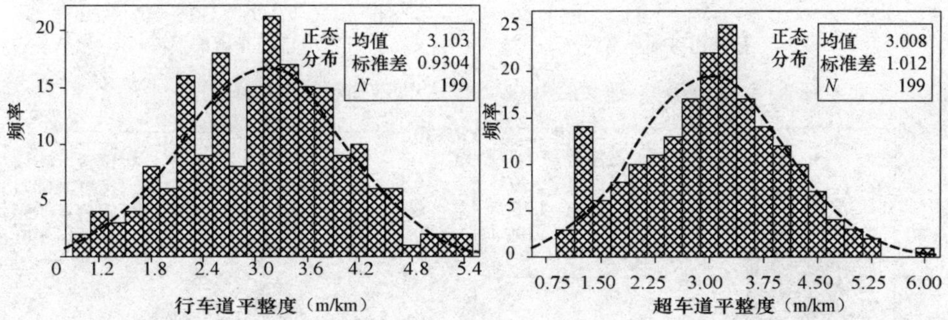

图 5.14　唐津高速（天津→唐山）路面平整度参数正态分布拟合

表 5.7　唐津高速（天津→唐山）路面破损参数统计分析

路段名称	样本容量	均值	标准差	正态分布检验			对数正态分布检验		
				AD 值	P 值	检验结果	AD 值	P 值	检验结果
唐山→天津行车道	200	9.208	8.924	9.832	<0.005	否	0.515	—	是
唐山→天津超车道	200	8.337	7.956	12.170	<0.005	否	0.25	—	是
天津→唐山行车道	199	6.062	4.869	2.506	<0.005	否	0.062	0.889	是
天津→唐山超车道	200	4.635	2.344	0.357	0.452	是	0.446	—	是

具体分析结果如下：

（1）路面平整度参数基本服从对数正态分布，变异系数范围为0.27～0.47；

（2）路面横向力系数基本服从正态分布，变异系数范围为 0.037～0.09；

（3）路面弯沉值基本服从对数正态分布，变异系数范围为 0.25～0.57；

（4）路面车辙基本服从对数正态分布，部分样本亦服从正态分布，其变异系数范围为 0.56～0.83；

(5) 路面破损参数除个别样本服从对数正态分布外，一般不服从以上各类分布，变异系数范围为0.74～2.16。

在检验分析中发现，横向力系数基本呈正态分布。

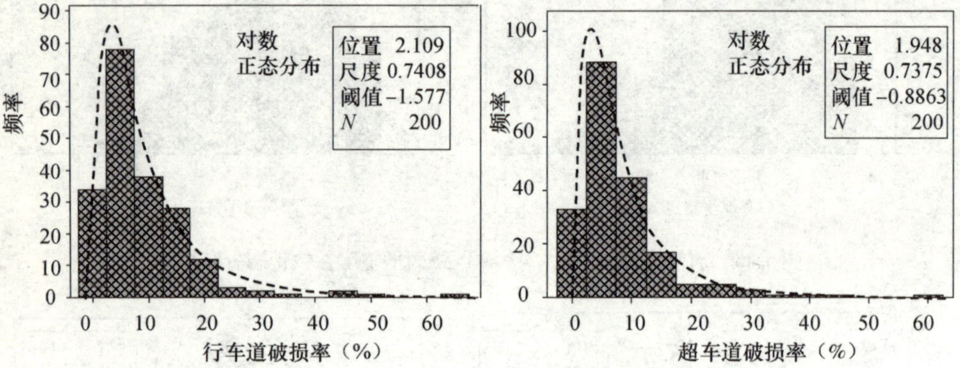

图5.15　唐津高速（唐山→天津）路面破损对数正态分布拟合

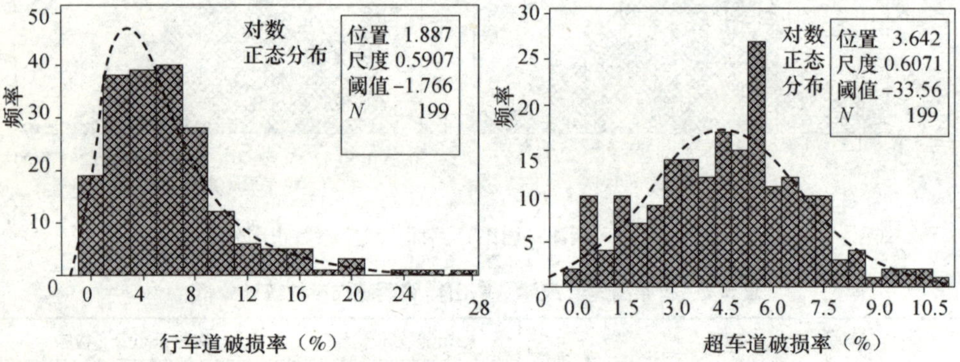

图5.16　唐津高速（天津→唐山）路面破损参数对数正态分布拟合

5.3　基于集对论的单路段沥青路面使用性能综合评价

5.3.1　沥青路面集对变权评价方法

1. 集对论的基本概念

集对论创立了一个能刻划集对中两个集合同、异、反既确定又不确定程度的联系度表达式$\mu = a + bi + cj$，并借助这个联系度的运算与分析来从量的角度了解、把握集对中两个集合的联系、可变与转化。

联系度表达式在集对分析中有着重要地位，它在实际应用中可由多种途径加以确定。

联系度表达式中，μ为联系度，a、b、c分别为同一度、差异度、对立度，i、

j 分别为不确定度与对立度。通常情况下，a、b、c 可定量刻划，而 i、j 一般起标示作用，表征数值项的属性。特定情况下，i、j 也可量化，此时，规定取值 j 为 -1，以示 j 所在项与 a 在数值上相反，i 在 $[-1, 1]$ 区间视不同情况不确定取值，而 μ 则转化为联系数。

在联系度表达式中，a、b、c 与 i、j 是在两个层面上对事物的不同刻划。a、b、c 处于宏观的层次；i、j 处于微观的层次，也是对潜在与可能趋势的刻划。集对分析具有层次性，$a+bi+cj$ 可以拓展成 $(a_1+a_2+\cdots+a_n)+(b_1+b_2+\cdots+b_n)i+(c_1+c_2+\cdots+c_n)j$ 形式，由此实现对时间延续、空间扩展等四维动态及其不确定过程的刻划与剖析。

集对论认为同与反、确定与不确定，既是对立的，又都统一在一个数学表达式中；当 b 在 i 的作用下分解分别益于 a 和 c 时，可改变 a 与 c 的比值大小，体现出量变与质变的关系；利用联系度作确定性的结论将受到不确定性的否定，而不确定性又通过否定自身在一定条件下转化为确定，从而实现理论与实践的统一。

2. 联系数的确定

设评价系统的评价对象空间 Z 为路面质量，对 Z 中每一路面的质量状况进行评价，就要测量路面质量评价时所用到的各个指标值，主要是有外观、平整度、车辙、弯沉等指标，可用 I_1，I_2，…，I_m 表示。若 Z 的评价集用（C_1，C_2，…，C_k），$C_k(1 \leqslant k \leqslant K)$ 表示质量等级，对每个指标的测量值以数字形式出现，质量评价标准可用表 5.8 的形式表达出来，它是路面质量评价指标单因素质量等级划分表。表 5.8 中 S_{ij} 为不同类别的分类限值。

集对分析法有别于隶属度法，它是一种“宽域式”的函数结构，能提高信息的利用率，保证综合结果的可信性。确定准确的联系度是路面使用性能类别判定结果可信的关键。具体构造方法如下：当待评价指标处于评价级别范围内时，则认为是同一，联系度为 1；若待评价指标处于相隔的级别中，则认为是对立，联系度为 -1；若待评价指标处于相邻的评价级别中，其确定方法见式（5-5）~式（5-8）。

表 5.8　路面质量单指标等级划分表

指标	C_1	C_2	C_3	…	C_k
I_1	$S_{10}-S_{11}$	$S_{11}-S_{12}$	$S_{12}-S_{13}$	…	$S_{1k-1}-S_{1k}$
I_2	$S_{20}-S_{21}$	$S_{21}-S_{22}$	$S_{22}-S_{23}$	…	$S_{2k-1}-S_{2k}$
I_3	$S_{30}-S_{31}$	$S_{31}-S_{32}$	$S_{32}-S_{33}$	…	$S_{3k-1}-S_{3k}$
⋮	⋮	⋮	⋮	⋮	⋮
I_m	$S_{m0}-S_{m1}$	$S_{m1}-S_{m2}$	$S_{m2}-S_{m3}$	…	$S_{mk-1}-S_{mk}$

（1）指标j越大越优，路面性能评价指标处于$C_1=\{优\}$时：

$$\mu_{i1}=\begin{cases}1 & x\in[S_{i(0)},S_{i(1)}]\\ 1+\dfrac{2(x-S_{i(1)})}{(S_{i(1)}-S_{i(2)})} & x\in[S_{i(1)},S_{i(2)}]\\ -1 & x\in[S_{i(2)},S_{i(5)}]\end{cases} \tag{5-5}$$

（2）路面性能评价指标处于$C_2=\{良\}$时：

$$\mu_{i2}=\begin{cases}1+\dfrac{2(x-S_{i(1)})}{(S_{i(1)}-S_{i(0)})} & x\in[S_{i(0)},S_{i(1)}]\\ 1 & x\in[S_{i(1)},S_{i(2)}]\\ 1+\dfrac{2(x-S_{i(2)})}{(S_{i(2)}-S_{i(3)})} & x\in[S_{i(2)},S_{i(3)}]\\ -1 & x\in[S_{i(3)},S_{i(5)}]\end{cases} \tag{5-6}$$

（3）路面性能评价指标处于$C_3=\{中\}$时：

$$\mu_{i3}=\begin{cases}-1 & x\in[S_{i(0)},S_{i(1)}]\text{或}x\in[S_{i(4)},S_{i(5)}]\\ 1+\dfrac{2(x-S_{i(2)})}{(S_{i(2)}-S_{i(1)})} & x\in[S_{i(1)},S_{i(2)}]\\ 1 & x\in[S_{i(2)},S_{i(3)}]\\ 1+\dfrac{2(x-S_{i(3)})}{(S_{i(3)}-S_{i(4)})} & x\in[S_{i(3)},S_{i(4)}]\end{cases} \tag{5-7}$$

（4）路面性能评价指标处于$C_4=\{次\}$时：

μ_{i4}的确定形式与μ_{i3}相同。

（5）路面性能评价指标处于$C_5=\{差\}$时：

$$\mu_{i5}=\begin{cases}-1 & x\in[S_{i(0)},S_{i(3)}]\\ 1+\dfrac{2(x-S_{i(4)})}{(S_{i(4)}-S_{i(3)})} & x\in[S_{i(3)},S_{i(4)}]\\ 1 & x\in[S_{i(4)},S_{i(5)}]\end{cases} \tag{5-8}$$

3. 路面性能级别的判定

由上述方法求得各个指标的联系度后，采用式（5-9）确定总联系度。

$$\left.\begin{aligned}\mu_j^0&=\sum_{i=1}^{m}(\mu_{ij}\cdot w_i^0)\\ \mu_j&=\sum_{i=1}^{m}(\mu_{ij}\cdot w_i)\end{aligned}\right\} \tag{5-9}$$

式中，w_i^0和w_i分别为第i个指标的常权和变权权重，μ_j^0和μ_j分别为各个路面性能指标在常权和变权时对于第 j 个级别的总联系度。

因路面使用性能评价类别 C_1、C_2、C_3、C_4、C_5 依次为优、良、中、次、差。若

$$\mu_p = \max\{\mu_j\}, 1 \leqslant j \leqslant k, p \in [1,2,\cdots,k] \tag{5-10}$$

则认为该路面使用性能属于 C_p 类。

4. 指标权重的确定

对于路面使用性能来讲，路面综合评价需要根据各指标状态来确定其权重，即权重大小随着指标状态而变化，只有这样才符合路面使用性能的特点，才能确定路面性能实际状态和趋向，成为养护管理的有效信息。也就是说，变权评价应该能够反映评价过程中的激励与惩罚机制。

为此，定义 $w_0 = (w_1^{(0)}, w_2^{(0)}, \cdots, w_m^{(0)}) \in (0, 1]^m$ 为常权向量，满足 $\sum_{j=1}^{m} w_j^{(0)} = 1$；变权的公理化公式为式（5-11）：

$$w_i(X) = w_i^0 S_i(x) / \sum_{j=1}^{m} w_j^0 S_j(x), (i = 1,2,3,\cdots,m) \tag{5-11}$$

式中 $S_j(x)$ 由式（5-12）确定：

$$S(x_j) = \begin{cases} \dfrac{C_1 - C_2}{\lambda - \mu}\mu \ln\left(\dfrac{\mu}{x_j}\right) + C_2 & 0 < x_j \leqslant \mu \\ -\dfrac{C_2 - C_1}{\lambda - \mu}x_j + \dfrac{C_2\lambda - C_1\mu}{\lambda - \mu} & \mu < x_j \leqslant \lambda \\ C + \dfrac{C_2 - C_1}{\lambda - \mu}x_j + \dfrac{C_2\lambda - C_1\mu}{\lambda - \mu} & \lambda < x_j \leqslant \alpha \\ C & \alpha < x_j \leqslant \beta \\ K(1-\beta)\ln\dfrac{1-\beta}{1-x_j} + C & \beta < x_j \leqslant 1 \end{cases} \tag{5-12}$$

式中，$S_j(x)$ 是局部惩罚－激励型状态变权函数，$0 < \mu < \lambda < \alpha < \beta < 1$，$0 < C < C_1 < C_2 < 1$，$\alpha$ 为惩罚水平，β 为激励水平。C，C_1 和 C_2 为评价策略，K 为调整系数。

此类变权主要有以下三方面特点：

（1）各指标的评价值 $x_i \in (0, 1)$，如不满足，可经过归一化处理进行转换。激励水平 β 靠近 1，即（β，1）区间很窄，处于该区间的状态将迅速受到强激励；

（2）惩罚水平 α 与激励水平 β 很近，即合格区［α，β］很窄，在此区间的状态既不受到激励，也不受到惩罚；

（3）受到惩罚的区间（0，α）较宽，而且分为三个阶段，即初惩罚阶段

(λ, α)、强惩罚阶段(μ, λ)和否决阶段$(0, \mu)$。初惩罚阶段受到的惩罚很弱，在强惩罚阶段受到的惩罚很强烈，在否决阶段由于子目标评价值太低却占有很大的权重，使得整体目标的综合评价值急剧下降，当低于或等于规定的否决值时，整个目标将被否决。

这些特点与路面性能各评价指标反映路面使用性能的规律相一致。

5.3.2 变权评价模型的应用

以高速公路沥青路面养护技术规范为依据，设 I_1 = {行驶质量指数 RQI}，I_2 = {路面状况指数 PCI}，I_3 = {路面强度系数 SSI}，I_4 = {横向力系数 SFC}。C_1 = {优}，C_2 = {良}，C_3 = {中}，C_4 = {次}，C_5 = {差}，则建立沥青路面质量单项指标划分见表 5.9。

表 5.9 沥青路面性能评价单项指标划分表

	C_1	C_2	C_3	C_4	C_5
I_1	8.5~10	7.0~8.5	5.5~7.0	4.0~5.5	0~4.0
I_2	85~100	70~85	55~70	40~55	0~40
I_3	1.2~1.5	1.0~1.2	0.8~1.0	0.6~0.8	0.4~0.6
I_4	0.5~0.7	0.4~0.5	0.3~0.4	0.2~0.3	0~0.2

唐津高速公路沥青路面使用性能各个评价指标的实测值 x_i、权重 w_i^0 和变权综合评价结果如表 5.10、表 5.11 所示，取 $\mu=0.4$，$\lambda=0.6$，$\alpha=0.8$，$\beta=0.9$，$C=0.2$，$C_1=0.3$，$C_2=0.5$，$K=1.5$，由式（5-12）得状态变权函数为：

$$S(x_j)=\begin{cases}-0.4\ln(0.4/x_j)+0.5 & (0<x_j\leqslant 0.4)\\ -x_j+0.9 & (0.4<x_j\leqslant 0.6)\\ 1.8-4x_j+2.5x_j^2 & (0.6<x_j\leqslant 0.8)\\ 0.2 & (0.8<x_j\leqslant 0.9)\\ 0.15\ln[0.1/(1-x_j)] & (0.9<x_j\leqslant 1)\end{cases} \tag{5-13}$$

表 5.10 路段一沥青路面性能评价变权评价结果

	I_1	I_2	I_3	I_4
x	9.4	81.5	0.91	0.49
w^0	0.3	0.3	0.3	0.1
$S(x_j)$	0.42	0.2	0.2	0.24
$w^0S(x_j)$	0.126	0.06	0.06	0.024
$w(x_j)$	0.47	0.22	0.22	0.09

表 5.11　路段二沥青路面性能评价变权评价结果

	I_1	I_2	I_3	I_4
x	8.49	60.64	0.40	0.49
w^0	0.3	0.3	0.3	0.1
$S(x_j)$	0.2	0.29	0.52	0.24
$w^0S(x_j)$	0.06	0.087	0.156	0.024
$w(x_j)$	0.18	0.27	0.48	0.07

从表 5.10、表 5.11 可以看出，路段一沥青路面行驶质量指数 RQI 相当好，因此受到强激励；而路段二沥青路面强度系数较差，此指标受到强惩罚，所以权重值也相对变大。也就是说当沥青路面使用性能四个指标中某个指标特别突出时，其路面整体性能在一定程度上会受到影响，这样可以更好地反映路面实际状况。

由式（5-5）~式（5-8）和表 5.10、表 5.11 中的两路段沥青路面使用性能的实测数据可以计算出单个指标的联系数，计算结果见式（5-14）、式（5-15）。

（路段一）：

$$\mu = (\mu_{ik})_{4\times5} = \begin{array}{c} \begin{matrix} C_1 & C_2 & C_3 & C_4 & C_5 \end{matrix} \\ \left| \begin{matrix} 1.0 & -0.2 & -1.0 & -1.0 & -1.0 \\ 0.53 & 1.0 & -0.53 & -1.0 & -1.0 \\ -1.0 & 0.1 & 1.0 & -0.1 & -1.0 \\ 0.8 & 1.0 & -0.8 & -1.0 & -1.0 \end{matrix} \right| \begin{matrix} I_1 \\ I_2 \\ I_3 \\ I_4 \end{matrix} \end{array} \tag{5-14}$$

（路段二）：

$$\mu = (\mu_{ik})_{4\times5} = \begin{array}{c} \begin{matrix} C_1 & C_2 & C_3 & C_4 & C_5 \end{matrix} \\ \left| \begin{matrix} 0.99 & 1.0 & -0.99 & -1.0 & -1.0 \\ -1.0 & -0.25 & 1.0 & 0.25 & -1.0 \\ -1.0 & -1.0 & -1.0 & -0.8 & 1.0 \\ 0.8 & 1.0 & -0.8 & -1.0 & -1.0 \end{matrix} \right| \begin{matrix} I_1 \\ I_2 \\ I_3 \\ I_4 \end{matrix} \end{array} \tag{5-15}$$

由式（5-9）、式（5-11）可计算得：

（路段一）：

$$\mu_i = \begin{array}{c} \begin{matrix} C_1 & C_2 & C_3 & C_4 & C_5 \end{matrix} \\ \begin{bmatrix} 0.24 & 0.37 & -0.24 & -0.73 & -1.0 \\ 0.44 & 0.24 & -0.44 & -0.8 & -1.0 \end{bmatrix} \begin{matrix} \mu_i^0 \\ \mu_i \end{matrix} \end{array} \tag{5-16}$$

（路段二）：

$$\mu_i = \begin{array}{c} \\ \\ \end{array}\begin{array}{ccccc} C_1 & C_2 & C_3 & C_4 & C_5 \\ \end{array}$$

$$\mu_i = \begin{bmatrix} -0.22 & 0.03 & -0.38 & -0.57 & -0.4 \\ -0.52 & -0.30 & -0.44 & -0.57 & -0.04 \end{bmatrix} \begin{matrix} \mu_i^0 \\ \mu_i \end{matrix} \tag{5-17}$$

由式（5-16）、式（5-17）计算结果，采用式（5-10）最大联系数准则进行评价。如果采用常权，则可知路段一、路段二的路面性能均为良，采用变权评价则可知路段一公路沥青路面性能为优，路段二的路面性能为差，评价结果相差较大；从单项评价指标来看，路段一路面性能评价指标除路面强度系数接近良类外，而其他指标均处良以上，且因行驶质量指数受到强激励，路面性能评价结果整体有所提高，而路段二路面性能单项指标的情况为路面行使质量指数和横向力系数为良，路面状况指数为中，强度系数为差，常权评价时，因为横向力系数指标值权重较小，强度系数指标的影响部分被中和，评价结果过于乐观。采用变权评价后，由于其此指标受到强惩罚，突出了这项指标的影响，所以评价结果与常权评价结果相比变化较大。通过现场路面状况的实际调查，发现采用变权分析计算与实际路面状况更为接近。

5.4 基于模糊随机法的多路段沥青路面使用性能整体评价

由以上分布可以看出，路面性能参数具有较大的变异性和随机性，因此在评定比较路段的路面使用性能时，不能仅仅以单个数据进行评判，而应该以一个样本为单位，考察达到规定评定标准条件的概率，由此来评定路况的达标标准，或评价某路况指标的水平。这一确定概率，就是所谓建立在一定概率基础上的路用性能评定标准。而目前《公路技术状况评定标准》（JTGH20－2007）对公路养护质量的评定是以好路率为依据的。显而易见，合格率、好路率本身并没有考虑各评定参数作为随机变量的概率分布特性和变异性。对某个指标而言，两个合格率相同的评定对象，由于各自概率分布模型不同，该指标达到设计、验收或评定标准的概率就会不同，有时工程质量或路况水平可能会相差很大。因此可以看出，基于概率分析的路面评价标准考虑了路况数据的概率分布形式和变异性，更显科学、全面和先进。

5.4.1 模糊随机风险的定义

定义1 设论域 $X=\{x_1, x_2, \cdots, x_n\}$，$x_i$ 表示不利事件，如经济损失，路面性能损坏程度，$p(x_i)$ 为事件 x_i 发生的概率。概率分布为 $P=\{|p(x_i)|x_i \in X\}$，称 $p(x_i)$ 为概率风险。

定义2 设论域 X 的一个模糊子集是指 X 到区间［0，1］的一个映射：

$$A: U \to [0,1]$$

$$u \to \mu_{A(x)}$$

μ_A 称为 A 的隶属函数，$\mu_{A(x)}$ 表示元素 x 属于 A 的程度，称为 x 对 A 的隶属度。

定义 3　设 x 为在论域 X 中取值的变量，A 为 X 上的模糊子集，则命题"x 是 A"给出了对变量 x 取值的一个弹性限制，记为 $R(A)$，或称为确定了变量 x 取值的一个可能性分布，记为 π_x。变量 x 取值 u 的可能性 $\pi_{x(u)}$ 规定为 A 的隶属函数 μ_A 在 u 的值 $\mu_{A(\mu)}$，$u \in X$ 为任意的，即有 $\pi_{x(u)} = \mu_{A(u)}$，π_x 称为 x 的可能性分布函数。

可能性分布函数 π_x 与隶属函数 μ_A 在数值上是相等的，但意义不同。μ_A 表示论域中元素对 A 的隶属程度，而 π_x 则描述命题"x 是 A"是否可能，可能的程度多大。

所谓概率 $p_{(x_i)}$ 是指事件 x_i 出现的频率当独立随机抽样次数趋于无穷时的一个极限值。而可能性 $\pi_{(x_i)}$ 是指 x_i 使某一事实成立的程度，它可以跟随机抽样试验无关。

定义 4　设 $X = \{x\}$ 为不利事件空间，$P = \{p\}$ 为概率论域，$\pi_{x(p)}$ 为 x 发生的概率是 p 的可能性称 $\pi_{x(p)}$ 为可能性风险或模糊风险。

定义 5　设 $X = \{x_1, x_2, \cdots, x_n\}$ 为事件空间，$P = \{p_k\}$ 为事件 x_i 发生的概率论域，$i = 1, 2, \cdots, n$，$k = 1, 2, \cdots, l$。$\pi_{(x_i)} = \{\pi_k\}$ 为 x_i 发生的概率为 p_k 的可能性论域，则称 $F_i = \sum_{k=1}^{l} \pi_k p_k$ 为事件 x_i 的模糊随机风险。

5.4.2　模糊随机风险模型

应用信息分配方法可在不完备数据集的基础上构造计算模糊随机风险的模型。

设 $X = \{x_1, x_2, \cdots, x_n\}$ 为不利事件的样本点集。给定起点 x_0 和区间宽度 h，定义频率直方图的区间为 $[x_0 + mh, x_0 + (m+1)h]$，m 为整数。区间选左闭右开，则用于估计概率密度的直方图的定义为：

$$P = \frac{n_i}{nh}$$

n_i 为每个区间的 x_i 的个数。但只有当 n 足够大时直方图才是有用的工具，否则，得到的概率风险估计值就会太粗糙。而用信息分配法扩展直方图方法而得到的风险估计，当 n 较小时更合理。

取各区间的中点值形成一个离散论域 $U = \{u_j \mid j = 1, 2, \cdots, m\}$，$u_j$ 称为控制点。

然后令 $P=\{p_k \mid k=1,2,\cdots,n+1\}=\left\{\frac{0}{n},\frac{1}{n},\frac{2}{n},\cdots,\frac{n}{n}\right\}$为概率论域。

令区间 I_j 的可能性分布为 $\pi_{I_j}(p_k)$，$k=1,2,\cdots,n+1$。从信息分配理论的观点看，样本点 x_i 可将其量值为 q_{ij}的信息分配给 u_j，计算公式如式(5-18)：

$$q_{ij}=\begin{cases}1-\dfrac{|x_i-u_j|}{h} & |x_i-u_j|\leqslant h\\ 0 & |x_i-u_j|>h\end{cases} \tag{5-18}$$

对区间 I_j，将 X 分成两个部分：X_1 和 X_2。$\forall x\in X_1$，则 $x\in I_j$，称 X_1 为 I_j 的内集。$\forall x\in X_2$，则 $x\notin I_j$，称 X_2 为 I_j 的外集。

令 S 为 X_1 的指标集，$\forall s\in S$，则 $x_s\in X_1$，且 $X_1=\{x_s \mid s\in S\}$。令 T 为 X_2 的指标集，$t\in T$，则 $x_t\in X_2$，且 $X_2=\{x_t \mid t\in T\}$。S 和 T 分别称为内指标集和外指标集。

进一步，假定 X_1 中有 n_1 个样本点。

一般地，$\forall x_i\in X$，若 $x_i\in X_1$，我们说它将丢失信息，量值为 $1-q_{ij}$。显然 q_{ij}越大，丢失信息越少，或者说 x_i 越是靠近 I_j的中点 u_j，信息越不易丢失。

我们用 $q_{ij}^-=1-q_{ij}$代表丢失信息量；若 $x_i\in X_2$，虽然 x_i 不会落入区间 I_j，但它将会给 I_j 补充信息，量值恰好为 q_{ij}。显然，如果 x_i 与 I_j 中点 u_i 之距离超过区间 I_j 的长度 h，q_{ij}将为零。q_{ij}^+ 代表此信息增量。

因为有 n_1 个样本点属于第 j 个区间 I_j，n_1/n 可看作是不利事件 x 在 I_j 中出现的概率的估计值。出现概率的可能性定义为 1，即

$$\pi_{ij}(n_1/n)=1$$

然而，如果 $x_i\in X_1$，当随机实验有扰动时，x_i 可能离开区间 I_j，信息量 q_{ij}^- 可视为 x_i 离开 I_j 的可能性。直观地来说，x_i 越靠近 I_j 的边界，离开的可能性越大，这与 q_{ij}^- 此时较大是吻合的。当 X_1 中一个样本点离开 I_j 后，$P=\{x\in I_j\}=\dfrac{n_1-1}{n}$，而 X_1 中的任何一个样本点都可能离开。因此，$P=\{x\in I_j\}=\dfrac{n_1-1}{n}$的可能性为式（5-19）：

$$\pi_{ij}\left(\frac{n_1-1}{n}\right)=\bigvee_{s\in S}q_{ij}^- \tag{5-19}$$

若有两个样本点离开，可得 $P=\{x\in I_j\}=\dfrac{n_1-2}{n}$。根据可能性的特性，

x_{S_1}和x_{S_2}都离开I_j的可能性为$q_{S_1j}^- \wedge q_{S_2j}^-$。考虑所有样本点，$P=\{x\in I_j\}=\dfrac{n_1-2}{n}$的可能性为式（5-20）：

$$\pi_{i_j}\left(\frac{n_1-2}{n}\right)=\bigvee_{S_1,S_2S_1\neq S_2}(q_{S_1j}^- \wedge q_{S_2j}^-) \tag{5-20}$$

另一方面X_2中的样本点在随机实验有扰动时也可能进入I_j。$\forall x_i\in X_2$，进入I_j的可能性为q_{ij}^+。

因此，$P\{x\in I_j\}=\dfrac{n_1+1}{n}=\bigvee_{t\in T}q_{ij}^+$的可能性为式（5-21）：

$$\pi_{i_j}\left(\frac{n_1+1}{n}\right)=\bigvee_{t\in T}q_{ij}^+ \tag{5-21}$$

若X_2中有两个样本点进入I_j，可得$P\{x\in I_j\}=\dfrac{n_1+2}{n}$，其可能性为式(5-22)：

$$\pi_{i_j}\left(\frac{n_1+2}{n}\right)=\bigvee_{t_1,t_2\in T\ \ t_1\neq t_2}(q_{t_1j}^+ \wedge q_{t_2j}^+) \tag{5-22}$$

因此，当$X_1=\{x_s|s\in S\}$的容量为n_1时，可得可能性分布为式（5-23）：

$$\pi_{i_j(p_k)}=\begin{cases}\bigwedge_{s\in S}q_{sj}^- & p_k=\dfrac{0}{n}\\ \vdots & \vdots\\ \bigvee_{S_1,S_2,S_3\ \ S_1\neq S_2\neq S_3}(q_{S_1j}^- \wedge q_{S_2j}^- \wedge q_{S_3j}^-) & p_k=\dfrac{n_1-3}{n}\\ \bigvee_{S_1,S_2S_1\neq S_2}(q_{S_1j}^- \wedge q_{S_2j}^-) & p_k=\dfrac{n_1-2}{n}\\ \bigvee_{s\in S}q_{sj}^- & p_k=\dfrac{n_1-1}{n}\\ 1 & p_k=\dfrac{n_1}{n}\\ \bigvee_{s\in S}q_{sj}^+ & p_k=\dfrac{n_1+1}{n}\\ \bigvee_{S_1,S_2\ \ S_1\neq S_2}(q_{t_1j}^+ \wedge q_{t_2j}^+) & p_k=\dfrac{n_1+2}{n}\\ \vdots & \vdots\\ \bigwedge_{S_1\neq S_2}q_{tj}^- & p_k=\left|\dfrac{n}{n}\right|\end{cases} \tag{5-23}$$

5.4.3 多路段路面使用性能模糊随机风险评价

取表5.1唐津高速公路沥青路面使用性能各项指标数据，每项20条。分别为：

路面状况指数 $x_{i1}=\{x_i \mid i=1, 2, \cdots, 20\}=(82.4, 76.7, 71.3, 72.3, 73.7, 40.8, 39.0, 67.0, 58.9, 71.2, 73.3, 62.1, 72.8, 78.0, 64.4, 60.7, 84.3, 74.3, 72.4, 61.1)$；

行驶质量指数 $x_{i2}=\{x_i \mid i=1, 2, \cdots, 20\}=(94.8, 96.1, 94.8, 94.5, 94.3, 93.5, 93.6, 93.8, 94.7, 92.6, 90.0, 92.9, 94.8, 96.3, 94.9, 95.2, 95.3, 94.3, 95.7, 96.3)$；

路面结构强度指数 $x_{i3}=\{x_i \mid i=1, 2, \cdots, 20\}=(45.4, 75.1, 82.5, 76.6, 89.7, 47.3, 58.7, 66.6, 79.4, 70.8, 57.4, 49.3, 45.3, 57.3, 51.8, 59.1, 78.8, 44.8, 64.6, 35.7)$；

抗滑性能指数 $x_{i4}=\{x_i \mid i=1, 2, \cdots, 20\}=(90.20, 66.00, 66.73, 73.78, 74.73, 69.50, 75.01, 66.72, 69.05, 63.25, 66.54, 75.52, 73.02, 71.83, 65.63, 68.74, 69.11, 68.49, 69.13, 66.83)$。

按概率统计中频率直方图做法的要求分组数 $m=6$。

即划分区间为 $I_{11}=[37.5, 47.5]$，$I_{21}=[47.5, 57.5]$，$I_{31}=[57.5, 67.5]$，$I_{41}=[67.5, 77.5]$，$I_{51}=[77.5, 87.5]$，$I_{61}=[87.5, 97.5]$；$I_{12}=[86.5, 88.5]$，$I_{22}=[88.5, 90.5]$，$I_{32}=[90.5, 92.5]$，$I_{42}=[92.5, 94.5]$，$I_{52}=[94.5, 96.5]$，$I_{62}=[96.5, 98.5]$；

$I_{13}=[35, 45]$，$I_{23}=[45, 55]$，$I_{33}=[55, 65]$，$I_{43}=[65, 75]$，$I_{53}=[75, 85]$，$I_{63}=[85, 95]$；

$I_{14}=[62.5, 67.5]$，$I_{24}=[67.5, 72.5]$，$I_{34}=[72.5, 77.5]$，$I_{44}=[77.5, 82.5]$，$I_{54}=[82.5, 87.5]$，$I_{64}=[87.5, 92.5]$。

相应地，离散论域为：$U_1=\{u_{j1} \mid j=1, 2, 3, 4, 5, 6\}=(42.5, 52.5, 62.5, 72.5, 82.5, 92.5)$；

$U_2=\{u_{j2} \mid j=1, 2, 3, 4, 5, 6\}=(87.5, 89.5, 91.5, 93.5, 95.5, 97.5)$；

$U_3=\{u_{j3} \mid j=1, 2, 3, 4, 5, 6\}=(40, 50, 60, 70, 80, 90)$；

$U_4=\{u_{j4} \mid j=1, 2, 3, 4, 5, 6\}=(65, 70, 75, 80, 85, 90)$。

其中步长 $h_1=10$，$h_2=2$，$h_3=10$，$h_4=5$。

令概率论域 $P=\{p_k\}=\left\{\frac{0}{20}, \frac{1}{20}, \frac{2}{20}, \cdots, \frac{19}{20}, \frac{20}{20}\right\}$。

对于 I_{11}，可得 $X_{11}=\{x_6, x_7\}$，$X_{21}=\{x_1, x_2, x_3, x_4, x_5, x_8, x_9, x_{10}, x_{11}, x_{12}, x_{13}, x_{14}, x_{15}, x_{16}, x_{17}, x_{18,}, x_{19}, x_{20}\}$，$S=\{6, 7\}$，$T=\{1, 2, 3, 4, 5, 8, 9, 10, 11, 12, 13, 14, 15, 16, 17, 18, 19, 20\}$。

利用式（5-18），可得到控制点 u_{11} 从信息源 $x_{61}=40.8$ 获得的信息

$$q_{61}=1-\frac{|x_{61}-u_1|}{h_1}=1-\frac{|40.8-42.5|}{10}=0.83$$

同理分配所有的 x_i 到 u_j，$i=1, 2, \cdots, 20$，$j=1, 2, \cdots, 6$ 可得显示 X 在 U 上信息结构情况，见表5.12～表5.15。

表5.12　路面状况指数 X_{11} 在 U 上的信息分配

q_{ij}	u_1	u_2	u_3	u_4	u_5	u_6
x_1	0	0	0	0.01	0.99	0
x_2	0	0	0	0.58	0.42	0
x_3	0	0	0.12	0.88	0	0
x_4	0	0	0.02	0.98	0	0
x_5	0	0	0	0.88	0.12	0
x_6	0.83	0	0	0	0	0
x_7	0.65	0	0	0	0	0
x_8	0	0	0.55	0.45	0	0
x_9	0	0.36	0.64	0	0	0
x_{10}	0	0	0.13	0.87	0	0
x_{11}	0	0	0	0.92	0.08	0
x_{12}	0	0.04	0.96	0	0	0
x_{13}	0	0	0	0.97	0.03	0
x_{14}	0	0	0	0.45	0.55	0
x_{15}	0	0	0.81	0.19	0	0
x_{16}	0	0.18	0.82	0	0	0
x_{17}	0	0	0	0	0.82	0.18
x_{18}	0	0	0	0.82	0.18	0
x_{19}	0	0	0.01	0.99	0	0
x_{20}	0	0.14	0.86	0	0	0

表5.13　行驶质量指数 X_{12} 在 U 上的信息分配

q_{ij}	u_1	u_2	u_3	u_4	u_5	u_6
x_1	0	0	0	0.35	0.65	0
x_2	0	0	0	0	0.7	0.3
x_3	0	0	0	0.35	0.65	0

续表

q_{ij}	u_1	u_2	u_3	u_4	u_5	u_6
x_4	0	0	0	0.5	0.5	0
x_5	0	0	0	0.6	0.4	0
x_6	0	0	0	1	0	0
x_7	0	0	0	0.95	0.05	0
x_8	0	0	0	0.85	0.15	0
x_9	0	0	0	0.4	0.6	0
x_{10}	0	0	0	0.55	0.45	0
x_{11}	0	0.75	0.25	0	0	0
x_{12}	0	0	0	0.7	0.3	0
x_{13}	0	0	0	0.35	0.65	0
x_{14}	0	0	0	0	0.6	0.4
x_{15}	0	0	0	0.3	0.7	0
x_{16}	0	0	0	0.12	0.88	0
x_{17}	0	0	0	0.1	0.9	0
x_{18}	0	0	0	0.6	0.4	0
x_{19}	0	0	0	0	0.9	0.1
x_{20}	0	0	0	0	0.6	0.4

表 5.14　路面结构强度指数 X_{13} 在 U 上的信息分配

q_{ij}	u_1	u_2	u_3	u_4	u_5	u_6
x_1	0.46	0.54	0	0	0	0
x_2	0	0	0	0.49	0.51	0
x_3	0	0	0	0	0.75	0.25
x_4	0	0	0	0.34	0.66	0
x_5	0	0	0	0	0.01	0.97
x_6	0.27	0.73	0	0	0	0
x_7	0	0.13	0.87	0	0	0
x_8	0	0	0.34	0.66	0	0
x_9	0	0	0	0.06	0.94	0
x_{10}	0	0	0	0.92	0.08	0
x_{11}	0	0.26	0.74	0	0	0
x_{12}	0.97	0.93	0	0	0	0
x_{13}	0.47	0.53	0	0	0	0
x_{14}	0	0.27	0.73	0	0	0
x_{15}	0	0.82	0.18	0	0	0
x_{16}	0	0.09	0.91	0	0	0

续表

q_{ij}	u_1	u_2	u_3	u_4	u_5	u_6
x_{17}	0	0	0	0.12	0.88	0
x_{18}	0.52	0.48	0	0	0	0
x_{19}	0	0	0.54	0.46	0	0
x_{20}	0.57	0	0	0	0	0

表 5.15　抗滑性能指数 X_{14} 在 U 上的信息分配

q_{ij}	u_1	u_2	u_3	u_4	u_5	u_6
x_1	0	0	0	0	0	0.96
x_2	0.8	0.2	0	0	0	0
x_3	0.65	0.35	0	0	0	0
x_4	0	0.24	0.76	0	0	0
x_5	0	0.05	0.95	0	0	0
x_6	0.10	0.90	0	0	0	0
x_7	0	0	1	0	0	0
x_8	0.66	0.34	0	0	0	0
x_9	0.19	0.81	0	0	0	0
x_{10}	0.65	0	0	0	0	0
x_{11}	0.69	0.31	0	0	0	0
x_{12}	0	0	0.90	0.10	0	0
x_{13}	0	0.40	0.60	0	0	0
x_{14}	0	0.63	0.17	0	0	0
x_{15}	0.87	0.13	0	0	0	0
x_{16}	0.25	0.75	0	0	0	0
x_{17}	0.18	0.82	0	0	0	0
x_{18}	0.30	0.70	0	0	0	0
x_{19}	0.17	0.83	0	0	0	0
x_{20}	0.63	0.37	0	0	0	0

对于 I_{1t} 由 $1-q_{ij}$ 计算出 q_{ij}^{-}，然后利用式（5-23），计算出 $\pi_{i_j(p_k)}$。同理可得区间上的结果列于表 5.16 ~ 表 5.19，限于篇幅不一一列举。

表 5.16　路面状况指数的模糊风险

$\pi_{i_j(p_k)}$	I_{11}	I_{21}	I_{31}	I_{41}	I_{51}	I_{61}
p_1	0.17	1	0.04	0.01	0.01	1
p_2	0.35	0.36	0.14	0.02	0.18	0.18
p_3	1	0.18	0.18	0.03	0.45	0

续表

$\pi_{i_j(p_k)}$	I_{11}	I_{21}	I_{31}	I_{41}	I_{51}	I_{61}
p_4	0	0.14	0.19	0.08	1	0
p_5	0	0.04	0.36	0.12	0.42	0
p_6	0	0	0.45	0.12	0.18	0
p_7	0	0	1	0.13	0.12	0
p_8	0	0	0.13	0.18	0.08	0
p_9	0	0	0.12	0.42	0.03	0
p_{10}	0	0	0.02	1	0	0
p_{11}	0	0	0.01	0.45	0	0
p_{12}	0	0	0	0.45	0	0
p_{13}	0	0	0	0.19	0	0
p_{14}	0	0	0	0.01	0	0
p_{15}	0	0	0	0	0	0
p_{16}	0	0	0	0	0	0
p_{17}	0	0	0	0	0	0
p_{18}	0	0	0	0	0	0
p_{19}	0	0	0	0	0	0
p_{20}	0	0	0	0	0	0
p_{21}	0	0	0	0	0	0

表 5.17　行驶质量指数的模糊风险

$\pi_{i_j(p_k)}$	I_{12}	I_{22}	I_{32}	I_{42}	I_{52}	I_{62}
p_1	1	0.25	1	0.05	0.10	1
p_2	0	1	0.25	0.15	0.10	0.40
p_3	0	0	0	0.30	0.12	0.40
p_4	0	0	0	0.40	0.30	0.30
p_5	0	0	0	0.40	0.30	0.10
p_6	0	0	0	0.45	0.35	0
p_7	0	0	0	0.5	0.35	0
p_8	0	0	0	1	0.35	0
p_9	0	0	0	0.40	0.40	0
p_{10}	0	0	0	0.35	1	0
p_{11}	0	0	0	0.35	0.5	0
p_{12}	0	0	0	0.35	0.45	0
p_{13}	0	0	0	0.30	0.40	0
p_{14}	0	0	0	0.12	0.40	0
p_{15}	0	0	0	0.10	0.30	0
p_{16}	0	0	0	0	0.15	0

续表

$\pi_{ij(p_k)}$	I_{12}	I_{22}	I_{32}	I_{42}	I_{52}	I_{62}
p_{17}	0	0	0	0	0. 05	0
p_{18}	0	0	0	0	0	0
p_{19}	0	0	0	0	0	0
p_{20}	0	0	0	0	0	0
p_{21}	0	0	0	0	0	0

表 5. 18　路面结构强度指数的模糊风险

$\pi_{ij(p_k)}$	I_{13}	I_{23}	I_{33}	I_{43}	I_{53}	I_{63}
p_1	0. 03	0. 18	0. 09	0. 08	0. 06	0. 03
p_2	0. 48	0. 27	0. 13	0. 34	0. 12	1
p_3	1	0. 46	0. 26	1	0. 25	0. 25
p_4	0. 47	0. 47	0. 27	0. 49	0. 34	0
p_5	0. 47	1	0. 46	0. 46	0. 49	0
p_6	0. 27	0. 48	1	0. 34	1	0
p_7	0	0. 30	0. 34	0. 12	0. 08	0
p_8	0	0. 27	0. 18	0. 06	0. 03	0
p_9	0	0	0	0	0	0
p_{10}	0	0	0	0	0	0
p_{11}	0	0. 03	0	0	0	0
p_{12}	0	0	0	0	0	0
p_{13}	0	0	0	0	0	0
p_{14}	0	0	0	0	0	0
p_{15}	0	0	0. 26	0	0	0
p_{16}	0	0	0. 13	0	0	0
p_{17}	0	0	0	0	0	0
p_{18}	0	0	0	0	0	0
p_{19}	0	0	0	0	0	0
p_{20}	0	0	0	0	0	0
p_{21}	0	0	0	0	0	0

表 5. 19　抗滑性能指数的模糊风险

$\pi_{ij(p_k)}$	I_{14}	I_{24}	I_{34}	I_{44}	I_{54}	I_{64}
p_1	0. 13	0. 10	0. 05	1	1	0. 04
p_2	0. 20	0. 17	0. 10	0. 1	0	1
p_3	0. 31	0. 17	0. 24	0	0	0
p_4	0. 34	0. 18	0. 40	0	0	0

续表

$\pi_{ij(p_k)}$	I_{14}	I_{24}	I_{34}	I_{44}	I_{54}	I_{64}
p_5	0.35	0.19	1	0	0	0
p_6	0.35	0.25	0.17	0	0	0
p_7	0.37	0.30	0	0	0	0
p_8	1	1	0	0	0	0
p_9	0.25	0.40	0	0	0	0
p_{10}	0.19	0.37	0	0	0	0
p_{11}	0.18	0.35	0	0	0	0
p_{12}	0.17	0.34	0	0	0	0
p_{13}	0.13	0.31	0	0	0	0
p_{14}	0.1	0.24	0	0	0	0
p_{15}	0	0.20	0	0	0	0
p_{16}	0	0.13	0	0	0	0
p_{17}	0	0	0	0	0	0
p_{18}	0	0	0	0	0	0
p_{19}	0	0	0	0	0	0
p_{20}	0	0	0	0	0	0
p_{21}	0	0	0	0	0	0

由定义 5 可得路面使用性能各区间的模糊随机风险为表 5.20。

表 5.20 唐津高速公路路面使用性能各区间的模糊随机风险

项目	F_1	F_2	F_3	F_4	F_5	F_6
路面状况指数	0.1275	0.065	0.6455	1.383	0.409	0.009
行驶质量指数	0	0.05	0.0125	1.803	2.407	0.125
结构强度指数	0.356	0.812	0.580	0.4245	0.4645	0.075
抗滑性能指数	1.2225	1.861	0.3315	0.005	0	0.05

从表 5.20 中的数据可以做出以下分析：

（1）唐津高速公路沥青路面状况指数、行驶质量指数、结构强度指数、抗滑性能指数分别处于［67.5，77.5］、［94.5，96.5］、［45，55］和［67.5，72.5］的可能性最大，从唐津高速路用性能检测数据可以看出，其路用性能数据多处于此区间。

（2）路面状况指数处于 F_1 的模糊随机风险 0.1275 大于处于 F_2 的模糊随机风险 0.065，出现异常。这是因为路段 K85 +000 ~ K86 +000、K86 +000 ~ K87 +000路面状况指数为 40.8 和 39.0，处于区间［37.5，47.5］之间，而没有处于区间［47.5，57.5］的检测数据。此区间的概率风险是由 K88 +000 ~ K89 +000、K95 +000 ~ K96 +000 的检测数据 58.9 和 60.4 的“数据漂移”造成的。

（3）行驶质量指数数据处于 F_4、F_5的模糊风险分别为 1.803 和 2.407，而 F_1、F_2、F_3、F_6的模糊风险之和为 0.1875，远远小于其处于 F_4、F_5的模糊风险，说明其大部分数据处于 92.5 和 96.5 之间。

（4）结构强度指数 F_2、F_3的模糊风险为 0.812 和 0.580，与处于其他区间的风险相比占有一定的优势。20 个路段中共有 6 个路段的强度指数处于［45，55］，5 个数据处于［55，65］之间，F_1、F_4、F_5 的模糊风险为 0.356、0.4245 和 0.4645，三者大体相当，处于 F_2、F_3和 F_1、F_4、F_5的路用性能数据基本相同。从结构强度指数来看，几个路段的使用性能整体性较强。

（5）行驶质量指数数据处于 F_1、F_2的模糊风险为 1.2225、1.861，说明绝大部分数据处于［62.5，72.5］之间，另外可以看出 F_6的模糊风险为 0.05，这是由于 K80 +000 ~ K81 +000 路段的行驶质量指数为 90.20，形成孤岛。从检测数据来看，此路段路用性能明显强于其他路段。

由路面使用性能各区间的模糊随机风险和各性能指标的权重系数，利用式(5-8) 可以进一步得出多路段的路面使用性能整体模糊随机风险综合水平。

所以应对其值域进行归一化处理，采用非线性拟合的转换方法把各不同值域转换成 0 – 1 区间数值见表 5.21。

表 5.21　路面使用性能各区间的模糊随机风险转化值

项目	F_1	F_2	F_3	F_4	F_5	F_6
路面状况指数	0.05	0.02	0.24	0.52	0.15	0.00
行驶质量指数	0.00	0.01	0.00	0.41	0.55	0.03
结构强度指数	0.13	0.30	0.21	0.16	0.17	0.03
抗滑性能指数	0.35	0.54	0.10	0.00	0.00	0.01

由式 5-8 可得唐津高速公路路面使用性能模糊随机风险综合水平为:

$F = \{F_1, F_2, F_3, F_4, F_5, F_6\} = \{0.07, 0.15, 0.15, 0.33, 0.26, 0.02\}$。若把路面使用性能分为 6 个等级，按照置信度原则，设置信度为 0.6，则唐津高速公路路面使用性能处于 F_4的概率最大。

第 6 章　沥青路面使用性能变化规律及维修决策模型

6.1　沥青路面使用性能综合预测物元模型

沥青路面使用性能的预测历来是养护管理部门十分重视的问题。路面在使用过程中，由于不断承受行车荷载和各种因素的作用，以及路面材料的老化，致使路面产生各种各样的破损，其使用性能也随时间逐渐降低。当路面的使用性能降低到某一标准时，就必须采取相应的养护和改建措施以恢复和提高其使用性能。为选择最佳养护对策，公路养护管理部门要及时准确地了解路面的使用状况，做出科学的判断及预测，才能知道何时该采取何种相应措施，这就要预估其性能随时间演化的规律。因此，建立使用性能预估模型，是路面养护管理系统中最主要的组成部分之一。

沥青路面使用性能具有多方面的属性，单项指标难以对它进行全面评价。为保证对路面使用性能进行全面准确的评价与预估，一般采用反映路面使用性能的路况指数、弯沉系数、行驶质量指数、横向力系数四项指标，应用可拓学中的物元综合方法，建立了路面使用性能多指标综合预测模型，通过计算其关联度，获得定量的数值评判结果，来判断未来路面使用性能的类别，以进行预测分析。所建模型可纳入路面管理系统中，为路面管理工作提供理论依据，故其研究具有重要的实际意义。

6.1.1　沥青路面使用性能的主要指标

沥青路面状况评价范围包括平整度、破损、强度及抗滑系数，本书采用目前养护规范推荐的路面状况指数（PCI）、弯沉系数（SSI）、行驶质量指数（RQI）、横向力系数（SFC）等指标来评价，分为优、良、中、次、差 5 个等级，评价标准见表 6.1。也有文献建议高速公路路面使用性能评价采用强度、平整度、破损率、车辙和抗滑性能五项指标。评价指标增加后，本书所建评价模型仍然适用。

表6.1　沥青路面状况评价标准

评价指标	优	良	中	次	差	权重系数
路况指数 PCI	≥85	≥70～85	≥55～70	≥40～55	<40	0.3
弯沉系数 SSI	≥1.2	≥1.0～1.2	≥0.8～1.0	≥0.6～0.8	<0.6	0.3
行驶质量指数 RQI	≥8.5	≥7.0～8.5	≥5.5～7.0	≥4.0～5.5	<4.0	0.3
横向力系数 SFC	≥0.5	≥0.4～0.5	≥0.3～0.4	≥0.2～0.3	<0.2	0.1

6.1.2　路面使用性能评价物元模型

路面使用性能由其指标（参数）来评价，根据物元定义，路面性能可用以下途径描述：

（1）确定经典物元

$$R_{0j}=(N_{0j},C_i,X_{0ji})=\begin{bmatrix}N_{0j} & C_1 & x_{0j1}\\ & C_2 & x_{0j2}\\ & \vdots & \vdots\\ & C_n & x_{0jn}\end{bmatrix}=\begin{bmatrix}N_{0j} & C_1 & <a_{0j1},b_{0j1}>\\ & C_2 & <a_{0j2},b_{0j2}>\\ & \vdots & \vdots\\ & C_n & <a_{0jn},b_{0jn}>\end{bmatrix} \tag{6-1}$$

式中，N_{0j}为所划分的第j个路面使用性能等级，对于沥青路面，$j=1$表示路面性能等级为“优”，$j=2$表示路面性能等级为“良”，$j=3$表示路面性能等级为“中”，$j=4$表示路面性能等级为“次”，$j=5$表示路面性能等级为“差”；C_i表示路面性能N_{0j}的特征指标；$i=1\sim4$分别表示了路面状况指数PCI、弯沉系数SSI、行驶质量指数RQI和横向力系数SFC四项路面使用性能等级特征指标；x_{0ji}分别为N_{0j}关于C_i所规定的量值范围，即各路面性能等级关于对应特征指标所取得数值范围（经典域）。

（2）确定节域

$$R_{\mathrm{p}}=(P,C_i,X_{\mathrm{P}i})=\begin{bmatrix}P & C_1 & x_{\mathrm{P1}}\\ & C_2 & x_{\mathrm{P2}}\\ & \vdots & \vdots\\ & C_n & x_{\mathrm{P}n}\end{bmatrix}=\begin{bmatrix}N_{0j} & C_1 & <a_{\mathrm{P1}},b_{\mathrm{P1}}>\\ & C_2 & <a_{\mathrm{P2}},b_{\mathrm{P2}}>\\ & \vdots & \vdots\\ & C_n & <a_{\mathrm{P}n},b_{\mathrm{P}n}>\end{bmatrix} \tag{6-2}$$

式中，P表示路面性能等级的全体；C_i表示路面性能等级全体的特征指标，$x_{\mathrm{p}i}$为P关于C_i所取得量值范围；$x_{\mathrm{p}i}$表示取值范围应包括x_{0ji}路面性能不同等级的量值范围。

（3）确定待评物元

对于路面性能等级，可把所检测得到的数据或分析的结果用物元R_0表示，称为路面的待评物元等级。式（6-3）中 P_0 表示路面性能等级；x_i 表示 P_0 关于 C_i 的量值，即对于待评路面（路况指数、弯沉系数、行驶质量指数和横向力系数）评估（检测）其路面性能所得到的具体数据。

$$R_0 = (P_0, C_i, x_{pi}) = \begin{bmatrix} P_0 & C_1 & x_1 \\ & C_2 & x_2 \\ & \vdots & \vdots \\ & C_n & x_n \end{bmatrix} \tag{6-3}$$

（4）确定待评路面对不同性能等级的关联度

关联度是事物之间、因素之间关联的度量，即是根据事物或因素的连续或离散系列曲线的相似程度来判断其关联程度的大小，若两条曲线的形状相似（或两因素变化趋势相似、相近），则关联度大；反之，关联度就小。待评路面性能对于不同路面性能等级的关联度如下：

$$K_j(x_i) = \frac{\rho(x_i, x_{0ji})}{\rho(x_i, x_{\mathrm{p}_i}) - \rho(x_i, x_{0ji})} \tag{6-4}$$

其中：

$$\rho(x_i, x_{0ji}) = \left| x_i - \frac{1}{2}(a_{0ji} + b_{0ji}) \right| - \frac{1}{2}(a_{0ji} - b_{0ji}) \quad (i = 1,2,3,\cdots,n) \tag{6-5}$$

$$\rho(x_i, x_{pi}) = \left| x_i - \frac{1}{2}(a_{pi} + b_{pi}) \right| - \frac{1}{2}(a_{pi} - b_{pi}) \quad (i = 1,2,3,\cdots,n) \tag{6-6}$$

（5）关联度及评定等级

关联函数的数值表示评价单元符合某标准范围的隶属程度。当 $K(x) \geqslant 1.0$ 时，表示被评价对象超过标准对象上限，数值越大，开发潜力越大；当 $0 \leqslant K(x) \leqslant 1.0$ 时，表示被评价对象符合标准对象要求的程度，数值越大，越接近标准上限；当 $-1.0 \leqslant K(x) \leqslant 0$ 时，表示被评价对象不符合标准对象要求，但具备转化为标准对象的条件，数值越大，越容易转化；当 $-1.0 \leqslant K(x)$ 时，表示被评价对象不符合标准对象要求，且又不具备转化为标准对象的条件。

令

$$K_j(p_0) = \sum_{i=1}^{n} w_i \cdot K_j(x_i) \tag{6-7}$$

称 $K_j(p_0)$ 为待评路面 p_0 关于路面性能第 j 等级的关联度。若 $K_{j0} = \max\{(K_j(p_0)\}$，$j \in \{1, 2, \cdots, 5\}$，则评定 p 属于等级 j_0。其中 w_i 路面各

性能指标的权重系数，其具体数值见表6.1。

6.1.3　建立路面性能预测模型

预测模型建立在对历年数据检测的基础上，路面使用性能可以在一定条件下进一步恶化，预测模型主要是分析路面性能随时间变化的趋势。根据统计资料，计算历年路面性能物元评价的 $K(x)$ 值，找出 K_1，K_2，…，K_n 关于时间的序列值，根据数理统计方法，如回归分析、概率分析、模糊分析和灰色理论分析方法，建立路面性能预测函数 $t=F[K_j(x)]$，$K_j(x)\in[-1, 0]$，t 为时间。本书采用回归方法建立预测函数来确定 $K_j(x)$ 同时间 t 之间的定量关系，分析路面性能变化的趋势。

6.1.4　路面使用性能预测应用示例

以天津某高速公路沥青路面2000~2006年路面性能数值检测数据为基础，具体数据见表6.2。

表6.2　天津市某沥青路面历年使用性能检测值

路面性能指标		2000年	2001年	2002年	2003年	2004年	2005年	2006年
C_1	路况指数PCI	89	82	75	72	68	60	55
C_2	弯沉系数SSI	0.91	0.87	0.80	0.76	0.73	0.69	0.67
C_3	行驶质量指数RQI	9.3	9.1	8.7	8.5	8.3	8.0	7.8
C_4	横向力系数SFC	0.48	0.45	0.43	0.41	0.40	0.39	0.37

（1）经典域和节域的确定

沥青路面性能分为五个等级，优、良、中、次、差，各等级划分见表6.1，根据沥青路面性能评价指标各自的取值范围确定经典域和节域：

$$R_{01}=\begin{bmatrix} 优 & C_1 & <85,100> \\ & C_2 & <1.2,14> \\ & C_3 & <8.5,1.0> \\ & C_4 & <0.5,0.7> \end{bmatrix}$$

$$R_{02}=\begin{bmatrix} 良 & C_1 & <70,85> \\ & C_2 & <1.0,1.2> \\ & C_3 & <7.0,8.5> \\ & C_4 & <0.4,0.5> \end{bmatrix}$$

$$R_{03}=\begin{bmatrix} 中 & C_1 & <55,70> \\ & C_2 & <0.8,1.0> \\ & C_3 & <5.5,7.0> \\ & C_4 & <0.3,0.4> \end{bmatrix}$$

$$R_{04}=\begin{bmatrix} 次 & C_1 & <40,55> \\ & C_2 & <0.6,0.8> \\ & C_3 & <4.0,5.5> \\ & C_4 & <0.2,0.3> \end{bmatrix}$$

$$R_{05}=\begin{bmatrix} 差 & C_1 & <30,40> \\ & C_2 & <0.2,0.4> \\ & C_3 & <2.5,4.0> \\ & C_4 & <0.1,0.2> \end{bmatrix}$$

$$R_p=\begin{bmatrix} 路面性能 & C_1 & <30,100> \\ & C_2 & <0.4,1.4> \\ & C_3 & <2,10> \\ & C_4 & <0,0.7> \end{bmatrix}$$

（2）计算关联度

根据式（6-4）可计算出历年来各指标对经典域的关联函数值，按照表 6.1 中所推荐的权值，然后由式（6-7）计算出各年该公路沥青路面对某性能分级的关联度，因公路管理人员最为关注的是路面性能由“中”变“次”的变化规律，这样可以提前制定养护计划。所以本书因篇幅所限，仅给出历年该路面性能关于次级 $K_4(p_0)$ 的具体计算方法，结果见表 6.3。

表 6.3　关联度计算结果

路面性能指标	2000 年	2001 年	2002 年	2003 年	2004 年	2005 年	2006 年
路况指数 PCI	−0.756	−0.600	−0.444	−0.378	−0.289	−0.143	0.000
弯沉系数 SSI	−0.183	−0.130	0.000	0.125	0.269	0.450	0.350
行驶质量指数 RQI	−0.844	−0.800	−0.711	−0.667	−0.622	−0.556	−0.511
横向力系数 SFC	−0.450	−0.375	−0.325	−0.275	−0.250	−0.225	−0.175
$K_4(p_0)$	−0.580	−0.496	−0.379	−0.303	−0.218	−0.097	−0.066

从表 6.3 中 $K_4(p_0)$ 数值的变化可以看出，该公路路面使用性能呈逐渐恶化的趋势，其中路面弯沉系数指标最为严重，其次为路况指数。其路面综合使

用性能已处于由中级变为次级的潜伏期。有必要对潜伏期的显化时间进行预测，以便公路管理人员及时采取对策或措施，避免路面整体使用性能继续下降。在这里需要特别指出的是，$K_4(p_0)$ 在一定程度上，受到指标权重系数的影响较大，本书根据《公路沥青路面养护技术规程》采用的各指标的权重是不变的。在实际情况中，可以考虑采用变权的方法，即权重在不同的条件下取不同的值，它随指标值的不同而改变，这样可以使计算结果更加科学，符合实际。

（3）建立路面性能综合预测模型

根据路面使用性能的关联度 $K_4(p_0)$ 与时间 t 的函数关系，确定 $K_4(p_0)>0$ 发生的时间是预测的目标。由表6.3的计算结果，根据 $K_4(p_0)$ 及相应的时间或年份 t_i，以1998为基准年，则 $K_4(p_0)$ 和 t_i 可表示为如表6.4中的数值序列。

表6.4　统计年份与对应的 $K_4(p_0)$

t_i	1	2	3	4	5	6	7
$K_4(p_0)$	-0.580	-0.496	-0.379	-0.303	-0.218	-0.097	-0.066

由表6.4可以看出，$K_4(p_0)$ 与时间 t 的函数关系可以用一元回归方程来表示：

$$K_4(p_0) = a + bt$$

按照一元回归方程的计算方法，也可采用Excel或其他软件进行回归计算。计算得出 a，b 值及回归相关系数 r 值如下：

$$\left.\begin{aligned} b &= \frac{\Sigma K_i t_i - \frac{1}{n}(\Sigma K_i)(\Sigma t_i)}{\Sigma t_i^2 - \frac{1}{n}(\Sigma t_i)^2} = -0.6629 \\ a &= \overline{K} - b\bar{t} = 0.0893 \end{aligned}\right\} \tag{6-8}$$

由 $r=0.99$ 可以确定 $K_4(p_0)$ 与时间 t 之间的线性关系较强：$K_4(p_0)=0.0893t-0.6629$，$R^2=0.9905$，通过简单转化后，其综合预测函数为：

$$t = F(K_4(p_0) = 11.198K_4(p_0) + 7.423 \tag{6-9}$$

根据 $K_4(p_0)$ 的意义，当 $K_4(p_0)>0$ 时路面使用性能将从中级状态转变为次级状态。在式（6-9）中，令 $K_4(p_0)=0$，可得 $t=7.423$，因以1998年为基准年，所以预测结果是，如果不加强对路面的管理，2006年7月份路面的使用性能将处于次级的状态。

运用物元理论对路面性能进行综合预测，将定性预测转化为定量预测是该方法的一大进步，但该方法应用中的准确性受到经典域合理的确定、权重值的科学确定的影响，因此，该方法是一种近似的路面性能预测方法。另外，在路面使用性能综合预测模型的建立和计算过程中，由于数据量偏少，预测模型类型的选择范围也受到了一定的局限，因此，在利用此方法进行综合预测时应尽可能多地收集和掌握资料与数据，以确保预测的精确度和科学性。应用实例表明，该方法同时在多指标、多等级的质量预测过程中更加直观、可靠，具有自身的特点和优点，且综合预测结果也较为科学合理。

6.2 沥青路面结构维修成本效益分析

在公路运营过程中，一般需要对路面结构进行维护和维修，不同的维修措施对结构性能和可靠度的影响差别是很大的。一般性的日常维护对公路工程是必须的，但它只是对结构的例行保养，不会改变结构的性能和可靠度，属正常维护范畴。而维修则不同，它可以提高路面结构的可靠度或者减缓劣化速度，从而延长结构的使用寿命，提高路面结构的安全性能。

为明确维护和维修对路面结构的影响，可以将其分为三类，即日常养护（Routine Maintenance，简称 RM）、预防性维修（Preventive Maintenance，简称 PM）和维修加固（Essential Maintenance，简称 EM）。日常维护 RM 是设计明确的常规维护维修措施，即结构可靠度定义中的"规定的条件"的正常维护。以上三种维护维修措施有本质的区别，同时也影响公路全寿命成本的计算。

预防性维修 PM 和维修加固 EM 对结构性能或可靠指标的影响如图 6.1 所示。

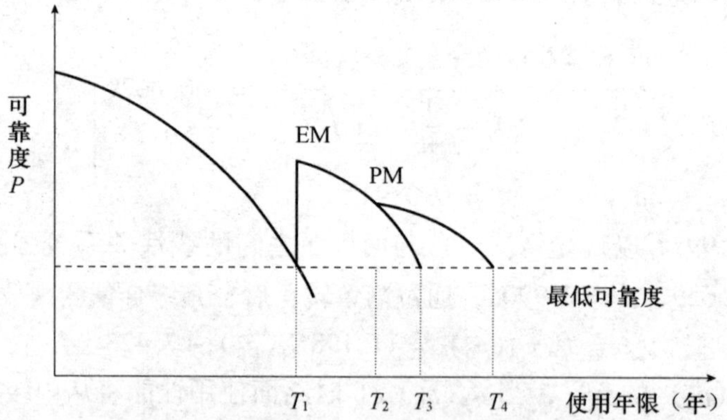

图 6.1 预防性维修 PM 和维修加固 EM 对结构性能的影响示意图

在图 6.1 中，如果不对路面结构进行维修加固，该沥青路面的使用寿命期为 T_1。

若在时间 T_1 点对路面结构进行维修 EM，结构可靠度指标 P 提高。如果不再进行维修加固，则该沥青路面的结构性能将在时间 T_3 时达到结构的最低可靠度指标。若在 T_2 时点对路面结构进行预防性维修 PM，结构的可靠度指标 P 并没有因预防性维修 PM 而提高，但结构性能的劣化速度降低了，结构将在时间 T_4 时达到结构的最低可靠度指标，即路面结构的使用寿命延长到 T_4。

为了简便起见，可以将预防性维修 PM 和维修加固 EM 通称为维修或修复。从上面的分析中可以看出，不管是预防性维修 PM 还是维修加固 EM，主要目的有两个：一是延长路面结构的使用寿命；二是降低路面结构失效的概率。维修的时点选择非常重要，需要进行综合的技术和经济分析。

6.2.1　影响路面结构维修和重建策略的经济因素分析

采用系统的方法来进行路面结构的维修决策，目的是使公路建设项目的总收益最大，或使其总的期望损失在给定的使用期限内达到最小。影响路面结构维修和重建策略的主要经济因素有四个，分别是：

（1）结构维修前的公路建设成本

维修前的公路建设成本越高，意味着重新修建的成本也会越大。因此，路面结构维修前的建设成本是影响结构维修方案选择和是否拆除的因素之一。这一成本可以根据当地公路建设经验进行评估，在决策中可认为是一个常数。

（2）路面维修所需要的投资

①对于路面维修加固 EM，投资 $C_{\mathrm{R,EM}}$ 是维修加固后结构可靠度提高值 Δp_{s1} 的函数，即：

$$C_{\mathrm{R,EM}} = C_{\mathrm{R,EM}}(\Delta p_{\mathrm{s}}) \tag{6-10}$$

式中，Δp_{s} 是维修后的结构可靠度 $p'_{\mathrm{s}}(t_1,\ T_{\mathrm{M}})$（简记为 p'_{s}）与维修前的可靠度 $p_{\mathrm{s}}(t_1,\ T_{\mathrm{M}})$（简记为 p_{s}）的差值，即：

$$\Delta p_{\mathrm{s}} = p'_{\mathrm{s}}(t_1, T_{\mathrm{M}}) - p_{\mathrm{s}}(t_1, T_{\mathrm{M}}) = p'_{\mathrm{s}} - p_{\mathrm{s}} \tag{6-11}$$

式中，T_{M} 为预期的后续服务年限，路面维修前后的结构可靠度与之有关。

由于维修前路面结构的可靠度 P，可以在检测路面结构状态参数后，通过有限元软件计算获得。维修加固 EM 所需要的投资 $C_{\mathrm{R,EM}}$ 也可以表示为 p'_{s} 的函数，即：

$$C_{\mathrm{R,EM}} = C_{\mathrm{R,EM}}(p'_{\mathrm{s}}) \tag{6-12}$$

②对于预防性维修 PM，因路面结构可靠度并没有提高，预防性维修一般是减缓路面结构性能劣化的速度。因此，预防性维修 PM 的投资 $C_{\mathrm{R,PM}}$ 应该是路面结构性能劣化速度降低值的函数，即：

$$C_{\mathrm{R,PM}} = C_{\mathrm{R,PM}}(\Delta A) \tag{6-13}$$

式中，ΔA 为预防性维修 PM 后的结构性能劣化速度 A' 与维修前的结构性能劣

化速度 A 的差值，即 $\Delta A = A' - A$。

③路面维修所需要的投资除了以上所述的直接投资外，还应该考虑路面结构维修期间，由于维修工作而造成的公路交通运营或使用功能不充分造成的间接损失，这将在后面继续研究。严格来讲，直接修复费用还与维修前的结构可靠度的大小有关，一般情况下，维修前的路面结构可靠度 p_s 越小，维修越困难，因而直接修复费用也会越高，只不过因为考虑的问题太多，会使得问题过于复杂化，这一问题将视具体情况进行详细分析。

(3) 路面结构维修后在继续使用中的经济效益期望值

设路面结构正常使用时每年产生的经济效益为 J(对于公路项目而言，这里近似地作为常数)，则在预期的后续服务年限 T_M 内能正常使用时产生的经济效益为 JT_M，其期望值 U 为：

$$U = p(\Omega_1)JT_M = JT_M p_s'(t_1, T_M) = JT_M p_s' \tag{6-14}$$

(4) 路面结构失效损失的期望值

路面结构失效带来的损失值 C_F 可以根据失效准则和路面结构失效的影响（包括结构本身的损失及间接经济损失）进行综合估计，其期望值为：

$$E[C_F] = (1 - p_s')C_F = p_f' C_F \tag{6-15}$$

6.2.2 路面结构维修、修复准则和重建准则

(1) 路面维修准则

路面结构在使用 t_C 年后，为了延长结构的使用年限和降低结构失效的可能性，对结构进行预防性维修 PM 或维修加固 EM。路面维修准则就是维修后增加的净收益应大于维修费用 C_R，即：

$$\Delta U - \Delta E[C_F] > C_R \tag{6-16}$$

假设如果不对结构进行维修，路面结构可以继续使用 T_M 年，若路面结构经过维修，可以延长使用年限 t_1 年，则经济效益增加值 $\Delta U = J_{t_1}$，$\Delta E[C_F]$ 为维修后继续使用 $T_M + t_1$ 年内的结构失效损失期望值与不维修继续使用 T_M 年内的结构失效损失期望值的差值。

对路面结构进行预防性维修 PM 后，虽然结构可靠度没有变化，仍然为 p_s，但后期结构可靠度的降低速度减缓，结构失效损失期望值也会减少；对路面结构进行维修加固 EM 后，结构可靠度增加 ΔP_s，因此维修加固 EM 后，结构失效损失期望值会减少得更多。

如果不考虑结构失效损失，路面维修准则将简单地表示为：

$$J_{t_1} > C_R \tag{6-17}$$

上式明显过于简单，只适宜在维修方案的初步选择时使用。

（2）修复准则

这里的修复问题是指路面结构损坏已经发生，造成的损失已成事实，主要考虑是否值得对结构进行维修，若未来的收益期望为 U，未来的损失期望值为 $E[C_F]$，修复费用为 C_R，预期继续服务年限 T_M，这时的修复准则为：

$$U > C_R + E[C_F] \tag{6-18}$$

即：

$$JT_M p'_s > C_R(p'_s) + (1 - p'_s)C_F \tag{6-19}$$

式中，p'_s 为修复后的结构可靠度。路面损坏修复的特点是估算 p'_s 时只考虑 T_M 年内可能遇到的路面损坏，C_F 是在修复后的情况下的结构失效损失值。

（3）重建准则

若路面结构所处状态已不符合上述的维修准则，但结构仍未失效，这时不一定要重建，仍可继续使用，只有路面结构达到国家规定的最低安全要求时才考虑重建的需要。但如果结构再继续运营的经济效益为负值时，则应考虑重建，即经济使用寿命终结。

因而拆除准则可表示为：

$$C_R \geqslant U$$

或

$$E[C_F] \geqslant U \tag{6-20}$$

即满足下面两个条件之一时，可重建：

$$C_R(p'_s) \geqslant JT_M p'_s$$

或

$$(1 - p'_s)C_F > JT_M p'_s \tag{6-21}$$

从以上讨论可以看出，路面维修后的可靠度 p'_s 是唯一的控制参数。

特别需要强调的是，在结构使用的任何时间，不论经济上是否合理，在运营使用时的可靠度，都必须满足国家规定的最低要求。

以上讨论中路面结构没有考虑资金的时间价值，在具体应用这些准则时，应考虑收益和费用发生的时间对其进行折现。

6.2.3　路面结构维修效益模型

（1）Branco & Brito 维修模型

Branco & Brito 于 1995 年提出成本有效指数（Cost Effectiveness Index，CEI），用于比较采取维修措施与不采取维修措施之间的成本效益差值的比值，并以此来对各种维修方案进行选择。

$$\text{CEI} = \frac{(C_{\text{REP}} + C_{\text{fail}} - B)}{(C_{\text{fail}} - B)} \tag{6-22}$$

式中，CEI 为成本有效指数，该值越大，说明该种维修措施越值得采取，并以具有最大值的维修措施作为最优维修方案；C_{REP}为路面生命周期内维修成本；C_{fail}为路面结构破坏的损失值；B 为采取该种维修措施带来的效益（如提高通行能力等）。

成本有效指数 CEI 可以在三个层次得到应用：

①单条公路某具体病害的不同处理措施的选择。

②单条公路各病害之间处理优先级别的选择。

③路网中各路段之间的维修次序的选择。

（2）Frangopol 维修模型

美国 Colorado 大学的 Frangopol DM 于 1997 年提出了如下维修模型：

$$C_{\text{ET}} = C_1 + C_{\text{PM}} + C_{\text{INS}} + C_{\text{REP}} + C_{\text{fail}} \tag{6-23}$$

式中，C_{ET}为生命周期（设计基准期）内的预期成本；C_1 为新建结构成本（工程造价）；C_{PM}为生命周期内预防性养护成本；C_{INS}为生命周期内路面检测成本；C_{REP}为生命周期内维修成本，C_{fail}为路面结构破坏的损失值。

按 Frangopol 维修模型，路面在整个生命周期内维修优化应满足：

$$\min C_{\text{ET}} \in (\beta_{\text{L}} = \beta_{\text{L}}^*) \tag{6-24}$$

式中，β_{L} 为路面结构可靠度；β_{L}^* 为目标可靠度；C_{ET}为整个生命周期（设计基准期）内的预期成本，即在β_{L} 满足β_{L}^* 的前提下，C_{ET}最小。

（3）BRIME 维修模型

欧洲桥梁管理系统是欧盟国家公路研究实验室的研究项目。该研究提出了维修指数（RI）的概念，并以此对不同的维修方法进行选择。维修指数越小，则该种维修措施越有利。

$$\text{RI} = \frac{(C_1 + C_{\text{PM}} + C_{\text{REP}} + C_{\text{fail}} + C_{\text{U}} + C_{\text{O}} - V_{\text{S}})}{C_1 + C_{\text{PM}} + C_{\text{fail}} + C_{\text{U}} + C_{\text{O}} - V_{\text{S}}} \tag{6-25}$$

式中，C_1 为新建结构成本（工程造价）；C_{PM}为生命周期内预防性养护成本；C_{REP}为生命周期内维修成本；C_{fail}为路面结构破坏的损失；C_{U} 为生命周期内使用成本；C_{O} 为其他成本；V_{S} 为路面破坏的抢修成本。

（4）综合目标可靠度维修模型

由于以上维修模型存在的种种不足，以现有模型为基础，提出维修模型如下：

$$B_{\text{fail}}(T_{\text{Int}}) = C_{\text{fail}}(X, T_{\text{ref}}) - C''_{\text{fail}}(X, T_{\text{ref}}) \tag{6-26}$$

式（6-26）中是否采取维修措施时路面结构的破坏成本可用公式（6-27）求得。

$$C(T_{\mathrm{Int}}) = \int_0^{t_i} [C_{\mathrm{PM}}(t) + C_{\mathrm{INS}}(t) + C_{\mathrm{REP}}(t)] \cdot (1+r)^{-t} \mathrm{d}t \qquad (6\text{-}27)$$

式中，$C(T_{\mathrm{Int}})$ 为考虑资金利息 r 的维修成本，包括检查和预防性养护的成本。可应用式（6-28）进行维修方案选择。

$$\left.\begin{aligned} &\max[B(T_{\mathrm{Int}}) - C(T_{\mathrm{Int}})] \in (\beta_{\mathrm{L}} > \beta_{\mathrm{L}}^*) \\ &B(T_{\mathrm{Int}}) > C(T_{\mathrm{Int}}) \end{aligned}\right\} \qquad (6\text{-}28)$$

式中，β_{L}^* 为目标可靠度。

6.3　以可靠性为中心的沥青路面维修效益内容

6.3.1　以可靠性为中心的维修经济效益评估模型

路面结构可靠性的提高和维修成本的降低一般都可以用经济指标来量化，认为可以通过评估 RCM 维修优化后，在路面结构可靠性方面的提高、维修成本方面的降低所取得的经济效益，来评估维修优化的效果。

既有路面结构在实施 RCM 分析后，最明显的变化是，取消了没有必要的定期预防性维修工作，而增加一些必要的、用于提高路面结构可靠性的预防性维修工作，从而降低了维修成本。我们可以将经济效益做如下分类：

（1）取消维修项目的经济效益评估模型

①效益内容

在 RCM 分析后，取消了原来不需要的定期路面预防性维修项目。取消路面维修项目的经济效益包括人工费用、机械使用费和材料费用等。取消的路面维修项目有两类，可分为完全取消和延长维修周期两部分。

②计算方法

取消路面维修项目的经济效益也就是即 RCM 分析后由于取消或延长了原来路面预防性维修项目所节约的维修费用（人工和材料费用等）。

RCM 分析后，取消路面维修项目所节约维修费用的相对值 R 为：

$$R = \frac{T/t_{\mathrm{b}} - T/t_{\mathrm{a}}}{T/t_{\mathrm{b}}} = (1 - t_{\mathrm{b}}/t_{\mathrm{a}}) \cdot 100\% \qquad (6\text{-}29)$$

式中，T 表示为路面使用寿命；t_{b} 表示为 RCM 分析前的该路面维修周期；t_{a} 表示为 RCM 分析后的该路面维修周期。特别地，当该路面维修项目被完全取消时，可以认为 $t_{\mathrm{a}} = \infty$，那么 $R = 100\%$。

（2）增加路面的显性经济效益评估模型

①效益内容

RCM 分析后新增维修项目预防了原来没有预防的路面病害，如果该病害是显性的，那么该效益就是增加路面的显性经济性效益。

②计算方法

根据定义，增加项目经济效益 M 为

$$M = E \cdot P \cdot T \tag{6-30}$$

式中，E 为该病害模式发生后所产生的后果；P 为病害模式发生的概率；T 为路面使用寿命。E 和 T 的含义比较清楚，也比较容易计算。

(3) 增加项目的隐性经济性效益评估模型

①效益内容

RCM 分析后新增路面维修项目预防了原来没有预防的病害现象，如果所要预防的病害模式是隐性病害，那么该效益就是增加项目的隐性经济性效益。

由于隐性路面病害的单独发生，不会导致病害发生，只是没有被发现，但增加了多重病害发生的概率；只有当初始事件发生后，才导致多重病害发生，因此，增加项目的隐性经济性效益就是预防了多重病害发生所取得的效益。

②计算方法

根据定义，增加项目的隐性经济性效益 M 为

$$M = E \cdot P_M \cdot T \tag{6-31}$$

根据多重病害的定义，P_M 为：

$$P_M = P_{TED} \cdot U_{TVE} \tag{6-32}$$

由此可得，隐性经济性效益计算公式为：

$$M = E \cdot T \cdot P_{TED} \cdot U_{TVE} \tag{6-33}$$

式中，E 为多重病害发生的后果；T 为路面运行寿命；P_{TED} 为初始事件发生的概率，在 RCM 也称为被保护（Protected）事件发生的概率；U_{TVE} 为路面不可用度，也就是衡量隐蔽性病害发生后，导致路面不可用程度的大小；P_M 为多重病害发生的概率。

上式中 E、T 比较容易计算，下面具体介绍如何计算 P_{TED}、U_{TVE}。

(A) P_{TED} 的计算方法

经综合研究、考察，有两种方式可以确定 P_{TED}。

根据定义，被保护事件发生概率为：

$$P_{TED} = 1/M_{TED} = \frac{1}{N \cdot t/\sum n} \tag{6-34}$$

其中，$M_{TED} = N \cdot t/\sum n$

式中，M_{TED} 为被保护路面平均病害时间，为同类路面病害前营运时间的平均值；n 为某类沥青路面路段数；t 为统计期间该路面的营运时间；N 为统计期间该路段的病害次数。

(B) U_{TVE}的计算方法

根据定义，U_{TVE}即为保护路面不可用度。有两种方法计算该 U_{TVE}。

根据定义，保护路面不可用度 U_{TVE}为

$$U_{TVE} = FFI/2 \cdot M_{TVE} = FFI/2 \cdot M_{TVE} = \frac{FFI}{\dfrac{2 \cdot N \cdot t}{\sum n}} \tag{6-35}$$

式中，FFI 为定期试验时间，如果没有试验，则认为 FFI 为保护路面寿命，一般假定为路面剩余运营时间，M_{TVE}为保护路面平均病害时间。

6.3.2　沥青路面结构失效损失分析

路面结构性能失效是指路面不能正常使用，或不能完全满足结构可靠性的要求。结构失效将带来不同程度的损失，显然路面结构失效损失与公路的重要程度有关。

任何公路在建成使用后，随着时间的延续，其性能（包括安全性能、适用性能和耐久性能）总是在变化，并且在一般情况下，总是向着导致路面结构性能恶化的方向发展，即结构的失效概率随着时间的推移在逐渐增大。如果不对路面结构进行维修加固，那么，持续到某个时刻，结构的失效概率将会达到或超过国家标准的有关规定，如果不对结构进行维修加固，路面结构使用寿命将必然终止。

严格来讲，不管结构的安全度 p_s 有多大，从概率的意义上讲，p_s 总是小于 1 或结构失效概率 p_f 总是大于 0，即结构总存在失效的可能性。结构失效损失期望值显然与失效概率有关。

(1) 使用功能不充分的概念

由于结构不同程度的失效，将造成使用功能的不充分发挥，这使得公路所有者和使用者都将受到一定程度的损失。路面结构使用功能不充分发挥造成的损失在实际工程中是普遍存在的，比如某公路，原设计日通行能力 2 万辆，但由于路面发生不同程度的病害，影响了其使用功能，通行能力仅为 1 万辆/日，这时造成的经济损失，就是由于路面结构使用功能不充分造成的。结构使用功能不充分造成的损失对于公路项目可以再细分为两部分，即对于使用者的损失和对于用户的损失。

这里引入路面结构的使用功能不充分系数 r_{is} 来表示结构的使用功能水平，该系数的取值依赖于结构响应 F，如结构在外力作用下的变形、位移以及结构的可靠度等。该系数在［0，1］区间内进行取值，当 $r_{is}=0$ 时，结构响应 $F \leqslant F_1$，表示结构功能十分完好，结构可以被充分利用；当 $r_{is}=1.0$ 时，结构响应 $F > F_1$，表示结构使用功能完全丧失，结构必须停止使用。r_{is} 的值取决于响应量的

上、下界限，r_{is}与结构响应 F 的关系可以用图 6.2 所示的曲线表示。

路面结构响应 F 是结构参数 X 和时间 t 的函数，因此，结构的使用功能不充分系数 r_{is}，也应是结构参数 X 和时间 t 的函数，即 $r_{is}=r_{is}(X,\ t)$。

（2）使用功能不充分造成的期望损失

使用者的损失 C_u（单位时间之损失）将是 r_{is}的函数，若 $r_{is}=0$，说明结构能完全利用，则使用者的损失 $C_u=0$；若 $r_{is}=1.0$，结构功能完全丧失，使用者损失 C_u 达到最大值。使用者的损失 C_u 和使用功能不充分系数 r_{is} 的大小有关，一般来讲，使用功能不充分系数 r_{is}越大，使用者的损失 C_u 也越大，可以用图 6.3 所示的二次曲线表示。

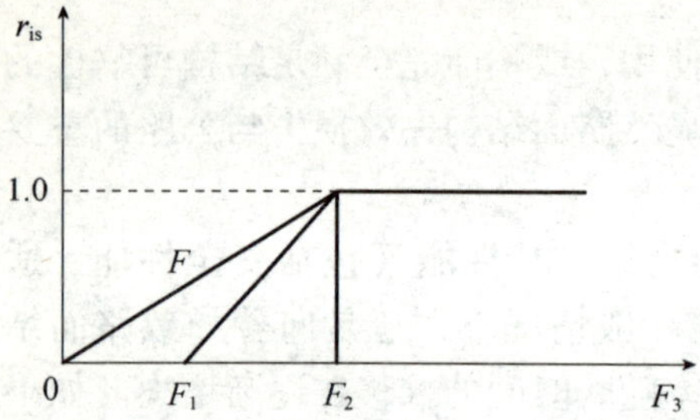

图 6.2　使用功能不充分系数 r_{is}曲线

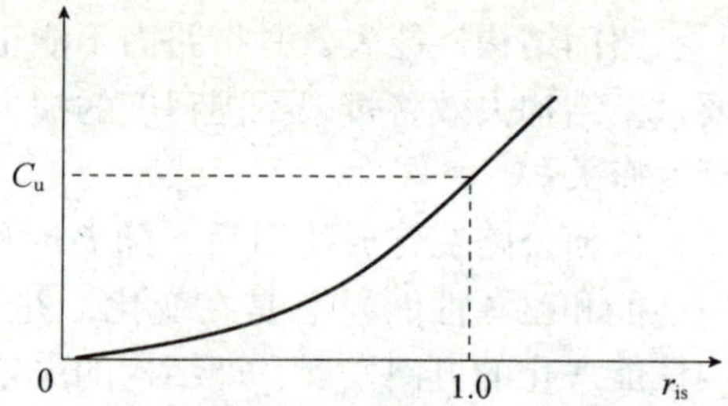

图 6.3　使用者的损失 C_u 与使用功能不充分系数 r_{is}的关系曲线

显然，使用者的损失 C_u 是使用功能不充分系数 r_{is}和时间 t 的函数，即 $C_u=C_u(r_{is},\ t)$ 由于结构参数 X 是随机变量，因此，使用功能不充分系数 r_{is}也是随机变量。

若已知结构参数 X 的变化规律 $X(t)$，则可以估计 $r_{is}(X,\ t)$ 的概率密度函数（PDF），就可以进行使用者的损失 C_u 的估计。假设 $r_{is}(X,\ t)$ 的概率密度函数（PDF）分布曲线在时刻 t 如图 6.4 所示，则对应的使用者损失 $r_{is}(X,\ t)$ 就是该 PDF[$r_{is}(X,\ t)$] 分布曲线的积分值。

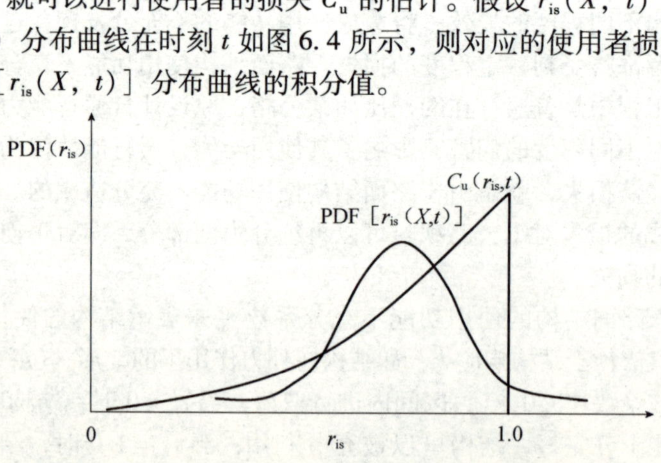

图 6.4　PDF[$r_{is}(X,\ t)$] 和 $r_{is}(X,\ t)$ 曲线示意图

考虑到损失值的时间价值，应乘以折减系数 $(1+i_c)^{-t}$。在 t 时刻由于结构使用功能不充分造成的损失可以用下式表示：

$$C_{ser}(t) = (1+i_c)^{-t}\int_0^t C_u(r_{is},t)\cdot \mathrm{PDF}[r_{is}(X,t)]\mathrm{d}r_{is} \tag{6-36}$$

上式中的 $C_{ser}(t)$ 可称为功能不充分损失系数。

则从初始时刻 $t=0$ 开始到任意时刻 t 时的累积损失的期望值可用下式表示

$$E[C_{ser}(t)] = \int_0^t (1+r)^{-t}\int_0^t C_u(r_{is}\cdot t)\mathrm{PDF}[r_{is}(X,t)]\mathrm{d}r_{is}\mathrm{d}t \tag{6-37}$$

累积损失的期望值如图 6.5 中阴影所示。

另外，根据式（6-37），可以预测因结构使用功能退化造成的在某段时间内的损失。

（3）利用功能不充分损失系数估计维修效益

上面给出的功能不充分损失系数 $C_{ser}(t)$ 不仅可以用来计算累积损失，还可以用来估计结构维修的效果和效益。

如果在某时间点 t_1 对结构进行维修，则会提高路面结构的安全性能和使用性能，即会降低功能不充分损失系数 $C_{ser}(t)$ 的值，如图 6.6 所示。

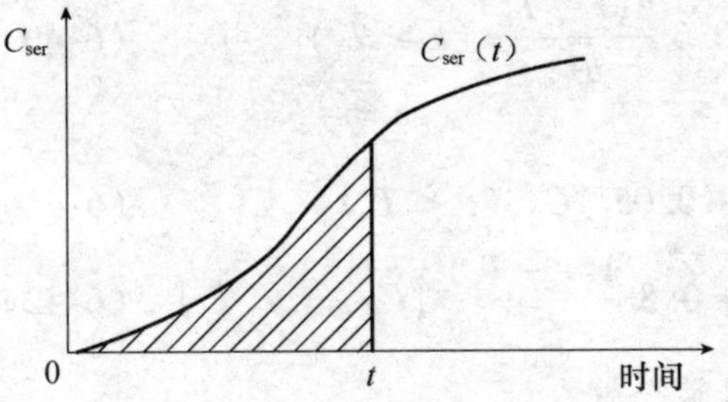

图 6.5　结构使用功能不充分造成的累积损失示意图

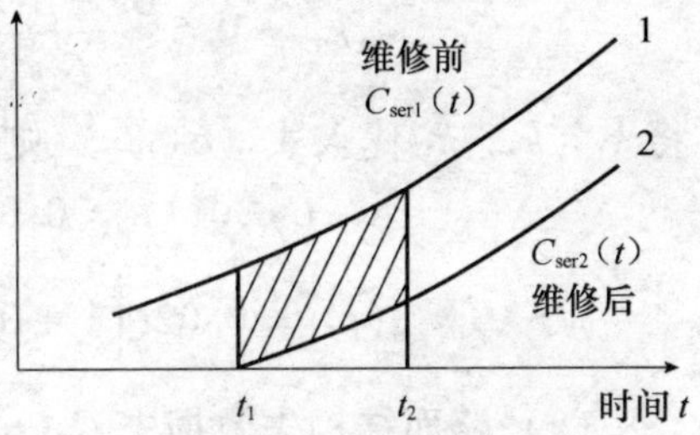

图 6.6　结构维修效益示意图

在图 6.6 中，曲线 1 代表维修前功能不充分损失系数 $C_{ser1}(t)$，曲线 2 代表维修功能不充分损失系数 $C_{ser2}(t)$，阴影部分的面积就是在时间段 $\Delta t = t_2 - t_1$ 内由于维修带来的效益，该效益值的大小取决于时间的长短，但结构的使用功能随时间的衰变是不可避免的。

6.4　沥青路面养护维修模式

6.4.1　沥青路面日常维修费用

（1）路面日常维修费用内容

为简化计算，将日常检测费用 $C_{IN}(T)$ 与日常维护费用 $C_M(T)$ 合并，称为日常检测维护费用，并按年度计算，用符号 $C_{IN,M}(t)$ 表示。

$C_{IN,M}(t)$ 除与结构可靠度有关外，一般还与结构的使用年限有关，即年日常检测维护费用 $C_{IN,M}(t)$ 可用下式简化计算：

$$C_{IN,M}(t) = k_1 C_C + k_1 k_2 C_C + k_1 k_3 C_C = (1 + k_2 + k_3) k_1 C_C \quad (6\text{-}38)$$

式中，$k_1 C_C$ 为项目基本的日常检测维护费用，这里取 $k_1 = 0.02t$。即每年基本的日常检测维护费用相当于初始造价 C_C 的 2%；k_2 为路面因使用年限的增加而增加的年日常检测维护费用的比例，取 $k_2 = 0.05t$，这相当于每年项目基本的日常检测维护费用增加 5%，即 20 年时，基本的日常检测维护费用增加 1 倍；k_3 为因路面结构可靠度指标降低而增加的年日常检测维护费用的比例，结构时变可靠度指标区越小，k_3 越大。

如果取：

$$k_3 = 0.5 \frac{\beta_0 - \beta(t)}{\beta^*} \quad (6\text{-}39)$$

显然，在结构性能衰减开始时间 T_1 年以前，有 $k_3 = 0$

可得：

$$k_3 = 0.5 \frac{\beta_0 - \beta(t)}{\beta^*} = 0.5 \frac{A(t - T_1)}{\beta^*} (t \geqslant T_1) \quad (6\text{-}40)$$

将 k_1，k_2，k_3 代入式（6-38），则有：

$$C_{IN,M}(t) = 0.02t(1 + 0.05t) C_C, (t < T_1) \quad (6\text{-}41)$$

$$C_{IN,M}(t) = 0.02t \left[1 + 0.05t + 0.5 \frac{A(t - T_1)}{\beta^*}\right] C_C, (t \geqslant T_1) \quad (6\text{-}42)$$

（2）路面结构失效损失 $C_F(t)$ 的计算公式

路面结构失效损失按本书给出的数据，可用简化的方法计算年结构失效损失 $C_F(t)$：

$$C_F(t) = \sum_{i=1}^{5} [p_f^{\ i}(t)(C_{F1}^i + C_{F2}^i)] \quad (6\text{-}43)$$

式中，i 为路面结构失效等级。

路面结构的直接损失 $\quad C_{F1}^i = k_{CF1}^i \times C_C$； (6-44)

路面结构的间接损失 $\quad C_{F2}^i = k_F^i \times k_{CF1}^i \times C_C$； (6-45)

结构的失效概率 $p_i^f(t)$ 可由时变可靠度指标 $\beta(t)$ 表示，则公式可以改写为：

$$C_F(t) = \Sigma \{\varphi[-\beta(t)] \times C_C^i \times k_{CF1}^i (1 + k_F)\} \quad (6\text{-}46)$$

6.4.2 沥青路面维修周期确定

为保持路面处于完好状态，需对其进行维修，即在路面发生病害前进行定期检查、维修，以保证路面可靠工作。

维修周期 T 的确定一般依据：（a）最大可用度原则；（b）最小维修费用原则。当维修费用与维修周期呈正比时依据两个原则确定的周期是一致的。但多数情况下这两个原则是互为制约关系，由原则（a）确定的维修周期 T 容易造成资源上的浪费，即将大量的费用花在病害很少发生的路面上；由原则（b）确定的维修周期 T 易导致预防性维修的失效，即不能有效提高路面的可靠性。因此利用多目标规划法，对维修周期 T 的模型进行优化，帮助决策人员合理确定预防性维修周期，以达到有效利用维修资源的目的。

（1）建立模型的基本假设

①维修人员有足够的能力、材料等资源对路面进行完全维修，路面每次维修都是“修复如新”。

②对于偶然失效和早期失效的路面，不在本书讨论范围之内。如果未达到维修周期而发生病害，应采取新的事后维修方式，不仅要修复病害，而且要进行维修处理，以达到更新的程度。

（2）按最小费用原则确定维修周期 T_1^*

设路面寿命分布为 $F(T)$，则其可靠度为 $R(T)=1-F(T)$，失效率为 $\lambda(T)$，C_f 与 C_p 分别表示一次病害维修与预防性维修的平均费用，并忽略维修时间。则路面在一个周期的平均可能开放交通时间内（MUT），为进行维修所占费用比例为 $R(T)$，为进行病害后维修所占费用比例为 $F(T)=1-R(T)$，则在单位时间内的平均费用为：

$$C(T)=\frac{C_pR(T)+C_fF(T)}{\text{MUT}}=\frac{C_f-(C_f-C_p)R(T)}{\int_0^T R(T)\,\mathrm{d}t} \tag{6-47}$$

通过上式可解出周期 T_1^*，从而可确定在维修周期为 T_1^* 时的单位最小平均费用为：

$$C(T_1^*)=(C_f-C_p)\lambda(T_1^*) \tag{6-48}$$

式中，$\lambda(T^*)$ 为到达 T 时的失效率。

当 $C_f<C_p$ 时，即进行一次病害后修复的费用要比维修的费用少，在这种情况下按照最小费用原则维修是没有意义的。

（3）按最大可用度原则确定维修周期 T_2^*

设平均病害后维修时间为 t_f，平均维修时间为 t_p，路面的可用度为：

$$A(\infty)=\frac{\int_0^T R(T)\,\mathrm{d}t}{t_pR(T)+t_fF(T)+\int_0^T R(T)\,\mathrm{d}t} \tag{6-49}$$

通过上式可解出周期 T_2^*，从而可确定在维修周期 T_2^* 时的最大可用度为：

$$A^*(\infty) = \frac{1}{1 + (t_f - t_p)\lambda(T_2^*)} \tag{6-50}$$

同理，当 $C_f < C_p$ 时，路面发生病害后的平均修复时间要小于平均维修时间，按照最大可用度原则，这种情况下的维修是没有意义的。

(4) 模型优化

以上公式确定的 T_1^*、T_2^* 分别是按照最小费用原则和最大可用度原则得出的理想维修周期，当 $T_1^* = T_2^* = T$ 时，T 为最佳维修周期，即能以最小的维修费用保证路面最大的可用度。当 $T_1^* \neq T_2^*$ 时，依据单原则建立的模型虽然在某种意义上能满足实际需求，但可能会造成修理资源的浪费，有时还达不到维修所预期的效果，下面用多目标规划中的理想距离法对以上两个模型进行优化。

设 d^{+1}、d^{-1} 分别表示与 $C(T_1^*)$ 的正、负偏差；d^{+2}、d^{-2} 分别表示与 $A^*(\infty)$ 的正、负偏差。模型优化的目标就是求得维修周期 T，使得 $C(T)$ 与 $C(T_1^*)$ 的偏差、$A(\infty)$ 与 $A^*(\infty)$ 的偏差都最小，从而得到现实可行的最优维修周期，用理想距离法可得到如下模型：

目标函数：

$$\min(d_1^+ + d_1^-) + (d_2^+ + d_2^-) \tag{6-51}$$

约束条件：

$$\left.\begin{aligned} & C(T) - d_1^+ + d_1^- = C(T_1^*) \\ & A(\infty) - d_2^+ + d_2^- = A^*(\infty) \\ & d_1^+, d_1^-, d_2^+, d_2^- \geqslant 0 \\ & T > 0 \end{aligned}\right\} \tag{6-52}$$

综合各式，即可解出 T 以及 d_1、d_2，并且 T 一定是有效解，结果可分为以下两种情况：

①T 有唯一解。这表明在现实可行的情况下，T 是最接近理想情况的维修周期，即最接近于以最小的费用保证最大的可用度。

②T 有多解。这些解由与理想解等距的曲线组成，决策者可根据实际情况的不同而采取相应的最优解。当决策者更注重设备的可用度时可取可用度最优的解为实际维修周期；反之则取平均维修费用最小的解为维修周期。

在实际的工程应用中，可以根据路面以往的维修记录，取花费最小的那次维修所用的费用为 $C(T_1^*)$，再由路面的病害时间和维修时间记录求出路面的 MTBF(平均病害间隔时间) 和 MTTR(平均病害修复时间)，从而可求出其最大可用度。这样确定的维修周期在实践中要不断地改进和完善。

（5）应用实例

根据沧州市公路历年养护统计资料，某公路平均病害维修时间为 $\bar{t}_f = 80h$，设平均病害后修复时间为 t_f，平均维修时间为 $\bar{t}_p = 15h$，病害修复费用为 900 万元，维修费用为 350 万元。此公路每车道日平均累计当量轴次为 $N_{e1} = 1.25$ 万次。通过对该路况调查和计算，发现累计标准轴载与可靠度之间的关系为：

$$R = 118.26e^{-0.0011N_e} \tag{6-53}$$

计算结果详见表 6.5。

表 6.5　累计当量轴次与可靠度之间的关系

可靠度（%）	99.78	93.43	86.15	77.24	67.94	60.53	54.53	49.32	40.4	38.49	30.32
累计当量轴次（万次）	100	200	300	400	500	600	700	800	900	1000	1200

因 $\bar{t}_f$、$\bar{t}_p$ 单位为 h，而表 6.5 所给出的是可靠度与累计当量轴次之间的关系，故首先应对其进行转化。可令：

$$\left.\begin{aligned} t_f &= \frac{\bar{t}_f}{24} \cdot N_{e1}; \\ t_p &= \frac{\bar{t}_p}{24} \cdot N_{e1} \end{aligned}\right\} \tag{6-54}$$

① 按最大可用度原则计算最佳周期 T_2^*

令

$$\alpha = \frac{R(T)t_p + [1 - R(T)]t_f}{\int_0^T R(t)\,dt} \tag{6-55}$$

则最大可用度

$$A = \frac{1}{1 + \alpha} \tag{6-56}$$

式中，α 为维修系数。

根据表 6.6 的数据绘制经验可靠度曲线，如图 6.7 所示。将时间分成 n 个相等区间 Δt（本例中 $n = 100$），设 i 区间的界限为 $[t_{i-1}, t_i]$ 所示，且该区间矩形面积为 S_i。则 $\int_0^T R(t)\,dt \approx \sum_{i=1}^{n} \frac{R(t_{i-1}) + R(t_i)}{2}\Delta t$，计算维修系数 α 见表 6.6。图 6.8 为维修系数 α 曲线。

可以看出，当累计当量轴次 $N_e = 800$ 万次时，$\alpha = 4.49 \times 10^{-3}$ 最小，此时 $A = \frac{1}{1+\alpha} = 0.9955$，故可取 $T_2' = 800$。

按照当量轴次与时间之间的关系，则最佳维修周期为 $T_2^* = 800/1.25 = 640d$。

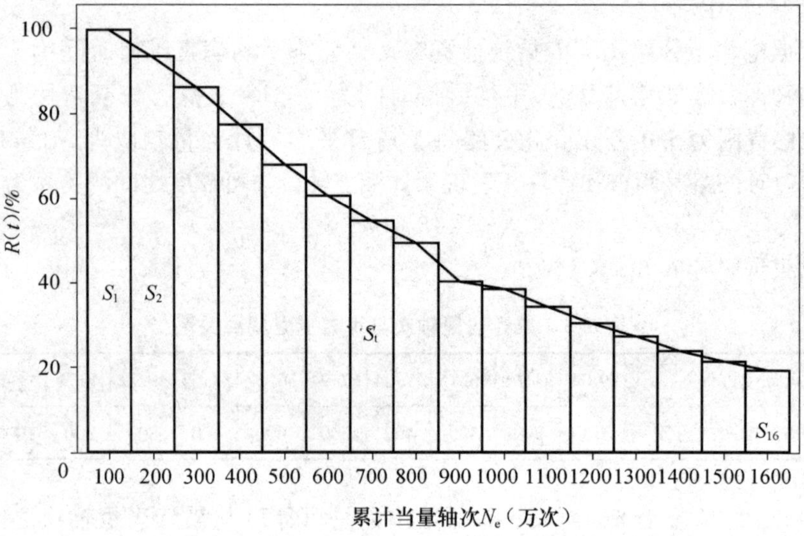

图 6.7　累计当量轴次与可靠度关系曲线

表 6.6　维修系数计算数据

累计当量轴次（万次）	$R(t_i)$	$\int_0^T R(t)\mathrm{d}t$	$R(T)t_p$	$[1-R(T)]t_f$	$\alpha(\times 10^{-3})$
100	99.78	99.89	0.78	0.01	7.91
200	93.43	196.495	0.73	0.31	5.28
300	86.15	286.285	0.67	0.65	4.62
400	77.24	367.98	0.60	1.07	4.54
500	67.94	440.57	0.53	1.50	4.62
600	60.53	504.805	0.47	1.85	4.60
700	54.53	562.335	0.43	2.13	4.55
800	49.32	614.26	0.39	2.38	4.49
900	40.40	659.12	0.32	2.79	4.52
1000	38.49	698.565	0.30	2.88	4.56
1100	34.23	734.925	0.27	3.08	4.56
1200	30.32	767.2	0.24	3.27	4.57
1300	27.42	796.07	0.21	3.40	4.54
1400	23.74	821.65	0.19	3.57	4.58
1500	21.5	844.27	0.17	3.68	4.56
1600	19.18	864.61	0.15	3.79	4.55

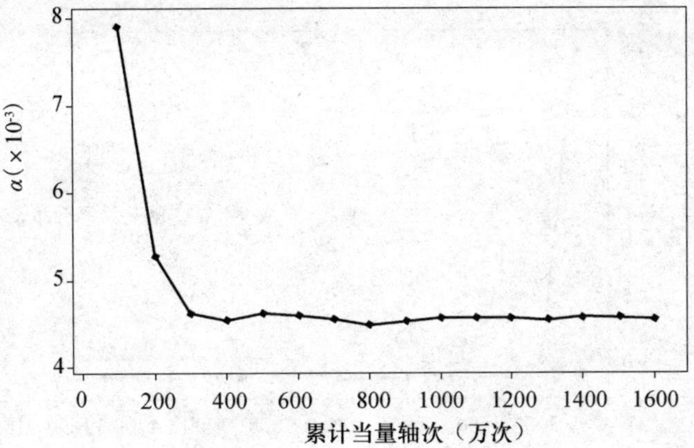

图6.8　维修系数变化曲线

②按最小费用原则计算最佳周期 T_1^*

按单位时间内的平均维修费用公式分别计算不同累计当量轴次时的费用，如表6.7、图6.9所示。

表6.7　单位时间内的平均维修费用

累计当量轴次（万次）	$R(t_i)$	$\int_0^T R(t)\,dt$	$R(T)\cdot C_p$	$F(T)\cdot C_f$	$C(T_1')$
100	99.78	99.89	349.23	1.98	3.52
200	93.43	196.495	140.15	59.13	1.01
300	86.15	286.285	129.23	124.65	0.89
400	77.24	367.98	115.86	204.84	0.87
500	67.94	440.57	101.91	288.54	0.89
600	60.53	504.805	90.80	355.23	0.88
700	54.53	562.335	81.80	409.23	0.87
800	49.32	614.26	73.98	456.12	0.86
900	40.40	659.12	60.60	536.40	0.91
1000	38.49	698.565	57.74	553.59	0.88
1100	34.23	734.925	51.35	591.93	0.88
1200	30.32	767.2	45.48	627.12	0.88
1300	27.42	796.07	41.13	653.22	0.87
1400	23.74	821.65	35.61	686.34	0.88
1500	21.5	844.27	32.25	706.50	0.88
1600	19.18	864.61	28.77	727.38	0.87

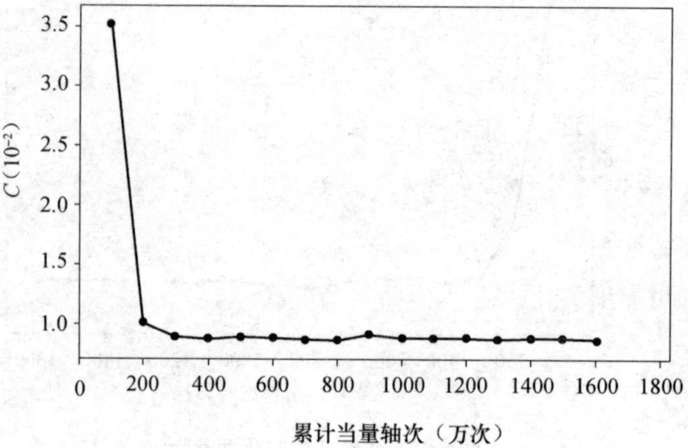

图 6.9　费用 C 变化曲线

从表 6.7 中数据可以看出 $C(T_1')=0.86$ 万元，进而可求得 $T_1'=800$，由日平均当量轴次与时间之间的关系，可以计算出 $T_1^*=640$d。

对于此公路而言，按最小费用原则和最大效用原则计算最佳维修周期 T_1^*、T_2^* 是一致的。这是因为维修费用同维修周期呈正比造成的。但多数情况下，由这两个原则确定的周期并不完全一致，而是相互制约的。这时就需要分别计算 T_1^*、T_2^* 后，采用多目标规划中的理想距离法对两个周期进行优化，以确定同时综合考虑两原则的路面最佳维修周期。当然，由于决策者可以根据实际情况的不同确定维修周期。当决策者非常注重平均维修费用最小时，可采用最小费用原则，反之亦然。

6.5　以可靠度为中心的沥青路面全寿命养护维修经济性分析

6.5.1　不采取维修策略时的经济分析

(1) 不采取维修延长结构寿命

在路面的使用过程中，如果既不进行预防性维修 PM，也不采取维修加固措施 EM，那么，结构可靠指标劣化到最低可靠指标值 β^* 的时间 T_0 就是结构的使用寿命。

由上一节的分析可知，当采用简化的结构性能劣化模型（即结构性能劣化的两直线模型）时，结构使用寿命 T_0 的大小和分布就依赖于结构的三个随机变量：初始可靠度指标 β_0、劣化开始时间 T_1、无维修时的可靠度劣化率 A。

结构时变可靠度指标 $\beta(t)$ 与它们的关系为：

$$\beta(t)=\begin{cases}\beta_0 & t<T_1\\ \beta_0-A(t-T_1) & t\geqslant T_1\end{cases}\tag{6-57}$$

如图 6.10 所示，对于一拟建的路面结构，如果按现行的常规设计方法进行设计，设计使用寿命为 T_{01}、初始可靠度指标为 β_{01}、初始劣化时间为 T_{11}、无维修时的可靠度劣化率为 A_1，如图 6.10 中编号为“1”的曲线所示。设路面初始造价为 C_{C1}。

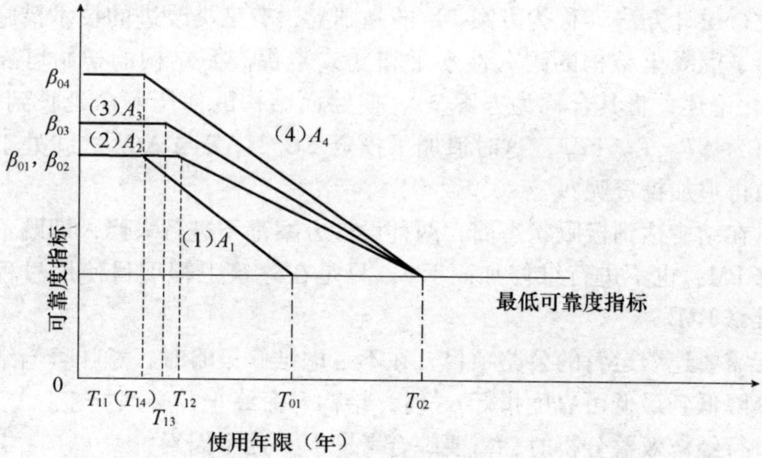

图 6.10　延长结构使用寿命的方法示意图

为了延长结构的使用寿命，必须提高路面结构的耐久性水平和（或）提高结构的可靠度水平。如果在常规设计方法的基础上，追加部分投资用于提高结构的耐久性水平和（或）提高结构的初始可靠度指标，使结构的使用寿命延长到 T_{02}，即路面结构的使用寿命延长值为 $\Delta T=T_{02}-T_{01}$。主要有以下三种改进的技术措施，分别如图 6.10 中编号为“2”、“3”、“4”的曲线所示：

第 1 种措施不提高结构的可靠度，即 $\beta_{02}=\beta_{01}$，只提高结构的耐久性水平，如限制重载车辆通行、改善道路材料的耐久性等，使结构初始劣化的时间推迟到 T_{12}，无维修时的可靠度劣化率降低到 A_2，这时有如下关系：

$$T_{12}>T_{11};A_2<A_1$$

第 2 种措施是提高结构的可靠度，即 $\beta_{03}>\beta_{01}$，也提高混凝土结构的耐久性水平，这时结构初始劣化时间为 T_{13}，无维修时的可靠度劣化率为 A_3，这时有如下关系：

$$T_{13} > T_{11};A_3 < A_1$$

第 3 种措施只提高结构的可靠度，不提高结构的耐久性水平，即 $\beta_{04} > \beta_{01}$，这时路面结构的初始劣化时间和无维修时的可靠度劣化率与按现行常规设计方法的一样，即有如下关系：

$$T_{14} = T_{11},A_4 = A_1$$

如图 6.10 中编号为“1”和“4”的两段直线平行。

这里讨论的三类改进的技术措施，显然需要追加投资 ΔC_C，是否值得，需要进行投资效益分析。

（2）延长结构寿命的投资效益分析

在现行设计方法（称为方案 1）的基础上，有三类改进的技术措施，这些措施提高了混凝土结构的耐久性水平和（或）提高了结构的初始可靠度指标（为了简化论述，将其合称为方案 2），使路面结构的使用寿命延长到 T_{02}，寿命延长值为 $\Delta T = T_{02} - T_{01}$，这时追加了投资 ΔC_C，ΔT 与 ΔC_C 之间处于什么关系时才值得追加投资呢？

假设在结构达到极限状态前，两种设计方案都不进行大修，即既不进行预防性维修 PM，也不进行维修加固 EM，只是在建筑工程项目使用过程中，进行日常维修 RM。

对于需要连续运营的公路项目，在不考虑维修策略时，意味着当结构可靠度指标 β 降低到最低可靠度指标 β^* 时，结构寿命终止并必须重建。

在进行经济效益分析时，需要综合考虑以下几个因素：

①初始造价的年均投资额

假设方案 1 的初始建造投资总额现值为 C_{C1}，结构运营 T_{01}，则初始造价的年均投资额 $\overline{C}_{C1}$ 可利用等额支付系列资金公式求得，即：

$$\overline{C}_{C1} = C_{C1}\left[\frac{i_c(1+i_c)^{T_{01}}}{(1+i_c)^{T_{01}}-1}\right] \tag{6-58}$$

式中，i_c 为折现率。

那么方案 2 的投资总额为 $C_{C1} + \Delta C_C$，则初始造价的年均投资额 $\overline{C}_{C2}$ 为：

$$\overline{C}_{C2} = (C_{C1} + \Delta C_C)\left[\frac{i_c(1+i_c)^{T_{02}}}{(1+i_c)^{T_{02}}-1}\right] \tag{6-59}$$

②消极影响均值

假设两种方案在路面结构发生失效后，不再进行大修，结构需要拆除重建，废旧材料造成的环境污染、能源浪费等一系列副作用对社会带来了一些不可忽视的消极影响。可以认为同一废旧材料对社会的危害保持恒值，假设该消极影响的总现值为 C_L，即简化地将废旧材料造成的消极影响作为静态值处理，直接除以使用年限可得年均消极影响值。

方案 1 每年的消极影响均值 $\overline{C}_{L1}$ 为：

$$\overline{C}_{L1} = \frac{C_L}{T_{01}} \tag{6-60}$$

方案 2 每年的消极影响均值 $\overline{C}_{L2}$ 为：

$$\overline{C}_{L2} = \frac{C_L}{T_{02}} \tag{6-61}$$

实际上，同样的废旧材料造成的消极影响在不同时点发生，这对社会的影响是有很大区别的。

③重建路面中断交通造成的损失年均值

可以认为两种方案重建所需要的时间相同，即由于重建致使交通中断所造成的损失静态值（不变价格）相同，假设均为 C_S。由于项目需要连续运营，对于方案 1，相当于每隔 T_{01} 年需要重建一次，而对于方案 2 则相当于每隔 T_{02} 年需要重建一次。则年均值也可利用等额支付系列资金公式求得，两种方案分别为：

$$\overline{C}_{S1} = C_S\left[\frac{i_c(1+i_c)^{T_{01}}}{(1+i_c)^{T_{01}}-1}\right] \tag{6-62}$$

$$\overline{C}_{S2} = C_S\left[\frac{i_c(1+i_c)^{T_{02}}}{(1+i_c)^{T_{02}}-1}\right] \tag{6-63}$$

④ 重建资金占用的年均影响

对于方案 1，项目重建时点为 T_{01}，方案 2 的重建时点为 T_{02}，即方案 1 比方案 2 要提前 $\Delta T = T_{02} - T_{01}$ 年进行项目重建，这需要考虑重建资金占用的影响。

一般情况下，项目重建费用因通货膨胀而逐年增加，故采用通货膨胀率 i_F 计算在 T_{01} 时点项目重建的费用 C'_{C1}，即：

$$C'_{C1} = C_{C1}(1+i_F)^{T_{01}} \tag{6-64}$$

方案 1 比方案 2 的路面重建费用提前 ΔT 年占用，在考虑资金提前占用的影响时，采用折现率 i_c 可能更为合适，即重建资金占用的总影响终值为：

$$\begin{aligned} C_1 &= C'_{C1}\left[(1+i_c)^{\Delta T} - (1+i_F)^{\Delta T}\right] \\ &= C'_{C1}(1+i_F)^{\Delta T}\left[(1+i_c)^{\Delta T} - (1+i_F)^{\Delta T}\right] \end{aligned} \tag{6-65}$$

资金占用的年均影响 $\overline{C}_1$ 可以用等额支付系列累积基金公式求得，即：

$$\overline{C}_1 = C_1\left[\frac{i_c}{(1+i_c)^{T_{01}}-1}\right] \tag{6-66}$$

假设项目在运营过程中，每年创造的经济效益相同，由于结构的日常维护 RM

的费用一般差别不大，可认为相同。在不考虑项目运营期间结构失效的影响时，综合年均投资为年均投资额、每年的消极影响均值、重建路面中断交通造成的损失年均值和重建资金占用的年均影响之和。

$$\overline{C}_{C1}+\overline{C}_{L1}+\overline{C}_{S1}+\overline{C}_{1}>\overline{C}_{C2}+\overline{C}_{L2}+\overline{C}_{S2} \tag{6-67}$$

那么追加投资 ΔC_C 是值得的。

6.5.2 已有工程项目的维修及经济分析

(1) 已有结构维修方案选择

如前所述，已有建筑工程项目管理的重点有以下几个方面：

①确定结构当前的安全状态；

②预测结构劣化的趋势；

③决策何时进行结构维修，采取怎样的维修方法，并预测维修后的结构性能劣化规律；

④对公路的运营制定计划；

⑤当结构达到最低可靠度指标或耐久性极限标准时，决策是否拆除。

已有路面结构，特别是在使用、运营一定时间后，结构的初始可靠度以及可靠度的劣化规律可以采用第 4 章介绍的方法得到，通常可以认为是已知的，即①和②两点是可以做到的。至于何时进行维修，采用怎样的维修方法，则可以采用本书介绍的维修和拆除准则，对项目在剩余使用寿命期 TM 内进行综合的安全和经济分析。图 6.11 给出了已有结构维修方案选择示意图。

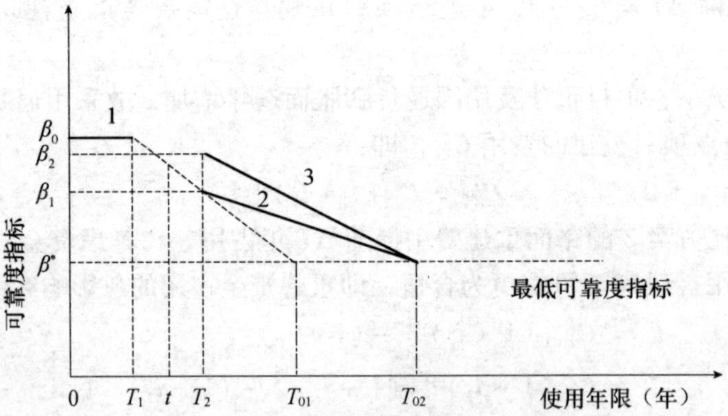

图 6.11 已有结构维修方案选择示意图

上图中编号为 1 的线代表在不进行维修时的结构性能劣化曲线。结构的初始可靠度指标为β_0，结构最低可靠指标为β^*，结构从时点t开始劣化，结构劣化的速度（即直线的斜率）为A。当不对结构进行维修时，则预测路面结构的使用寿命为T_{01}。当前时点为t，目前路面结构的可靠度指标为β_1，可以得到以下两个关系：

$$\left.\begin{aligned}\beta_0 &= A(T_{01}-T_1)+\beta^* \\ \beta_1 &= \beta_0 - A(t-T_1)\end{aligned}\right\} \tag{6-68}$$

当前时点为t，结构的可靠度指标β_1大于最低可靠指标β^*，即$\beta_1>\beta^*$。从结构安全的角度，这时不需要对结构进行任何维修。但如果预测的结构使用寿命T_{01}小于设计的使用寿命T，或养护人员希望再延长结构的寿命，或如上一节介绍的希望连续运营时，都需要考虑是否在当前时点t进行结构维修，这就需要进行经济分析。

图6.11中给出了两种维修方案，编号为2的方案为预防性维修PM，即结构的可靠度指标没有增加，但结构劣化的速度减慢。如果在预防性维修PM后，结构的劣化速度为$A_2(A_2<A)$，结构使用寿命可以延长到T_{02}，显然有如下关系：

$$\left.\begin{aligned}\Delta A_2 &= A - A_2 \\ \beta_1 - \beta^* &= (T_{02}-t)A_2\end{aligned}\right\} \tag{6-69}$$

编号为3的方案为维修加固EM，维修后结构可靠度劣化的速度为A_3，可靠指标由加固前的β_1增加到β_2，可靠度指标的增加值为$\Delta\beta$，则有如下关系：

$$\left.\begin{aligned}\Delta\beta &= \beta_2 - \beta_1 \\ \Delta A_3 &= A_3 - A \\ \beta_2 - \beta^* &= (T_{02}-t)A_3\end{aligned}\right\} \tag{6-70}$$

由以上的分析讨论可知，路面结构性能劣化速度一般越来越快。从维修的技术难度来讲，结构性能劣化程度越大，维修越困难。

（2）已有结构维修的经济分析

对已有结构进行维修后，其最直接的效益是因延长了项目的使用寿命，增加了项目的运营期限而产生的收益。在图6.11所示的时段$[t, T_{01}]$中，维修后的结构可靠度指标大于不进行维修的情况，因此在这一段时间内，建筑结构的检测费用、日常维护费用和结构失效造成损失的期望值均减小。如果这一减小值大于维修工程所需要的投资，那么显然维修是合理的，但这种情况很少。即

$$E[U(T_{M2})] - E[LCC(T_{M2})] > E[U(T_{M1})] - E[LCC(T_{M1})] \tag{6-71}$$

式中，T_{M1}、T_{M2}分别是结构不维修和维修时，项目的剩余使用寿命，显然有：

$$\left.\begin{aligned} T_{M1} &= T_{01} - t \\ T_{M2} &= T_{02} - t \end{aligned}\right\} \tag{6-72}$$

$E[U(T_{M1})]$、$E[U(T_{M2})]$ 分别是结构不维修和维修时，项目在剩余使用寿命期内的总收益期望值，如果项目运营的年收益 J 相同，显然有：

$$\left.\begin{aligned} E[U(T_{M1})] &= JT_{M1} \\ E[U(T_{M2})] &= JT_{M2} \end{aligned}\right\} \tag{6-73}$$

$E[LCC(T_{M1})]$、$E[LCC(T_{M2})]$ 分别是结构不维修和维修时，项目在剩余使用寿命期内的总费用期望值。

$$\left.\begin{aligned} E[LCC(T_{M1})] &= C_{IN}(T_{M1}) + C_{M}(T_{M1}) + C_{F}(T_{M1}) \\ E[LCC(T_{M2})] &= C_{IN}(T_{M2}) + C_{M}(T_{M2}) + C_{F}(T_{M2}) + C_{R}(T_{M2}) \end{aligned}\right\} \tag{6-74}$$

在不考虑以后进一步维修的情况下，式（6-74）中的 $C_R(T_{M2})$ 就是这次维修工程所需要的投资 C_R。

在本章讨论的维修工程所需要的投资，对其进一步完善，预防性维修 PM 的直接维修费用 $C_{R,PM}$是结构劣化速度降低值 ΔA 和当前结构可靠度指标 β_1 的函数，可用下式表示：

$$C_{R,PM} = C_{R,PM}(\Delta A, \beta_1) \tag{6-75}$$

维修加固 EM 的直接维修费用 $C_{R,EM}$是结构可靠指标的增加值 $\Delta\beta$、结构劣化速度降低值 ΔA 和当前结构可靠指标 β_1 的函数，可用下式表示：

$$C_{R,EM} = C_{R,EM}(\Delta\beta, \Delta A, \beta_1) \tag{6-76}$$

维修工程所需要的投资 C_R 除了以上所述的直接投资外，还应该考虑结构维修期间，由于维修工作而造成的项目停止运营或使用功能不充分造成的间接损失 C_{RL}，它主要与维修时间和对项目运营的影响程度有关，一般来讲，维修的直接投资越大，间接损失 C_{RL}也越大。

第 7 章　旧沥青路面水泥混凝土加铺力学及可靠性分析

在旧沥青路面上加铺水泥混凝土层，又称白色罩面（White topping），这是一项众所周知的路面维修技术，主要是用来提高已有公路的结构承载能力。白色罩面是在旧沥青路面上直接摊铺而成，这种技术不仅能够节约资金，而且能够最大程度地利用旧沥青路面，达到新的使用要求。白色罩面的施工程序主要分为旧沥青路面修补、纠正路面的外形偏差、摊铺水泥混凝土路面。国外实际应用经验表明，水泥混凝土加铺层比沥青加铺层更坚固耐久，是一个低投资、低养护费用的刚性加铺层。本书拟通过对旧沥青路面上加铺水泥混凝土层的力学分析，研究加铺层厚度及模量、旧沥青层结构参数及基层顶面当量回弹模量对加铺层荷载应力的影响规律；在车辆荷载和温度荷载耦合的应力下，分析水泥混凝土加铺层力学响应规律，研究加铺层设计参数对加铺后路面结构可靠度的影响，为确定基于可靠性的旧沥青路面水泥混凝土加铺层施工方法奠定基础。

7.1　行车荷载作用下水泥混凝土加铺层的力学分析

7.1.1　力学分析模型

本书采用有限元软件对影响路面结构力学特性的参数进行计算，不考虑路面各结构层自重的影响，假定土基底面固定、四边自由，建立三维有限元模型，如图 7.1 所示。

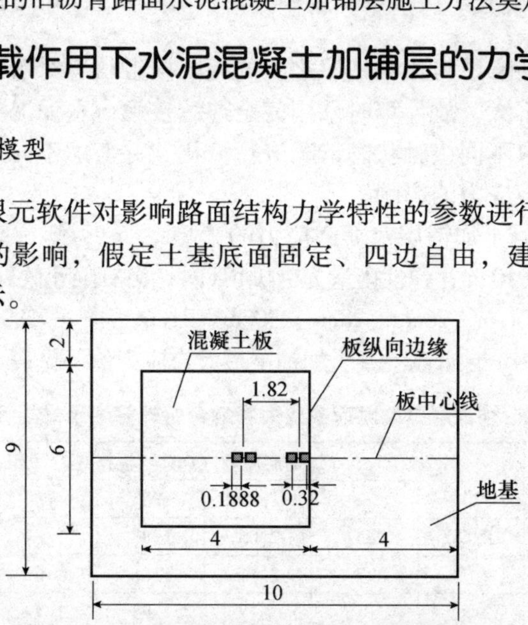

图 7.1　水泥混凝土加铺层有限元模型图（m）

（1）单元类型

水泥混凝土加铺层采用各向同性的 SOLID95 单元，旧沥青混凝土层及土基采用各向同性的 SOLID45 单元。考虑到计算速度的影响，假设材料组成具有各向同性的线弹性特性。接触单元选用 TARGET 170 目标单元、CONTACT 173 3-D 表面接触单元。

（2）行车荷载

根据公路水泥路面设计规范规定的标准轴载为 BZZ-100，轮胎接地压强为 0.7MPa，当量圆半径为 10.65cm，两轮中心距为 1.5d，为了计算方便，车轮荷载简化为 18.9cm × 18.9cm 的正方形均布荷载，接触面积为 357.21cm^2，双轮中心距 32cm，由于模型和荷载具有对称性，可取其中 1/2 进行分析以节省程序运行的时间。

（3）材料参数

水泥混凝土模量 $E_c = 34000$MPa，泊松比 $\mu_c = 0.15$。旧沥青混凝土模量为 $E_a = 200 \sim 1000$MPa，泊松比为 $\mu_a = 0.25$，基层顶面当量回弹模量为 $E_s = 30$MPa，泊松比为 $\mu_s = 0.35$，水泥混凝土板平面尺寸为 4m × 6m，旧沥青层及加铺层厚度为变量。

（4）临界荷位

水泥混凝土板纵缝边缘。

7.1.2 层间连续状态下的应力分析

计算表明旧沥青层与路面基层之间的层间接触状态对水泥混凝土加铺层最大拉应力的影响不大，故计算时采用完全连续接触，水泥混凝土加铺层与旧沥青层之间分别选取不同接触状态情况进行分析，并考虑不同路面结构设计参数变化对加铺层荷载应力的影响。

（1）水泥混凝土加铺层对荷载应力的影响

旧沥青厚度取 10cm，弹性模量为 700MPa 时，由有限元软件分析得出加铺层厚度 20cm、22cm、24cm、26cm、28cm、30cm、32cm，模量 28000MPa、31000MPa、34000MPa、37000MPa 时水泥混凝土加铺层最大拉应力值，见表 7.1、图 7.2。

表 7.1 加铺层厚度对荷载应力影响分析计算结果（层间连续）

加铺层模量（MPa）	加铺层厚度（cm）/板拉应力（MPa）						
	20	22	24	26	28	30	32
28000	2.65	2.32	2.05	1.83	1.64	1.48	1.34
31000	2.73	2.39	2.11	1.88	1.68	1.52	1.37
34000	2.82	2.46	2.17	1.93	1.72	1.55	1.40
37000	2.89	2.51	2.22	1.97	1.76	1.58	1.43

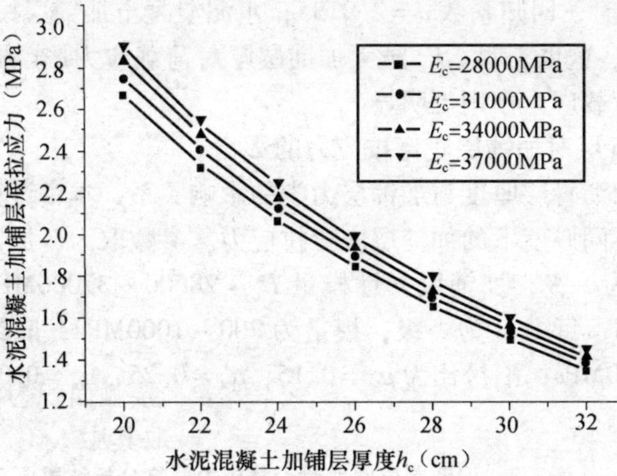

（a）

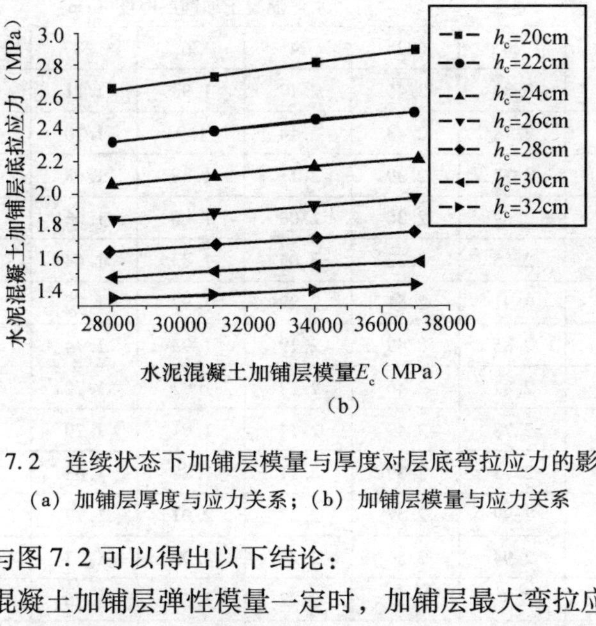

（b）

图 7.2　连续状态下加铺层模量与厚度对层底弯拉应力的影响

（a）加铺层厚度与应力关系；（b）加铺层模量与应力关系

由表 7.1 与图 7.2 可以得出以下结论：

①当水泥混凝土加铺层弹性模量一定时，加铺层最大弯拉应力随加铺层厚度增加而减小，加铺层最大弯拉应力与板厚度呈指数关系，相关系数都在 0.99 以上，当加铺层层厚由 20cm 增大到 32cm 时，板拉应力降低了 50% 左右，但降幅不同；加铺层模量为 28000MPa、31000MPa、34000MPa、37000MPa，加铺层厚度由 20cm 增至 32cm 时，最大荷载应力分别减小 49.4%、49.8%、50.4%、50.5%，即模量越大，加铺层厚度对应力影响越大。

②当水泥混凝土加铺层厚度一定时，最大弯拉应力随加铺层厚度增加而减小，最大弯拉应力与加铺层厚度之间存在线性回归关系。荷载应力随加铺层厚度的增大而减小的斜率随加铺层模量增大而逐渐增大。如水泥混凝土加铺层模

量为28000MPa时，回归系数 $a=2.9135$，水泥混凝土加铺层模量为37000MPa时，$a=3.1836$。这也表明，E_c 越大加铺层厚对荷载应力影响越大，增加加铺层厚度对减小荷载应力作用更明显。

（2）旧沥青层对加铺层底弯拉应力的影响

为了分析旧沥青层厚度与加铺层力学的影响关系，本章计算了旧沥青层与加铺层分别在不同厚度下的加铺层底弯拉应力。参数取为：加铺层厚 $h_c=20\sim32$cm，每2cm为一级，加铺层弹性模量 $E_c=28000\sim37000$MPa；旧沥青层厚度 $h_a=6\sim10$cm，每1cm为一级，模量为200～1000MPa，旧路基层顶面当量回弹模量 $E_s=30$MPa，泊松比为 $\mu_c=0.15$，$\mu_a=0.25$，$\mu_s=0.35$。计算结果见表7.2和图7.3。

表7.2　旧沥青层厚度对荷载应力影响分析结果

加铺层模量（MPa）	旧沥青层厚度（cm）	水泥混凝土加铺层厚度（cm）						
		20	22	24	26	28	30	32
28000	6	2.83	2.45	2.17	1.93	1.71	1.54	1.40
	7	2.78	2.43	2.14	1.9	1.70	1.53	1.38
	8	2.74	2.39	2.11	1.88	1.68	1.51	1.37
	9	2.69	2.36	2.08	1.86	1.66	1.5	1.36
	10	2.65	2.32	2.05	1.83	1.64	1.48	1.34
31000	6	2.91	2.51	2.22	1.97	1.75	1.58	1.42
	7	2.86	2.49	2.19	1.95	1.74	1.56	1.41
	8	2.82	2.46	2.17	1.93	1.72	1.55	1.4
	9	2.78	2.43	2.14	1.91	1.70	1.53	1.39
	10	2.73	2.39	2.11	1.88	1.68	1.52	1.37
34000	6	2.99	2.57	2.27	2.01	1.79	1.61	1.49
	7	2.94	2.56	2.24	1.99	1.77	1.59	1.44
	8	2.9	2.52	2.22	1.97	1.76	1.58	1.43
	9	2.86	2.49	2.19	1.95	1.74	1.57	1.42
	10	2.82	2.46	2.17	1.93	1.72	1.55	1.40
37000	6	3.05	2.63	2.32	2.06	1.82	1.63	1.47
	7	3.01	2.61	2.29	2.03	1.80	1.61	1.46
	8	2.97	2.58	2.27	2.01	1.79	1.6	1.45
	9	2.93	2.54	2.24	1.99	1.77	1.59	1.44
	10	2.89	2.51	2.22	1.97	1.76	1.58	1.43

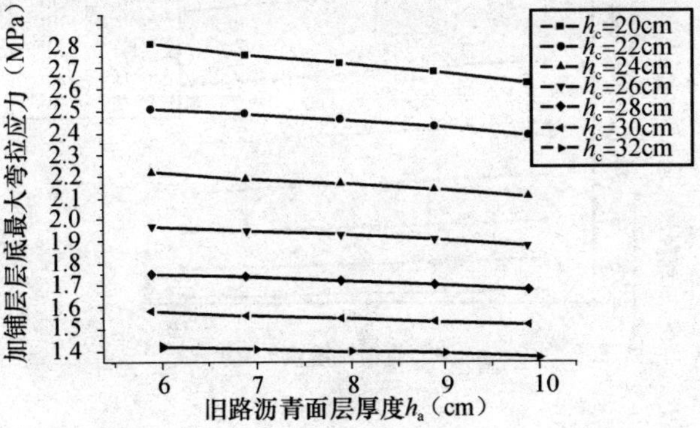
加铺层层底最大弯拉应力（MPa）
2.8
2.7
2.6
2.5
2.4
2.3
2.2
2.1
2.0
1.9
1.8
1.7
1.6
1.5
1.4
6
7
8
9
10
旧路沥青面层厚度h_a（cm）
h_c=20cm
h_c=22cm
h_c=24cm
h_c=26cm
h_c=28cm
h_c=30cm
h_c=32cm

（a）

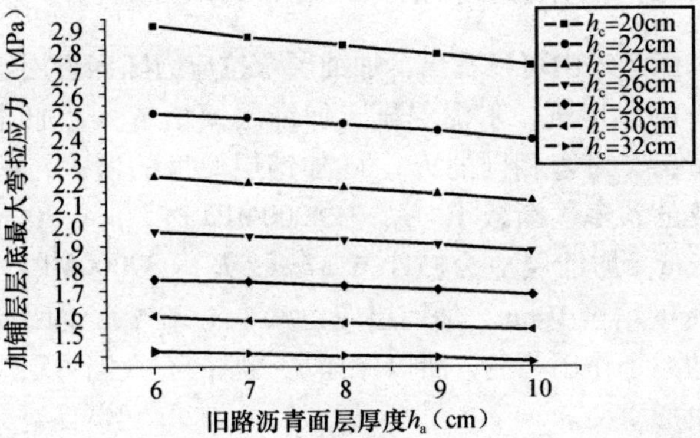
加铺层层底最大弯拉应力（MPa）
2.9
2.8
2.7
2.6
2.5
2.4
2.3
2.2
2.1
2.0
1.9
1.8
1.7
1.6
1.5
1.4
6
7
8
9
10
旧路沥青面层厚度h_a（cm）
h_c=20cm
h_c=22cm
h_c=24cm
h_c=26cm
h_c=28cm
h_c=30cm
h_c=32cm

（b）

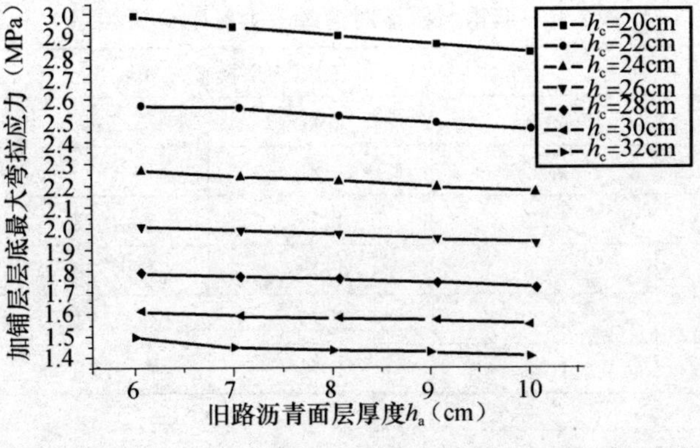
加铺层层底最大弯拉应力（MPa）
3.0
2.9
2.8
2.7
2.6
2.5
2.4
2.3
2.2
2.1
2.0
1.9
1.8
1.7
1.6
1.5
1.4
6
7
8
9
10
旧路沥青面层厚度h_a（cm）
h_c=20cm
h_c=22cm
h_c=24cm
h_c=26cm
h_c=28cm
h_c=30cm
h_c=32cm

（c）

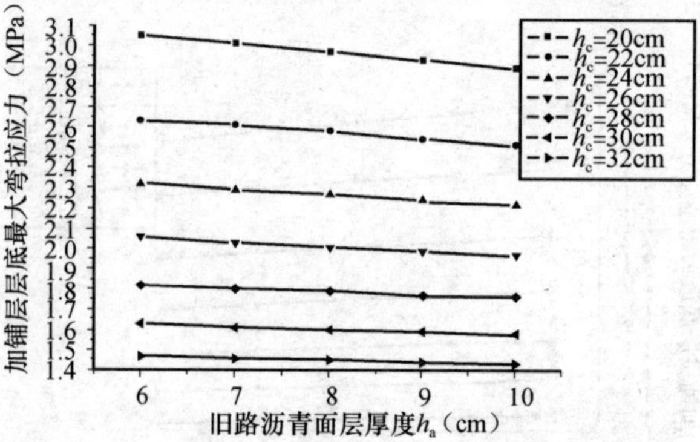

（d）

图 7.3　不同模量下加铺层层底拉应力与旧路沥青层模量之间的关系

（a）E_c = 28000MPa 时应力与 h_c 之间的关系；（b）E_c = 31000MPa 时应力与 h_c 之间的关系；（c）E_c = 34000MPa 时应力与 h_c 之间的关系；（d）E_c = 37000MPa 时应力与 h_c 之间的关系

从表 7.2 和图 7.3 中可以看出，加铺层弯拉应力随沥青层厚度基本呈线性变化。相同沥青层厚度下，水泥混凝土加铺层模量越大，加铺层弯拉应力越大。同时可以看出，对于相同的 E_c，随加铺层厚度的增大，荷载应力随沥青层厚度线性变化的斜率逐渐减小。E_c = 28000MPa 时，h_c = 20cm，沥青层厚度由 6cm 增至 10cm，加铺层应力减小 6.37%；E_c = 37000MPa 时，h_c = 32cm，沥青层厚度由 6cm 增至 10cm，加铺层应力减小 4.29%。说明沥青层厚度对加铺层弯拉应力的减小作用明显，所以保证足够厚的有效沥青层厚度对提高加铺层的结构性能更加重要。

为分析旧沥青层模量对加铺层荷载应力的影响，现取旧沥青层模量为 300MPa、500MPa、700MPa、900MPa 时，加铺层应力计算结果见表 7.3 和图 7.4。

表 7.3　沥青层模量对荷载应力影响分析结果

旧沥青层厚度（cm）	旧沥青层模量（MPa）			
	300	500	700	900
6	1.83	1.81	1.79	1.77
7	1.82	1.79	1.77	1.75
8	1.81	1.78	1.76	1.73
9	1.80	1.77	1.74	1.71
10	1.79	1.75	1.72	1.69

由表 7.3、图 7.4 可知，加铺层荷载应力与旧沥青层模量基本呈线性关系，而且与旧沥青层厚度有关。旧沥青层厚度越大，加铺层弯拉应力随沥青层

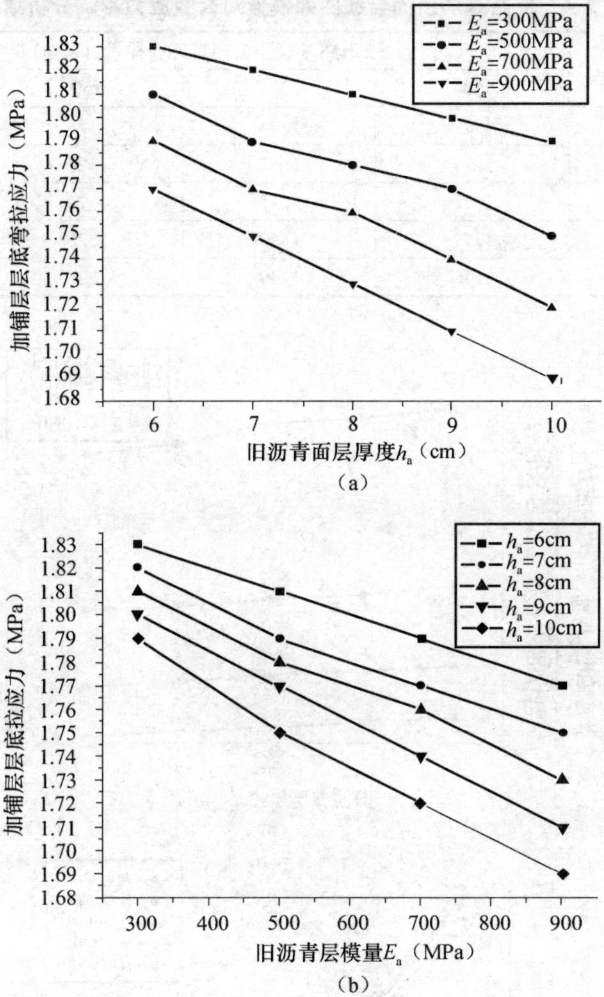

图 7.4　旧沥青层对水泥混凝土加铺层的力学影响

(a) 加铺层底弯拉应力与 h_a 之间的关系；(b) 加铺层底弯拉应力与 E_a 之间的关系

模量增大而减小的幅度越大，如旧沥青层厚度为 6cm 时，线性回归系数 $a = -0.02$，旧沥青层厚度为 10cm 时，线性回归系数 $a = -0.0315$。此外，加铺层荷载应力随旧沥青层厚度增大而减小的幅度与旧沥青层模量有关，旧沥青层模量越大，沥青厚度对加铺层应力影响越大。

(3) 旧路基层顶面当量回弹模量对加铺层弯拉应力的影响

计算中取：$E_c = 34000$MPa，$E_a = 700$MPa，$E_s = 30$MPa、90MPa、150MPa、210MPa，$h_a = 6 \sim 10$cm、每 1cm 一级，泊松比 $\mu_c = 0.15$，$\mu_a = 0.25$，$\mu_s = 0.35$，荷载作用位置为临界荷位。计算结果见表 7.4 及图 7.5。

表 7.4　旧路基层顶面当量回弹模量对荷载应力影响分析结果

旧沥青层厚度（cm）	旧路基层顶面当量回弹模量（MPa）			
	30	90	150	210
6	1.79	1.44	1.28	1.18
7	1.77	1.42	1.27	1.17
8	1.76	1.41	1.26	1.16
9	1.72	1.40	1.25	1.15
10	1.70	1.39	1.24	1.14

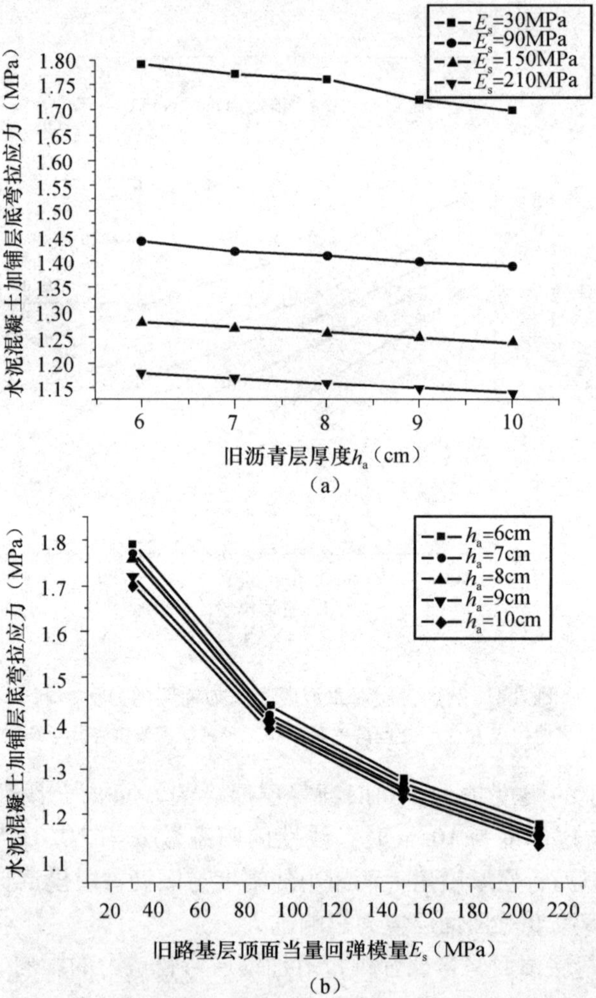

图 7.5　旧路基层顶面当量回弹模量对荷载应力影响

（a）加铺层底弯拉应力与 h_a 之间的关系；（b）加铺层底弯拉应力与 E_s 之间的关系

从表7.4、图7.5中可以得出，随着旧路基层顶面当量回弹模量的增大，加铺层最大弯拉应力随之减小，并且可以看出随着 E_s 的减小，沥青层厚度对加铺层弯拉应力的减小作用越明显。通常在路面结构中，荷载应力按各结构层的弹性模量来进行分配，模量越大，相应结构层产生的荷载应力越大。因此，E_s 增大时，路基承受荷载作用越来越明显，相应地在加铺层中产生的应力将减小，故旧沥青层厚度对应力变化的影响程度也减小。

7.1.3　层间不连续状态下的应力分析

（1）水泥混凝土加铺层对路面结构应力的影响

通过加铺层与旧沥青层层间摩擦系数（MU）的设置来考虑加铺层与旧路面接触光滑状况，以分析水泥混凝土加铺层对路面应力的影响。表7.5、图7.6为层间光滑和半光滑状态下加铺层弯拉应力。

表7.5　加铺层厚度对荷载应力影响分析计算结果

加铺层模量（MPa）	加铺层厚度（cm）													
	层间光滑（MU＝0）							层间半光滑（MU＝0.5）						
	20	22	24	26	28	30	32	20	22	24	26	28	30	32
28000	3.08	2.67	2.36	2.11	1.86	1.7	1.51	3.08	2.67	2.36	2.11	1.86	1.7	1.51
31000	3.16	2.75	2.41	2.15	1.90	1.73	1.54	3.16	2.75	2.41	2.15	1.90	1.73	1.54
34000	3.21	2.8	2.46	2.19	1.93	1.77	1.58	3.21	2.8	2.46	2.19	1.93	1.77	1.58
37000	3.29	2.85	2.5	2.22	1.95	1.78	1.59	3.29	2.85	2.5	2.22	1.95	1.78	1.59

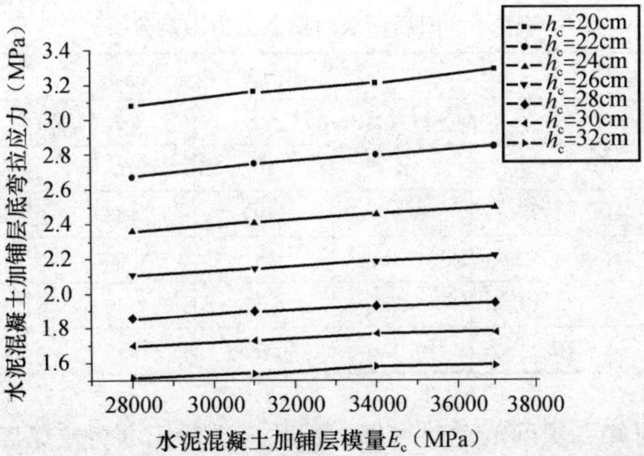

（a）

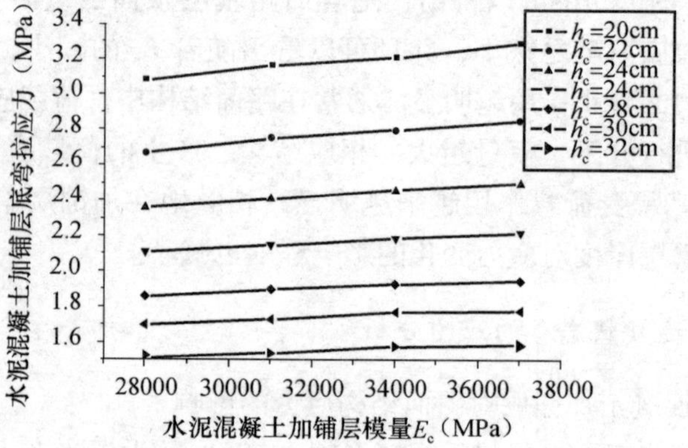

（b）

图 7.6　加铺层厚度对加铺层底弯拉应力影响

（a）层间光滑时加铺层模量与应力关系；（b）层间半光滑时加铺层模量与应力关系

图 7.6 表明，层间不完全连续时，在水泥混凝土加铺层不同模量下最大荷载弯拉应力均与板厚度呈指数关系，经计算相关系数都在 0.99 以上；当水泥混凝土加铺层弹性模量一定时，加铺层最大荷载应力随板厚增加而减小，减小幅度较大。层间光滑时荷载应力随加铺层厚的增大而减小的斜率随加铺层模量增大而逐渐减小，但模量变化带来的影响较层间连续时大，如加铺层模量为 28000MPa 时，回归系数 $a=3.6351$，层间连续时 $a=2.9135$，层间半光滑时居中。

（2）旧沥青层对加铺层底应力的影响

为分析旧沥青层厚度、模量对加铺层荷载应力影响，分别取沥青层厚度 6cm、8cm、10cm，模量为 300MPa、500MPa、700MPa、900MPa 时，计算不同层间接触状态下板应力，计算结果列于表 7.6 和图 7.7。

表 7.6　旧沥青层对荷载应力影响分析

旧沥青层模量（MPa）	旧沥青层厚度（cm）					
	层间光滑（MU=0）			层间半光滑（MU=0.5）		
	6	8	10	6	8	10
300	1.95	1.94	1.93	1.88	1.86	1.84
500	1.52	1.51	1.51	1.60	1.58	1.56
700	1.19	1.18	1.17	1.36	1.34	1.33
900	0.93	0.92	0.92	1.15	1.14	1.13

由图 7.7 可知，层间滑动时加铺层荷载应力与旧沥青层厚度基本呈线性关系，随沥青层厚度增大而逐渐减小；同一沥青层厚度下，沥青层模量加铺层荷

载应力影响很小；层间完全光滑时比半光滑半连续状态下荷载应力大，为最不利状态。

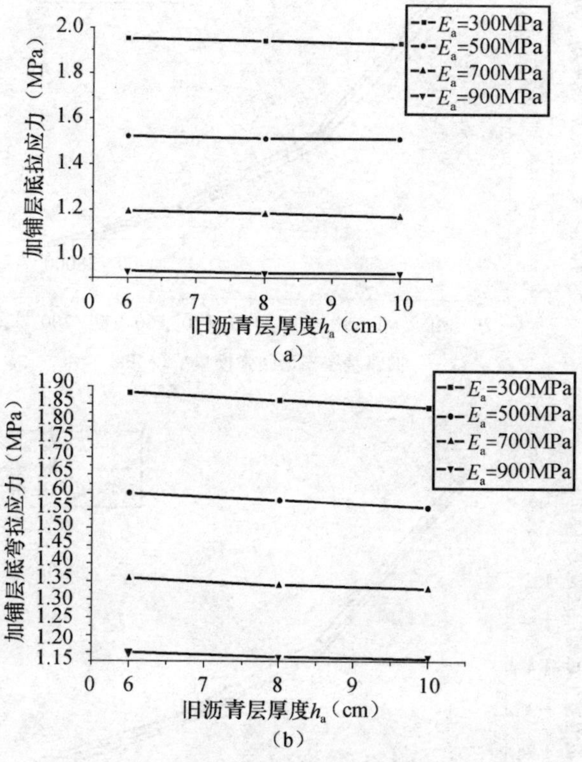

图 7.7 层间不连续状态下旧沥青层对荷载应力影响分析

（a）层间光滑时旧沥青层厚度与应力关系；（b）层间半光滑时旧沥青层厚度与应力关系

（3）旧路基层当量回弹模量对加铺层底应力的影响

计算中取：$E_c = 34000$MPa，$E_a = 700$MPa，$E_s = 30$MPa、90MPa、150MPa、210MPa，$h_a = 6 \sim 10$cm、每 2cm 一级，$\mu_c = 0.15$，$\mu_a = 0.25$，$\mu_s = 0.35$，有限元计算结果见表 7.7 及图 7.8。

表 7.7 旧路基层当量回弹模量对加铺层底应力影响分析

旧沥青层模量（MPa）	旧沥青层厚度（cm）					
	层间光滑（MU=0）			层间半光滑（MU=0.5）		
	6	8	10	6	8	10
30	1.95	1.94	1.93	1.86	1.84	1.82
90	1.58	1.57	1.56	1.47	1.44	1.43
150	1.41	1.4	1.4	1.29	1.27	1.26
210	1.31	1.31	1.3	1.18	1.17	1.15

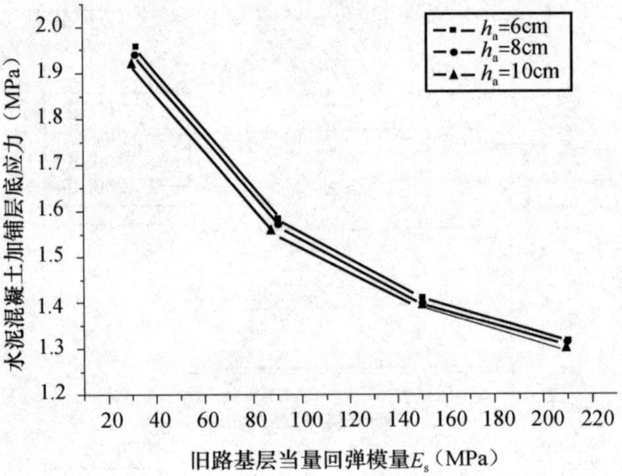

（a）

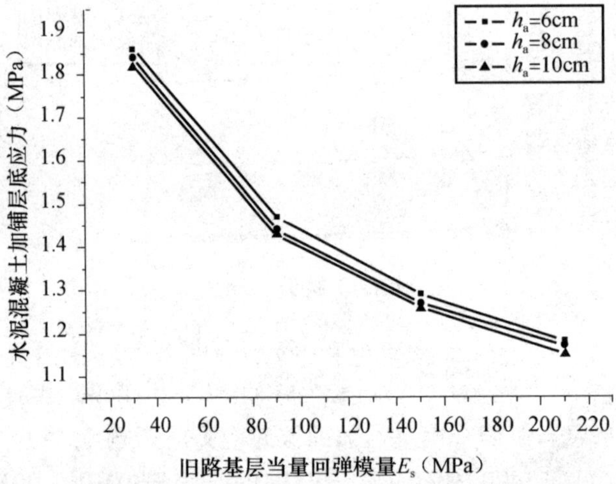

（b）

图 7.8　不同层间接触状态下基层当量回弹模量对荷载应力影响分析

（a）层间光滑时基层当量回弹模量与应力关系；（b）层间半光滑时基层当量回弹模量与应力关系

结果表明，不同层间接触状态下随着旧路基层顶面回弹模量的增大，加铺层最大弯拉应力随之减小；层间完全滑动时比层间半滑动状态荷载应力大，层间完全滑动时沥青层厚度对荷载应力影响比半滑动状态下稍小，旧路基层顶面不同模量下加铺层荷载应力随旧沥青层厚度增加而减小。

综上所述，可得以下结论：

（1）连续状态下水泥混凝土加铺层最大荷载弯拉应力与加铺层厚度呈指数关系，即 $\sigma = a\mathrm{e}^{bh_c}$，相关系数都在 0.99 以上；荷载应力随加铺层厚度的增大而减小的斜率随加铺层模量增大而逐渐增大，如加铺层模量为 28000MPa

时，回归系数 $a=2.9135$，加铺层模量为 37000MPa 时，$a=3.1836$。这也表明，E_c 越大加铺层厚度对荷载应力影响越大，增加加铺层厚度对减小荷载应力作用更明显。

（2）随水泥混凝土加铺层模量 E_c 的增大，加铺层最大弯拉应力明显呈线性增大的趋势，线性回归分析相关系数均在 0.99 以上；不同加铺层厚度时加铺层最大弯拉应力随 E_c 的线性变化的斜率逐渐减小，如加铺层厚为 20cm 时，回归系数 $a=0.081$，加铺层厚为 24cm 时，$a=0.057$，加铺层厚为 28cm 时，$a=0.040$，板厚为 32cm 时，$a=0.030$。这也表明，随加铺层厚度的减小，水泥混凝土加铺层模量 E_c 对荷载应力影响越大。

（3）加铺层弯拉应力随沥青层厚度基本呈线性变化。相同沥青层厚度下，水泥混凝土加铺层模量 E_c 越大，加铺层弯拉应力越大。对于相同的 E_c，随加铺层厚度的增大，荷载应力随沥青层厚度线性变化的斜率逐渐减小，沥青层厚度对加铺层弯拉应力的减小作用越明显，所以保证足够厚的有效沥青层厚度对提高加铺层的结构性能更加重要。

（4）不同层间接触状态下，随着旧路基层顶面当量回弹模量的增大，加铺层最大弯拉应力均随之减小，并且随着 E_s 的减小，旧路基层顶面当量回弹模量对加铺层弯拉应力的减小作用越明显。通常在路面结构中，荷载应力按各结构层的弹性模量来进行分配，模量越大，相应结构层产生的荷载应力越大。

（5）层间滑动状态下加铺层弯拉应力比层间连续时大。层间滑动时，水泥混凝土模量对加铺层弯拉应力影响较大。如加铺层模量为 28000MPa 时，回归系数 $a=3.6351$，层间连续时 $a=2.9135$。

7.2　水泥混凝土加铺层的温度应力分析

路面结构温度应力主要来源于两个部分：一部分是由于气温降低后，路面结构收缩产生温度应力；另一部分是由于昼夜温差而使沥青加铺层及水泥混凝土板内存在温度梯度导致各结构层产生翘曲变形引起的温度应力。考虑温度荷载和车辆荷载的耦合作用以及车辆荷载作用位置引起的路面板变形，在本书分析中假设路表温度变化前，路面各结构层的平均温度为0℃，降温后旧沥青层底面温度为 -10℃。

在路面温度应力计算中，热单元选用三维实体单元，分别为 SOLID90 和 SOLID70 单元类型。在这两种单元类型中，SOLID90 为 20 节点热单元，其计算精度较高，用在加铺层和基层上，SOLID70 单元为 8 节点热单元，相对 SOLID90单元而言，SOLID70 单元计算精度较差，本书计算采用 SOLID90 单元。

材料参数分别为：水泥混凝土加铺层导热系数2.5W/(m·℃)，热膨胀系数1.0×10^{-5}/℃；旧沥青层导热系数1.2W/(m·℃)，热膨胀系数0.8×10^{-5}/℃；基层顶面当量回弹模量导热系数0.85W/(m·℃)，热膨胀系数0.45×10^{-5}/℃，其他路面结构参数如上所述。

7.2.1 层间连续状态下的温度应力分析

（1）加铺层对温度应力的影响分析

分别分析水泥混凝土加铺层厚度和模量不同组合下路面板最大温度应力。计算参数为同车辆荷载。旧沥青厚度取10cm，弹性模量为700MPa时，由有限元软件分析得出加铺层厚度20cm、22cm、24cm、26cm、28cm、30cm、32cm，模量28000MPa、31000MPa、34000MPa、37000MPa下加铺层最大温度应力值见表7.8和图7.9。

表7.8 加铺层厚度对温度应力影响分析计算结果（层间连续）

加铺层模量（MPa）	加铺层厚度（cm）/加铺层底应力（MPa）						
	20	22	24	26	28	30	32
28000	0.98	0.97	0.95	0.93	0.90	0.86	0.83
31000	1.08	1.07	1.05	1.02	0.98	0.95	0.91
34000	1.19	1.17	1.14	1.11	1.07	1.03	0.98
37000	1.3	1.27	1.24	1.2	1.15	1.10	1.05

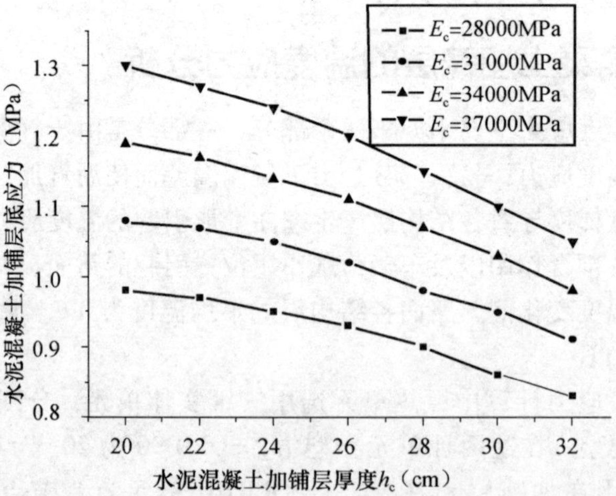

（a）

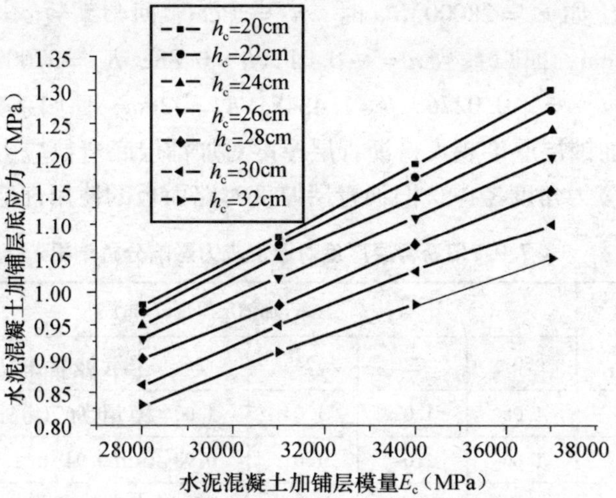

（b）

图7.9　连续状态下水泥混凝土加铺层模量与厚度对温度应力的影响

（a）加铺层厚度与层底应力关系；（b）加铺层模量与应力关系

由表7.8、图7.9可知：

①板最大温度应力随加铺层厚度增加而减小，但幅度不是很大。加铺层模量为28000MPa时，加铺层厚度由20cm增至32cm时，温度应力最大可减小0.15MPa。

②在水泥混凝土加铺层不同模量下，加铺层最大温度应力均与加铺层厚度呈线性关系，相关系数都在0.96以上。

③温度应力随板厚的增大而减小的斜率随加铺层模量增大而逐渐增大。如水泥混凝土加铺层模量为28000MPa时，回归系数$a=-0.0257$，加铺层模量为37000MPa时，$a=-0.0421$。这也表明，E_c越大加铺层对温度应力影响越大。

（2）旧沥青层对温度应力的影响分析

为了分析旧沥青层对温度应力的影响，本章计算了旧沥青层与加铺层不同厚度情况下的温度应力，其中参数取为：加铺层厚$h_c=20\sim32$cm，每2cm为一级，加铺层弹性模量$E_c=28000\sim37000$MPa；旧沥青层厚度$h_a=6\sim10$cm，每1cm为一级，模量为200～1000MPa，路基弹性模量$E_s=30$MPa，泊松比为$\mu_c=0.15$，$\mu_a=0.25$，$\mu_s=0.35$。有限元计算结果见表7.9及图7.10。

由计算结果可知，加铺层温度应力随沥青层厚度基本呈线性变化，即$\sigma=aE_s+b$。相同沥青层厚度下，水泥混凝土加铺层模量越大，温度应力越大。对于相同的E_c，随加铺层厚度的增大，温度应力随沥青层厚度呈线性变化的斜率逐渐减小。比如 $E_c=28000$MPa 时，$h_c=20$cm，回归系数 $a=-0.027$，$b=1.112$；$h_c=32$cm，回归系数 $a=-0.01$，$b=0.88$；$E_c=37000$MPa 时，$h_c=20$cm，回归系数 $a=-0.0276$，$b=1.4348$；$h_c=32$cm，回归系数 $a=-0.007$，$b=1.087$。即加铺层厚度越大，沥青层厚度对加铺层底弯拉应力的减小作用越明显，从温度应力角度考虑，旧沥青层厚度对路面板的使用性能更加重要。

表 7.9　旧沥青层厚度对温度应力影响分析结果

加铺层模量（MPa）	旧沥青层厚度（cm）	加铺层厚度（cm）						
		20	22	24	26	28	30	32
28000	6	1.08	1.07	1.04	1.00	0.96	0.92	0.87
	7	1.06	1.04	1.01	0.98	0.94	0.91	0.86
	8	1.03	1.02	0.99	0.96	0.93	0.90	0.85
	9	1.00	0.99	0.97	0.94	0.91	0.88	0.84
	10	0.98	0.97	0.95	0.93	0.9	0.86	0.83
31000	6	1.19	1.17	1.13	1.09	1.04	0.99	0.94
	7	1.17	1.14	1.11	1.07	1.03	0.98	0.93
	8	1.14	1.12	1.09	1.05	1.01	0.97	0.92
	9	1.11	1.10	1.07	1.04	1.00	0.96	0.92
	10	1.08	1.07	1.05	1.02	0.98	0.95	0.91
34000	6	1.30	1.27	1.23	1.17	1.12	1.07	1.01
	7	1.27	1.24	1.21	1.17	1.11	1.06	1.00
	8	1.25	1.22	1.19	1.14	1.10	1.05	1.00
	9	1.22	1.20	1.16	1.13	1.08	1.04	0.99
	10	1.19	1.17	1.14	1.11	1.07	1.03	0.98
37000	6	1.41	1.37	1.32	1.26	1.20	1.14	1.08
	7	1.38	1.34	1.30	1.25	1.19	1.13	1.07
	8	1.36	1.32	1.28	1.23	1.18	1.12	1.07
	9	1.33	1.30	1.26	1.22	1.16	1.11	1.06
	10	1.30	1.27	1.24	1.20	1.15	1.10	1.05

为分析旧沥青层模量对加铺层温度应力的影响，现取旧沥青层模量为 300MPa、500MPa、700MPa、900MPa 时，将加铺层温度应力计算结果列于表 7.10、图 7.11。

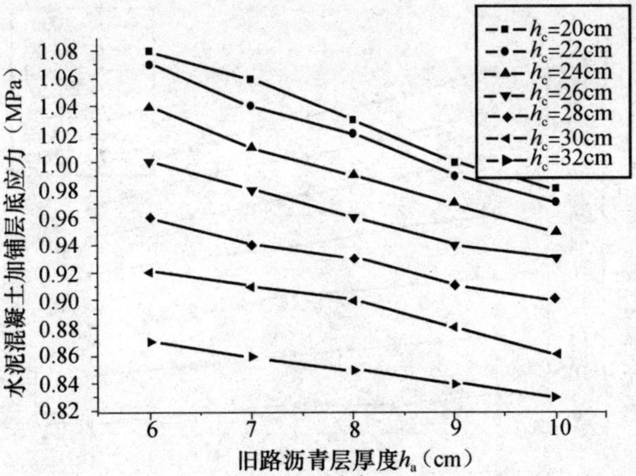
水泥混凝土加铺层底应力（MPa）
旧路沥青层厚度h_a（cm）
h_c=20cm
h_c=22cm
h_c=24cm
h_c=26cm
h_c=28cm
h_c=30cm
h_c=32cm
（a）

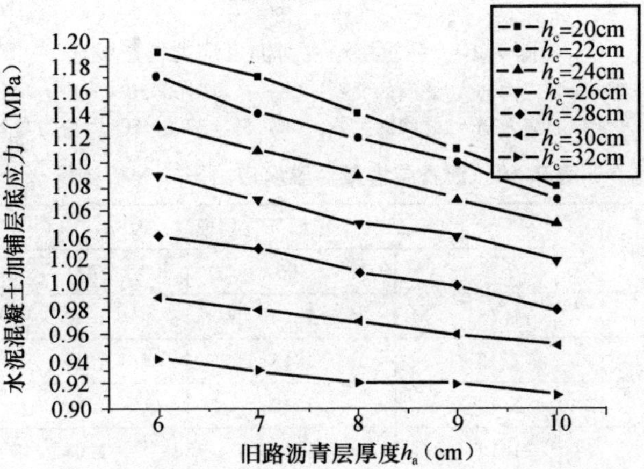
水泥混凝土加铺层底应力（MPa）
旧路沥青层厚度h_a（cm）
h_c=20cm
h_c=22cm
h_c=24cm
h_c=26cm
h_c=28cm
h_c=30cm
h_c=32cm
（b）

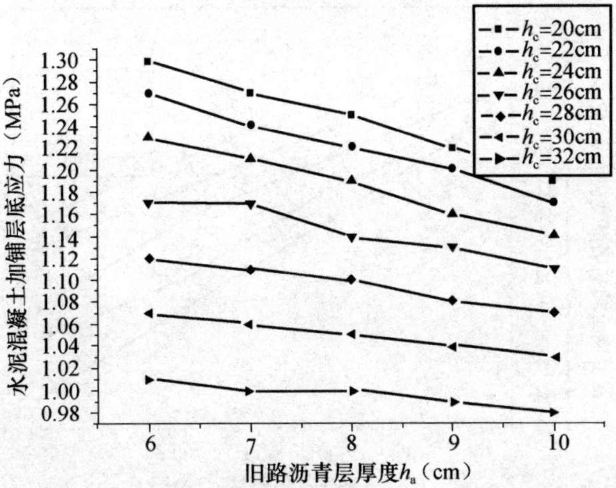
水泥混凝土加铺层底应力（MPa）
旧路沥青层厚度h_a（cm）
h_c=20cm
h_c=22cm
h_c=24cm
h_c=26cm
h_c=28cm
h_c=30cm
h_c=32cm
（c）

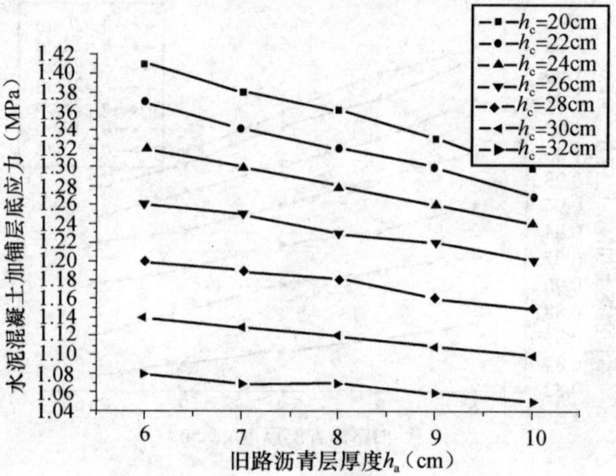

（d）

图 7.10　沥青层厚度对温度应力的影响

（a）E_c = 28000MPa 时应力与 h_a 之间的关系；（b）E_c = 31000MPa 时应力与 h_a 之间的关系
（c）E_c = 34000MPa 时应力与 h_a 之间的关系；（d）E_c = 37000MPa 时应力与 h_a 之间的关系

表 7.10　沥青层模量对温度应力影响分析结果

旧沥青层厚度（cm）	旧沥青层模量（MPa）			
	300	500	700	900
6	1.15	1.14	1.12	1.10
7	1.15	1.13	1.11	1.09
8	1.14	1.12	1.10	1.07
9	1.13	1.11	1.08	1.06
10	1.13	1.10	1.07	1.04

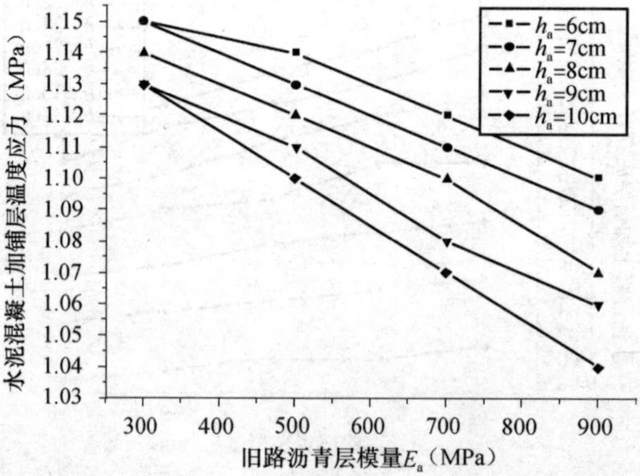

（a）

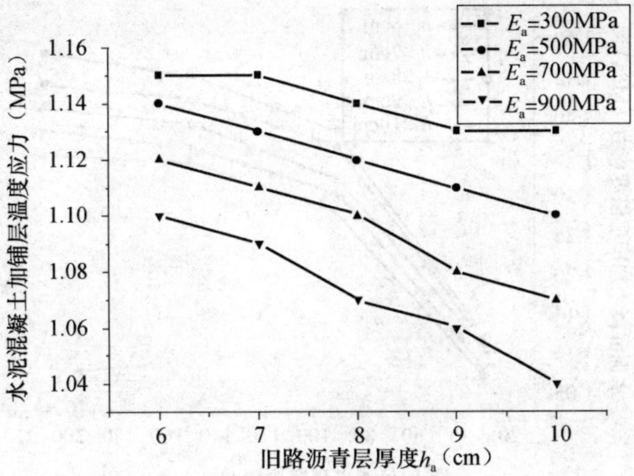

(b)

图 7.11 旧沥青层对水泥混凝土加铺层温度应力的影响

(a) E_a 与加铺层底之间的关系；(b) h_a 与加铺层底之间的关系

(3) 旧路基层顶面回弹模量的影响

对旧路基层顶面当量回弹模量和沥青层厚度对路面温度应力的综合影响进行分析，计算中取：E_c = 34000MPa，E_a = 700MPa，E_s = 30MPa、90MPa、150MPa、210MPa，h_a = 6 ~ 10cm、每 1cm 一级，μ_c = 0.15，μ_a = 0.25，μ_s = 0.35，有限元分析计算结果如表 7.11、图 7.12 所示。

表 7.11 基层顶面当量回弹模量对温度应力影响分析结果

旧沥青层厚度（cm）	基层顶面当量回弹模量（MPa）			
	30	90	150	210
6	1.12	1.38	1.45	1.48
7	1.11	1.36	1.42	1.44
8	1.10	1.32	1.39	1.41
9	1.08	1.30	1.36	1.38
10	1.07	1.28	1.34	1.35

从图 7.12 中我们可以得出，与荷载应力相反，随着旧路基层顶面当量回弹模量的增大，温度应力随之增大，而且可以看出随着基层顶面当量回弹模量的增大，沥青层厚度对加铺层温度应力的减小作用越加明显。

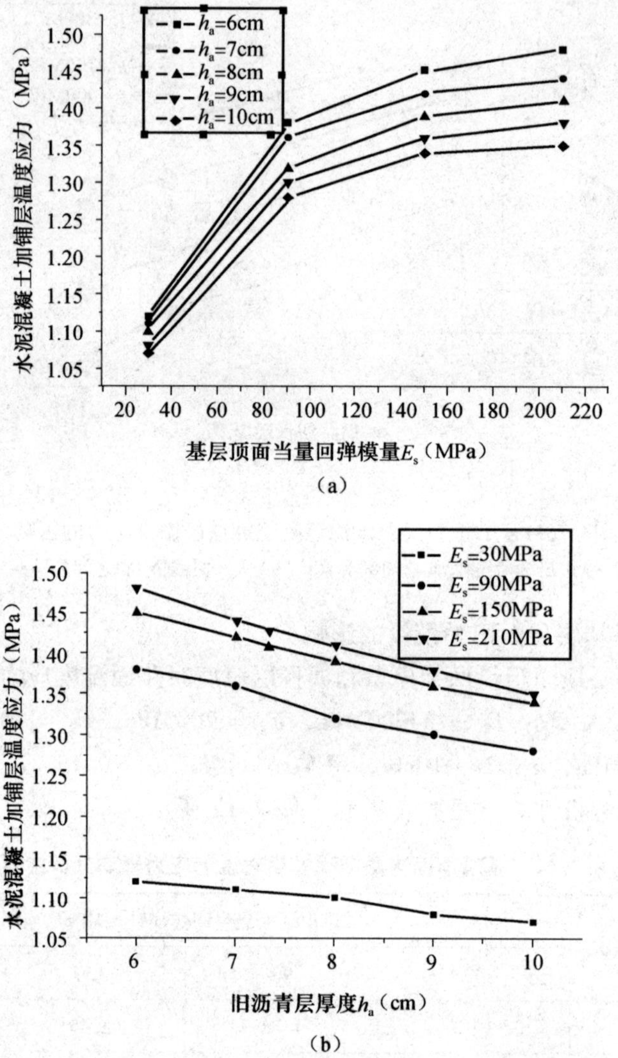

图 7.12　基层顶面当量回弹模量对温度应力影响

（a）E_s 与温度应力之间的关系；（b）h_a 与温度应力之间的关系

7.2.2　不同层间接触状态下的温度应力分析

（1）加铺层对温度应力的影响

考虑不同层间接触状态下水泥混凝土加铺层对路面温度应力的影响，计算加铺层最大温度应力值见表 7.12、图 7.13。

表 7.12　不连续状态下加铺层厚度对温度应力影响分析

加铺层模量（MPa）	加铺层厚度（cm）/温度应力（MPa）													
	层间光滑（MU = 0）							层间半光滑（MU = 0.5）						
	20	22	24	26	28	30	32	20	22	24	26	28	30	32
28000	1.16	1.12	1.10	1.07	1.03	1.00	0.97	1.11	1.08	1.06	1.10	0.99	0.96	0.92
31000	1.26	1.23	1.20	1.17	1.12	1.08	1.04	1.22	1.19	1.16	1.26	1.07	1.03	0.99
34000	1.38	1.33	1.30	1.25	1.21	1.16	1.11	1.32	1.29	1.26	1.22	1.16	1.11	1.06
37000	1.47	1.44	1.40	1.35	1.27	1.24	1.18	1.43	1.39	1.35	1.31	1.24	1.19	1.14

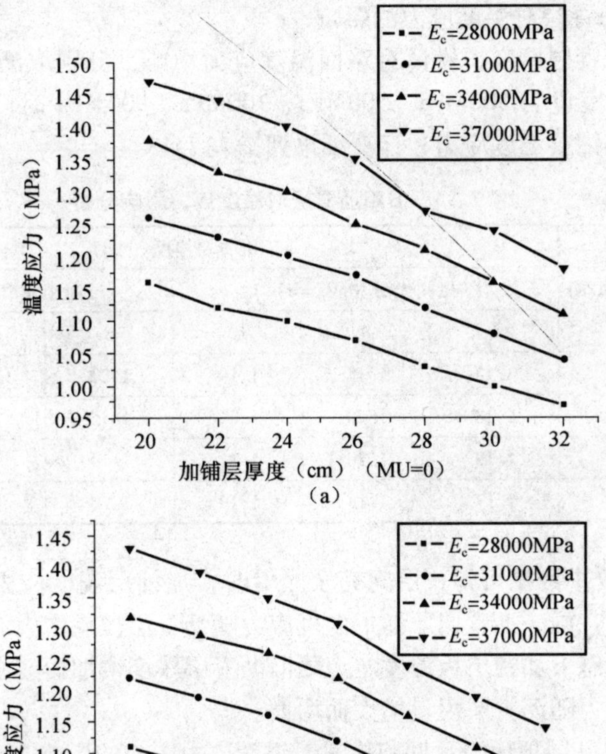

图 7.13　不连续状态下加铺层厚度与温度应力关系

（a）MU = 0；（b）MU = 0.5

计算表明：

①层间不完全连续时加铺层最大温度应力均与加铺层厚度呈线性关系，相关系数都在0.99以上，加铺层最大温度应力随加铺层厚度增加而减小。

②温度应力随加铺层厚度的增大而减小的斜率随加铺层模量增大而逐渐增大，如加铺层模量为28000MPa时，回归系数 $a=-0.0312$，加铺层模量为37000MPa时，$a=-0.0485$。这也表明，E_c 越大加铺层厚度对温度应力影响越大。

③层间半光滑状态下加铺层厚度对路面温度应力影响较层间光滑时要大，而且均大于层间连续时。

（2）旧沥青层对温度应力的影响

分析旧沥青层厚度、模量对路面温度应力影响，分别取沥青层厚度6cm、8cm、10cm，模量为300MPa、500MPa、700MPa、900MPa时，计算不同层间接触状态下加铺层温度应力，计算结果列于表7.13。

表7.13　旧路沥青层对温度应力影响分析

旧沥青层模量（MPa）	旧沥青层厚度（cm）					
	层间光滑（MU=0）			层间半光滑（MU=0.5）		
	6	8	10	6	8	10
300	1.17	1.18	1.19	1.20	1.20	1.19
500	1.18	1.20	1.21	1.15	1.16	1.16
700	1.18	1.20	1.21	1.14	1.15	1.16
900	1.17	1.18	1.19	1.20	1.20	1.19

由表7.13中数据可知：层间完全光滑时，加铺层温度应力随旧沥青层厚度增加而增大，同一沥青层厚度下温度应力随沥青层模量增大而增大；层间半光滑半连续状态下加铺层板温度应力随旧沥青层厚度增加而减小，同一沥青层厚度下温度应力随沥青层模量增大而增大。

（3）旧路基层顶面当量回弹模量对温度应力影响的影响

计算中取：$E_c=34000$MPa，$E_a=700$MPa，$E_s=30$MPa、90MPa、150MPa、210MPa，$h_a=6\sim10$cm、每2cm一级，$\mu_c=0.15$，$\mu_a=0.25$，$\mu_s=0.35$，有限元计算结果见表7.14。

从表7.14中的数据可以得出：不同层间接触状态下，随着旧路基层顶面当量回弹模量的增大，加铺层最大温度应力随之增大；层间完全光滑情况下，加铺层温度应力随旧沥青层厚度增加略有增加，层间半光滑状态下随之增大而减小。实际路面状况不可能达到完全光滑，可视为半光滑状态。

表 7.14　旧路基层顶面当量回弹模量对温度应力影响

旧路基层顶面当量回弹模量（MPa）	旧沥青层厚度（cm）					
	层间光滑（MU = 0）			层间半光滑（MU = 0.5）		
	6	8	10	6	8	10
30	1.19	1.21	1.21	1.19	1.16	1.16
90	1.39	1.4	1.41	1.47	1.35	1.34
150	1.44	1.46	1.46	1.56	1.41	1.37
210	1.46	1.48	1.48	1.59	1.43	1.38

7.3　行车荷载与温度耦合应力分析

7.3.1　层间连续状态下的耦合应力分析

（1）加铺层厚度对耦合应力的影响

旧沥青厚度取 10cm，弹性模量为 700MPa 时，由有限元软件分析得出加铺层最大耦合应力值随加铺层厚度及模量变化见表 7.15 和图 7.14。

表 7.15　加铺层厚度及模量对耦合应力影响分析（层间连续）

加铺层模量（MPa）	加铺层厚度（cm）						
	20	22	24	26	28	30	32
28000	3.34	3.02	2.74	2.50	2.29	2.10	1.92
31000	3.52	3.17	2.88	2.62	2.41	2.20	2.03
34000	3.68	3.32	3.02	2.75	2.53	2.31	2.12
37000	3.84	3.47	3.16	2.88	2.64	2.41	2.22

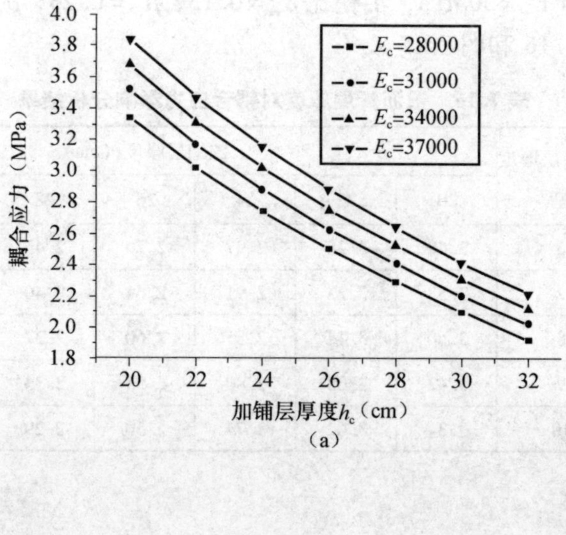

（a）

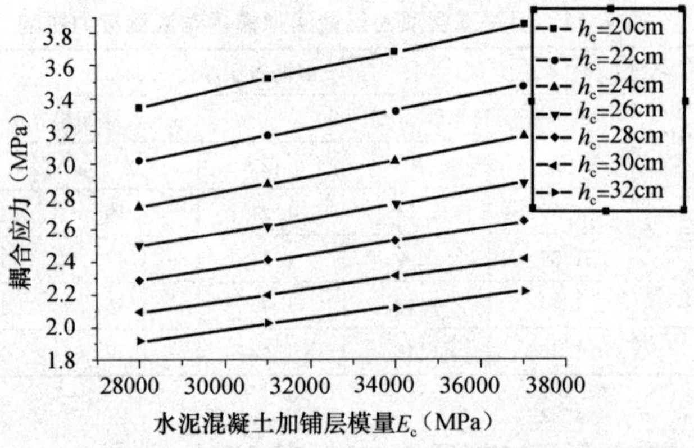

（b）

图 7.14　连续状态下水泥混凝土加铺层模量与厚度对耦合应力的影响

（a）加铺层厚度与耦合应力关系；（b）加铺层模量与耦合应力关系

结果表明：加铺层最大耦合应力随加铺层厚度增加而减小，加铺层厚度由20cm 增至 32cm 时，耦合应力最大可减小 42.5%。在水泥混凝土加铺层不同模量下，加铺层最大耦合应力均与加铺厚度呈线性关系，相关系数都在 0.99 以上；耦合应力随加铺层厚度的增大而减小的斜率受加铺层模量变化影响，如混凝土板模量为 28000MPa 时，回归系数 $a=3.6303$，混凝土板模量为 37000MPa 时，$a=-4.1719$。

（2）旧沥青层厚度对耦合应力的影响

为了分析旧沥青层厚度与加铺层的综合影响，以下计算了旧沥青层与加铺层分别在不同厚度下的车辆荷载与温度荷载耦合应力，其中参数取为：加铺层厚 $h_c=20\sim32$cm，每 2cm 为一级，加铺层弹性模量 $E_c=28000\sim37000$MPa，旧沥青层厚度 $h_a=6\sim10$cm，每 1cm 为一级，模量为 200 ~ 1000MPa，旧路基层顶面回弹模量 $E_s=30$MPa，泊松比 $\mu_c=0.15$，$\mu_a=0.25$，$\mu_s=0.35$。有限元计算结果见表 7.16 和图 7.15。

表 7.16　旧沥青层厚度对耦合应力影响分析结果

加铺层模量（MPa）	旧沥青层厚度（cm）	加铺层厚度（cm）						
		20	22	24	26	28	30	32
28000	6	3.68	3.28	2.97	2.70	2.45	2.24	2.05
	7	3.58	3.22	2.91	2.64	2.40	2.20	2.01
	8	3.50	3.14	2.85	2.60	2.37	2.17	1.98
	9	3.42	3.08	2.80	2.55	2.33	2.13	1.95
	10	3.34	3.02	2.74	2.50	2.29	2.10	1.92

续表

加铺层模量（MPa）	旧沥青层厚度（cm）	加铺层厚度（cm）						
		20	22	24	26	28	30	32
31000	6	3.84	3.42	3.10	2.81	2.55	2.32	2.14
	7	3.74	3.36	3.03	2.75	2.50	2.28	2.09
	8	3.68	3.29	2.99	2.71	2.48	2.26	2.08
	9	3.6	3.24	2.93	2.67	2.45	2.23	2.05
	10	3.52	3.17	2.88	2.62	2.41	2.20	2.03
34000	6	3.99	3.56	3.22	2.91	2.64	2.40	2.22
	7	3.9	3.5	3.16	2.86	2.61	2.37	2.17
	8	3.84	3.43	3.13	2.84	2.60	2.37	2.17
	9	3.76	3.38	3.07	2.80	2.57	2.34	2.14
	10	3.68	3.32	3.02	2.75	2.53	2.31	2.12
37000	6	4.15	3.69	3.33	3.03	2.75	2.48	2.31
	7	4.06	3.64	3.28	2.97	2.72	2.46	2.26
	8	3.99	3.57	3.27	2.97	2.71	2.46	2.26
	9	3.91	3.53	3.21	2.92	2.68	2.44	2.24
	10	3.84	3.47	3.16	2.88	2.64	2.41	2.22

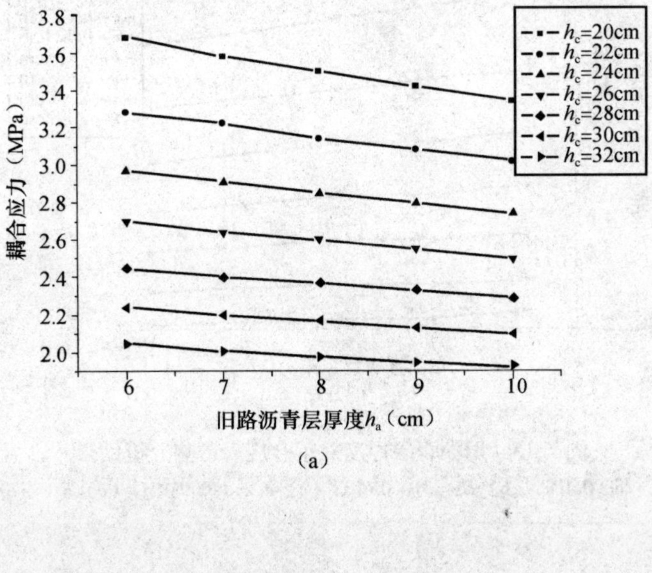

（a）

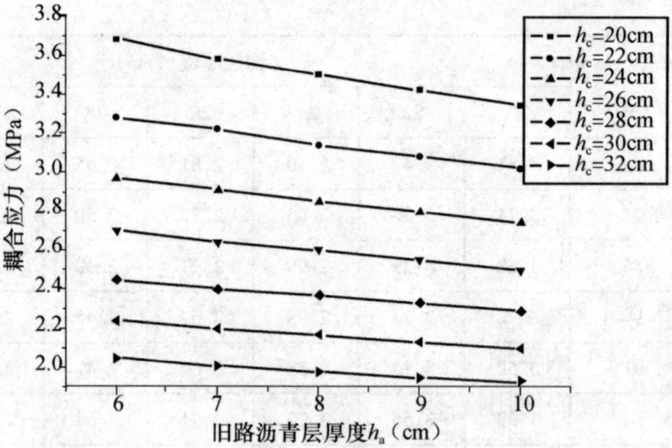

（b）

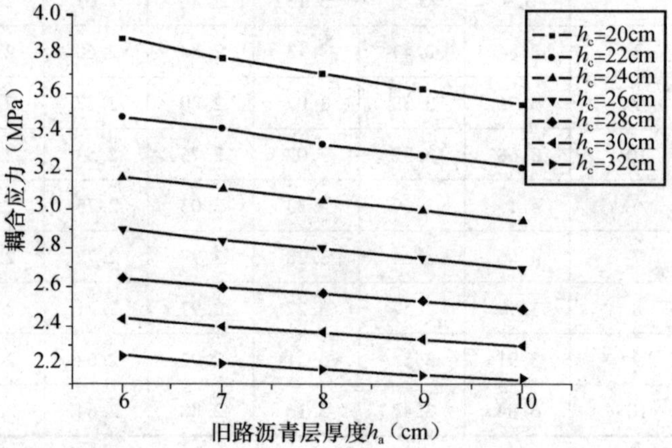

（c）

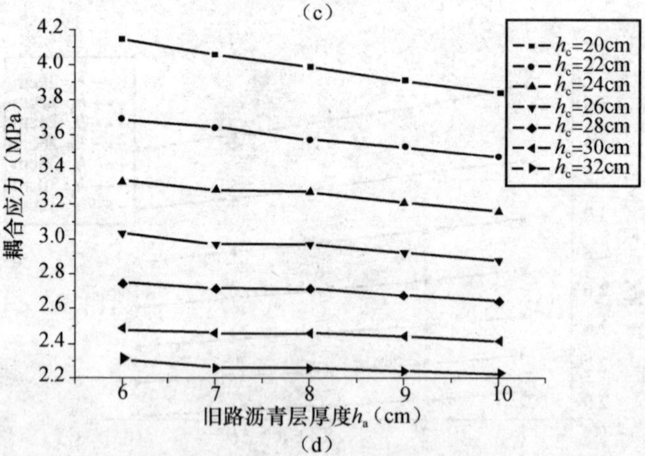

（d）

图 7.15 旧沥青层厚度对耦合应力影响分析结果

（a）E_c = 28000MPa；（b）E_c = 31000MPa；（c）E_c = 34000MPa；（d）E_c = 37000MPa

由图7.15可知，加铺层耦合应力随旧沥青层厚度基本呈线性变化，即 $\sigma = aE_s + b$。相同沥青层厚度下，水泥混凝土加铺层模量越大，耦合应力越大。同时可以看出，对于相同的 E_c，随加铺层厚度的增大，耦合应力随旧沥青层厚度线性变化的斜率逐渐减小，比如 $E_c = 28000$MPa 时，$h_c = 20$cm，回归系数 $a = -0.0805$，$b = 3.747$；$h_c = 32$cm，回归系数 $a = -0.032$，$b = 2.078$；$E_c = 37000$MPa 时，$h_c = 20$cm，回归系数 $a = -0.0762$，$b = 4.2183$；$h_c = 32$cm，回归系数 $a = -0.02$，$b = 2.318$。即加铺层厚度越大，沥青层厚度对板弯拉应力的减小作用越明显，从车辆荷载与温度荷载共同作用情况考虑，保证足够厚的有效沥青层对加铺层的使用性能更加重要。

为分析旧沥青层模量对加铺层耦合应力的影响，现取旧沥青层模量为300MPa、500MPa、700MPa、900MPa时，将加铺层底耦合应力计算结果列于表7.17。

表7.17　旧沥青层模量对耦合应力影响分析结果

旧沥青层厚度（cm）	旧沥青层模量（MPa）			
	300	500	700	900
6	2.78	2.70	2.64	2.59
7	2.76	2.68	2.61	2.55
8	2.75	2.67	2.60	2.53
9	2.73	2.64	2.57	2.49
10	2.71	2.62	2.53	2.45

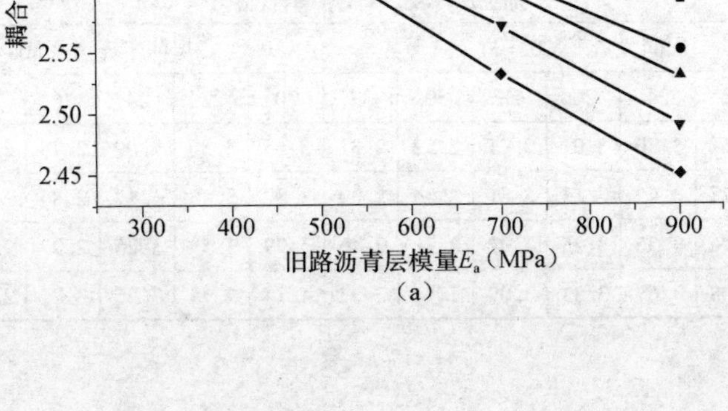

（a）

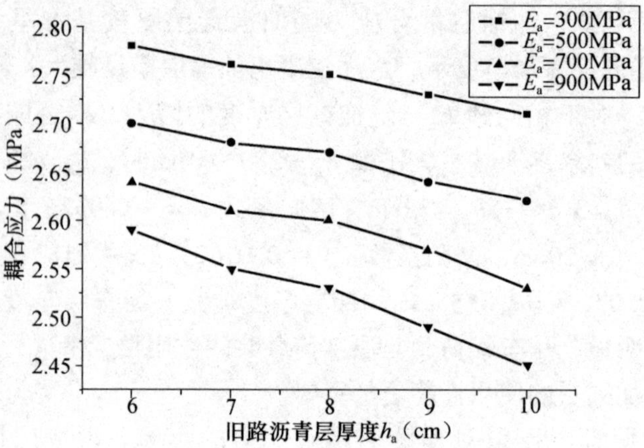

（b）

图 7.16　旧沥青层模量对耦合应力的影响

（a）旧沥青层模量与耦合应力；（b）旧沥青层厚度与耦合应力

由图 7.16 可知，加铺层耦合应力与旧沥青层模量基本呈线性关系，而且与旧沥青层厚度有关。旧沥青层厚度越大，耦合应力随旧沥青层模量增大而减小的幅度越大，如旧沥青层厚度为 6cm 时，回归系数 $a = -0.0616$，旧沥青层厚度为 10cm 时，回归系数 $a = -0.0875$。加铺层耦合应力随旧沥青层厚增大而减小的幅度与旧沥青层模量有关，旧沥青层模量越大，旧沥青厚度对加铺层耦合应力影响越大，沥青层模量为 300MPa 时，回归系数 $a = -0.0137$，沥青层模量为 900MPa 时，回归系数 $a = -0.0327$，这也反映了旧路面使用状况是加铺层设计时应考虑的关键因素。

7.3.2　不同层间接触状态下的耦合应力分析

（1）不同层间接触状态下加铺层对耦合应力的影响

考虑不同层间接触状态下水泥混凝土加铺层对路面荷载应力与温度应力耦合的影响，计算加铺层最大耦合应力值见表 7.18、图 7.17。

表 7.18　不同层间接触状态下加铺层对耦合应力影响

加铺层模量（MPa）	加铺层厚度（cm）/耦合应力（MPa）													
	层间光滑（MU＝0）							层间半光滑（MU＝0.5）						
	20	22	24	26	28	30	32	20	22	24	26	28	30	32
28000	4.14	3.64	3.30	3.01	2.71	2.52	2.32	3.65	3.30	2.99	2.75	2.48	2.29	2.10
31000	4.25	3.77	3.42	3.13	2.81	2.64	2.39	3.82	3.45	3.12	2.86	2.58	2.38	2.19
34000	4.35	3.96	3.56	3.25	2.92	2.71	2.46	3.99	3.59	3.25	2.97	2.68	2.48	2.26
37000	4.51	4.08	3.67	3.33	3.07	2.76	2.53	4.14	3.73	3.36	3.07	2.78	2.55	2.35

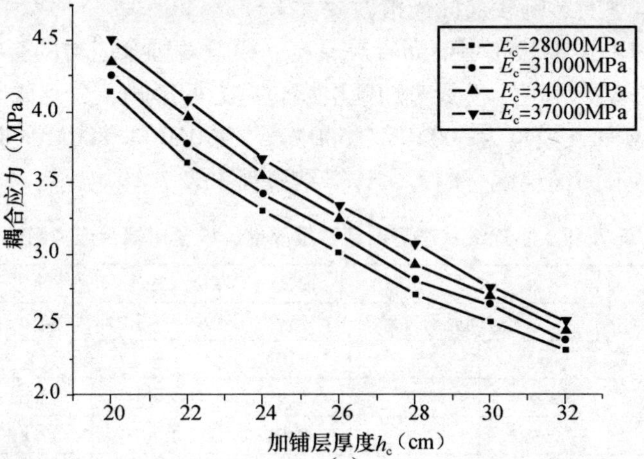

（a）

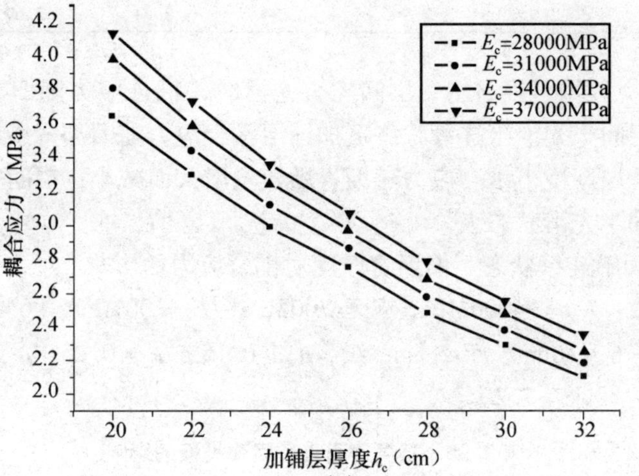

（b）

图 7. 17　不连续状态下加铺层厚度对耦合应力影响

（a）MU = 0；（b）MU = 0. 5

由上述结果可知：

①层间不完全连续时板最大耦合应力均与加铺层厚度呈线性关系，相关系数都在 0. 99 以上，板最大耦合应力随加铺层厚度增加而减小；

②耦合应力随板厚的增大而减小的斜率受加铺层模量大小影响，影响程度较层间连续时大，如混凝土板模量为 28000MPa 时，回归系数 $a = 4.4420$，层间连续时 $a = -3.6303$。这也表明，层间光滑时 E_c 越大板厚对温度应力影响越大。

③由图 7. 17 还可以看出耦合应力随加铺层模量的增大而增大，层间半光

滑时加铺层模量的影响较层间光滑时要大。

(2) 层间不连续状态下旧沥青层厚度、模量对耦合应力的影响

分析旧沥青层厚度、模量对加铺层耦合应力的影响，分别取旧沥青层厚度6cm、8cm、10cm，模量为300MPa、500MPa、700MPa、900MPa时，计算不同层间接触状态下加铺层耦合应力，计算结果列于表7.19。

表7.19 不连续状态下旧沥青层厚度、模量对耦合应力影响

旧沥青层模量（MPa）	旧沥青层厚度（cm）					
	层间光滑（MU=0）			层间半光滑（MU=0.5）		
	6	8	10	6	8	10
300	2.9	2.91	2.91	2.89	2.82	2.8
500	2.9	2.91	2.91	1.86	2.81	2.72
700	2.91	2.92	2.92	2.84	2.72	2.68
900	2.93	2.94	2.94	2.81	2.69	2.64

由表7.19数据可以看出，层间完全光滑时，耦合应力随旧沥青层厚度增加而增大，层间半光滑半连续状态下加铺层耦合应力随旧沥青层厚度增加而减小，同一沥青层厚度下耦合应力随沥青层模量增大而减小；层间完全光滑时耦合应力较层间半光滑状态大。

(3) 层间不连续状态下旧沥青厚度对耦合应力的影响

计算中取：$E_c=34000$MPa，$E_a=700$MPa，$E_s=30$MPa、90MPa、150MPa、210MPa，$h_a=6\sim10$cm、每2cm一级，$\mu_c=0.15$，$\mu_a=0.25$，$\mu_s=0.35$，有限元分析计算结果见表7.20。

表7.20 基层顶面当量回弹模量的影响

旧路基层当量回弹模量（MPa）	旧沥青层厚度（cm）					
	层间光滑（MU=0）			层间半光滑（MU=0.5）		
	6	8	10	6	8	10
30	2.95	2.93	2.92	2.84	2.72	2.68
90	2.88	2.85	2.82	2.81	2.65	2.59
150	2.79	2.75	2.71	2.77	2.55	2.49
210	2.72	2.7	2.64	2.69	2.46	2.4

综上所述可得出以下主要结论：

①在水泥混凝土加铺层不同模量下最大温度应力均与加铺层厚度呈线性关系，相关系数都在0.96以上，温度应力随加铺层厚度的增大而减小的斜率与加铺层的模量呈正比。

②相同沥青层厚度下，水泥混凝土加铺层模量 E_c 越大，温度应力越大；对于相同的 E_c，加铺层厚度的增大，温度应力随旧沥青层厚度线性变化的斜率逐渐减小；加铺层温度应力与旧沥青层模量基本呈线性关系，而且与旧沥青层厚度有关。旧沥青层厚度越大，温度应力随沥青层模量增大而减小的幅度越大。

③加铺层最大耦合应力与加铺层模量基本呈线性关系，随水泥混凝土加铺层模量 E_c 的增大，最大耦合应力有明显增大趋势；与旧沥青层模量基本呈线性关系，而且与旧沥青层厚度有关。旧沥青层厚度越大，加铺层耦合应力随沥青层模量增大而减小的幅度越大。

④层间光滑时，耦合应力随加铺层厚度的增大而减小的斜率受加铺层模量大小影响，影响程度较层间连续时大，如加铺层模量为28000MPa 时，回归系数 $a=4.4420$，层间连续时 $a=-3.6303$。这也表明，层间光滑时 E_c 越大板厚对温度应力影响越大；耦合应力随加铺层模量的增加而增大，层间半光滑时加铺层模量的影响较层间光滑时要大。

⑤不同层间接触状态下，基层顶面当量回弹模量的增大，路面加铺层最大耦合应力随之减小；加铺层耦合应力随旧沥青层厚度增加而减小。

7.4　水泥混凝土加铺层可靠性分析

7.4.1　水泥混凝土加铺层极限状态函数

路面设计的可靠度可以定义为：路面在设计期内，其使用性能在环境和交通作用下符合预定要求的概率。就水泥混凝土加铺层而言，可参照水泥混凝土路面可靠度的概念。具体定义为，路面在设计期内，荷载应力和温度应力不超过加铺层抗弯拉疲劳强度的概率，表示为：

$$R=p(\sigma_{pr}+\sigma_{tr}\leqslant f_r) \tag{7-1}$$

式中，R 为路面结构可靠度；σ_{pr}为行车荷载疲劳应力，MPa；σ_{tr}为温度疲劳应力，MPa；f_r 为水泥混凝土弯拉强度标准值，MPa；p 为概率。

相应的极限状态功能函数为：

$$Z=f_r-(\sigma_{pr}+\sigma_{tr}) \tag{7-2}$$

对于式（7-1），由于f_r 与 σ_{pr}和 σ_{tr}之间并不是相互独立的，故将遇到不能用干涉理论求解的困难。因此，往往是在保持控制失效模式的实质不变的前提下，采用路面结构疲劳寿命（结构允许当量标准轴载作用次数）N_0 大于累计当量标准轴载的作用次数 N_e 作为加铺后路面结构的极限状态功能函数，即：

$$Z=N_0-N_e \tag{7-3}$$

相应的加铺后路面结构的可靠度可表示为：

$$R=p(N_0\geqslant N_e) \tag{7-4}$$

依照现行《公路水泥混凝土路面设计规范》（JTG D40—2002），有：

$$\sigma_{pr} = k_r \cdot k_f \cdot k_c \cdot \sigma_{ps} \tag{7-5}$$

式中，σ_{pr}为标准轴载在临界荷载处产生的荷载疲劳应力，MPa；σ_{ps}为标准轴载在四边自由板的临界荷载处产生的荷载应力，MPa；k_r 为考虑接缝传荷能力的应力折减系数；k_f 为考虑设计基准期内荷载应力累计疲劳作用的疲劳应力系数；k_c 为考虑偏载和动载等因素对路面疲劳损坏影响的综合系数。

$$\sigma_{tr} = k_t \cdot \sigma_{tm} \tag{7-6}$$

式中，σ_{tr}为温度疲劳应力；σ_{tm}为在道路所在气候区的最大温度梯度 $T_{g,m}$（可查（JTG D40—2002）得知）作用下面板在临界荷载（纵缝边缘中点）所产生的温度翘曲应力；k_t 为温度应力疲劳系数，为等效温度疲劳应力与最大温度翘曲应力的比值。

将式（7-5）、式（7-6）代入式（7-2）并整理得到用 σ_{ps}表示的加铺层可靠度定义，即：

$$R = p\left(\sigma_{ps} \leqslant \frac{f_r - \sigma_{tr}}{k_r \cdot k_f \cdot k_c}\right) \tag{7-7}$$

此时，加铺后路面结构极限状态功能函数可表示为：

$$Z = \frac{f_r - \sigma_{tr}}{k_r \cdot k_f \cdot k_c} - \sigma_{ps} = \frac{f_r - \sigma_{tr}}{Ne^{0.057} \cdot k_r \cdot k_c} - \sigma_{ps} \tag{7-8}$$

7.4.2　水泥混凝土加铺层可靠度计算模型参数

加铺层可靠度计算基于河北省邢清公路进行的，省道（S325）邢台—清河（K000 + 000—K101 + 432）全长 101.432km，本路段的道路断面形式为：路基总宽 27m，其中水泥混凝土路面宽 2 × 8m，中央绿化分隔带 1.5m，两侧路缘绿化分隔带 2 × 1.5m，沥青非机动车道 2 × 3.95m。

采用有限元中的可靠性分析工具 Probabilistic Design 中的蒙特卡罗法进行计算，模拟次数为 2000 次。模型详见本章 7.1.1。水泥混凝土弯拉强度 f_r = 5.0MPa，变异系数 0.15，Ne = 1000 万次。$k_r = 0.87$，$k_c = 1.25$，$k_f = N_e^{0.057}$，其模型参数见表 7.21，以下计算除特别说明外，均采用此计算参数。

表 7.21　随机参数的均值与变异系数

层次	结构层类型	抗压回弹模量			厚度			泊松比
		均值（MPa）	变异系数（%）	概率分布	均值（cm）	变异系数（%）	概率分布	
1	水泥混凝土加铺层	28000	0.15	对数正态	28	0.10	正态	0.15
2	旧路沥青层	900	0.15	对数正态	8	0.10	正态	0.25
3	旧路基层	150	0.30	对数正态	—	—	—	0.25

7.4.3　路面结构设计参数对加铺层可靠度的影响

水泥混凝土加铺层与原路面结合的过程中，很多方面的因素直接关系着其能否按照设计要求来发挥预定的功能效应。应力分布、应力集中、边界效应、变形不协调以及受力不匀称引起的变化都将产生差异。因此，研究路面结构参数对加铺层可靠度的影响，可为水泥混凝土加铺层设计提供设计依据。

（1）交通参数的影响

水泥混凝土加铺层的可靠度也必将受到交通参数不确定性的影响，基于此出发点，在本书第 4 章交通参数变异性以及其概率分布的研究基础上，分析水泥混凝土加铺层可靠度随累计当量轴次的变化规律。考虑车型系数、轴型系数、标准当量轴次、车道系数、年平均交通增长率等不同交通参数的变化都对沥青加铺层的可靠度有一定的影响，鉴于篇幅所限，本书就不再针对所有交通参数对加铺层可靠度的影响作分析，只把其余参数的变异性考虑在累计当量轴次之中，然后以累计当量轴次这个综合指标来衡量其与水泥加铺层可靠度的关系。表 7.22、图 7.18 为累计当量轴次变化下的加铺层可靠度计算结果。

表 7.22　累计当量轴次变化下的加铺层可靠度计算

累计当量轴次（万次）	加铺层厚度（cm）					
	20	22	24	26	28	30
100	43.41	66.39	80.20	92.09	95.60	98.98
200	34.78	56.37	73.77	87.56	93.90	98.08
400	27.52	45.38	65.91	82.13	91.84	95.82
600	22.50	41.06	61.40	78.63	89.50	95.24
800	20.13	37.92	58.81	76.20	87.76	93.92
1000	18.41	35.18	55.34	73.44	86.74	93.24
1200	17.31	32.88	52.19	71.70	85.50	92.88
1400	16.04	31.89	50.74	69.82	84.51	91.79
1600	14.77	29.89	49.41	67.19	84.07	90.33
1800	14.31	29.70	48.06	65.77	82.72	90.51
2000	13.15	28.74	46.82	65.00	81.30	89.67
2200	12.80	26.78	46.47	64.67	80.84	88.81
2400	12.55	26.40	44.85	63.57	80.01	88.69
2600	12.41	25.76	43.99	62.11	79.94	87.70

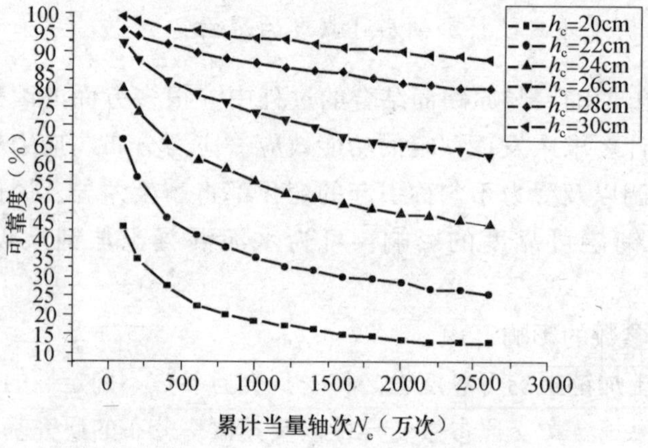

（a）

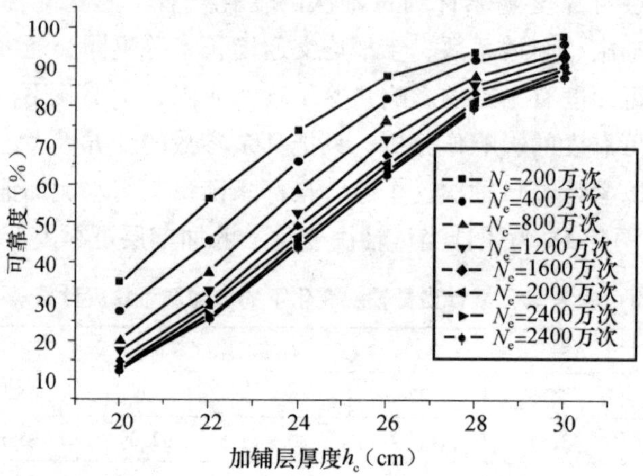

（b）

图 7.18　不同当量轴次下加铺层厚度对可靠度的影响

（a）可靠度与累计当量轴次之间的关系；（b）可靠度与加铺层之间的关系

从图 7.18 中可以看出：

①累计当量轴次和加铺层厚度对可靠度的影响都是非常显著的，累计当量轴次和加铺层厚度对可靠度的影响是逐渐减缓的。

②加铺层厚时累计当量轴次对可靠度时影响要大于加铺层厚度较薄时的影响程度，增加加铺层厚度可以大大提高路面结构的可靠性。

（2）基层顶面当量回弹模量的影响（N_e = 2000 万次）

从表 7.23 中的数据以及图 7.19 中的曲线变化趋势可以得知：加铺层可靠度随着基层顶面当量回弹模量的增大而增大，但基层顶面当量回弹模量对可靠度的影响并不显著。

表 7.23　基层顶面当量回弹模量变化下的加铺层可靠度计算

基层顶面当量回弹模量（MPa）	加铺层厚度（cm）					
	20	22	24	26	28	30
200	13.15	28.74	46.82	65.00	81.30	89.67
300	17.42	38.09	62.04	86.14	89.78	94.49
400	18.07	39.48	64.32	89.30	93.08	96.48
500	18.46	40.33	65.71	91.22	95.08	100
600	18.88	41.26	67.21	93.31	97.26	—
700	19.40	42.42	69.11	95.94	100	—
800	19.95	43.62	71.06	98.64	—	—

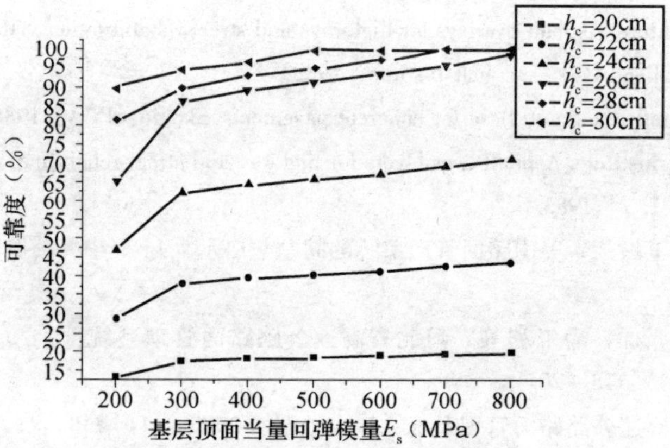

（a）

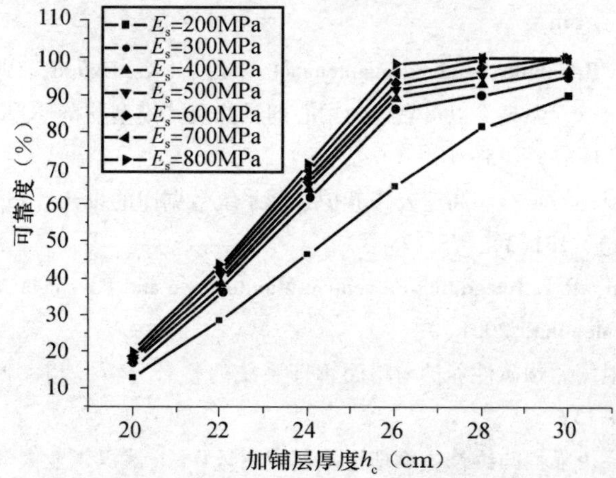

（b）

图 7.19　不同当量轴次下加铺层厚度对可靠度的影响

（a）可靠度与累计当量回弹模量之间的关系；（b）可靠度与加铺层厚度之间的关系

参考文献

[1] http://www.moc.gov.cn/zhuzhan/tongjixinxi/ 公路水路交通行业发展统计公报 .2009.

[2] 徐伟，张肖宁，韩大建 . 高速公路早期车辙病害调查及处治试验分析［J］. 公路 . 2004(3)：7~11.

[3] 潘玉利 . 路面管理系统原理［M］. 北京：人民交通出版社，1998.

[4] 冯欲晓 . 宁夏高速公路养护管理的研究［D］. 沈阳：东北大学 .2003.

[5] 蒋红妍 . 高速公路路面养护管理系统研究［D］. 西安：长安大学 .2006.

[6] Transportation Association of Canada. Pavement design and management guide，Ottawa：TAC，1997.

[7] Asphalt Institute. Asphalt overlays for highways and street rehabilitation，Manual Series No. 1 (MS-1). College Park：Asphalt Instiute，1983.

[8] PCA. Sub grades and sub base for concrete pavements. Skokie：PCA，1986.

[9] The asphalt Institute. Asphalt over layers for highway and street rehabilitation. Manual Series，No. 17(MS-17)，1983.

[10] 刘小明，王昌衡 . 美国路面管理系统的问题与启示［J］. 中外公路，2000，25(1)：71~73.

[11] 康彦民，张虎，潘玉利等 . 河北省高速公路路面管理系统［J］. 公路交通科技，2000，7(3)：18~20.

[12] 谢志明 . 高速公路路面管理系统［J］. 公路，2002，11(增刊)：1~3.

[13] 温亮，贾希胜 . RCM 模型决策系统设计［J］. 计算机工程与设计，2006 年，27 (23)：4537~4539.

[14] John Moubray. Reliability centered maintenance［M］. UK：Oxford，1997.

[15] 贾希胜，贾云献，温亮 . 以可靠性为中心的维修及其模型支持［J］. 军械工程学院学报，2004，16(1)：15~18.

[16] 吉祖勤，黄卫，石子石 . 高速公路养护管理系统数据库的设计［J］. 东南大学学报 (自然科学版)，131(3)：73~75.

[17] David Pushkin，P. E. Integrating Preventive Maintenance and Pavement Management，TRB 2004 Annual Meeting，2001.

[18] 仝云蔚，苏卫国 . 预防性养护与路面管理系统的整合分析［J］. 中外公路，2007，27(3)：248~252.

[19] 王晓鸣 . 住宅可靠性与维修决策理论及其应用［D］. 武汉工业大学，1999(3).

[20] 查旭东 . 沥青路面结构可靠度敏感性分析的研究［J］. 长沙交通学院学报，2002(2).

[21] 熊辉，史其信，潘先榜 . 路面管理理论与方法的研究进展及趋势［J］. 土木工程学报，2004，37(1)：65~69.

[22] 郭进英，沙庆林．沥青路面使用性能的影响因素分析［J］．公路交通科技．1995. 12(1)，15 ~ 18.

[23] 李志刚，邓学钧．高速公路沥青路面使用性能评价模型的探讨［J］．公路交通科技，2000，17(5)：15 ~ 17.

[24] Haas，RWR and Zanies waki. Modern Pavement Management［M］. USA：Krieger Publishing Company，1994.

[25] 王松根．沥青路面养护管理与应用技术［C］．第二届全国公路科技创新高层论坛论文集［A］．北京：人民交通出版社，2000：704 ~ 714.

[26] 康爱红，肖鹏，石挺等．沥青路面使用性能评价结果的百分制转换［J］．华东公路，2001，8(3)：16 ~ 18.

[27] 陆艳．路面性能模糊综合评价模型及应用研究［J］．安徽工程科技学院学报，2003，18(3)：64 ~ 66.

[28] 胡群芳，刘文，李清富．公路沥青路面使用性能灰色综合评估［J］．公路交通科技，2006，23(1)：12 ~ 31.

[29] 马士宾，魏连雨，杨春风．沥青路面状况属性综合评价［J］．长安大学学报(自然科学版)，2002，22(4)：16 ~ 19.

[30] 蒋红妍，戴经梁．道路路况评价的物元模型［J］．长安大学学报(自然科学版)，2005，25(1)：29 ~ 32.

[31] 刘沐宇，黄文雄，叶家军．基于混合 GANN 的沥青路面使用性能评价［J］．武汉理工大学学报，2003，25(9)：36 ~ 39.

[32] 孙立军，刘喜平．路面使用性能的标准衰变方程［J］．同济大学学报，1995，23(5)：66 ~ 69.

[33] 王爽，黄晓明，朱湘．应用神经网络-时间序列预测路面平整度［J］．现代交通技术，2007，4(3)：8 ~ 11.

[34] 唐娴，戴经梁，贾倩．参数自适应跟踪法预测高速公路路面使用性能［J］．长安大学学报(自然科学版)，2007，27(3)：31 ~ 33.

[35] 倪富健，方昱，薛智敏．时间序列在路面平整度预测中的应用［J］．东南大学学报(自然科学版)，2006，36(4)：634 ~ 637.

[36] ASTM，1989，Annual Books of ASTM Standards，Road and Paving Materials：Traveled Surface Characteristics，Vol. 04. 03，American Society for Testing and Materials.

[37] Henry J. J. Overview of the International Friction Index. Proceedings，3rd International Symposium on Pavement Surface Characteristics. New Zealand，1996：37.

[38] Chatti K，Lee D. Development of a preventive maintenance strategy for minimizing roughness-related pavement damage［J］，Transportation Research Record，Issue：2001，1769：39 ~ 45.

[39] Timely Preventive Maintenance for Municipal Roads- Best Practice. http：//www. Intrigued. /d-

ocs/Timely Preventive Maintenance for Municipal Roads, 2003. 6. 13.

[40] Hicks R G., Moulthrop JS, Dale den, J. Selecting a Preventive Maintenance Treatment for Flexible Pavements [J], Transportation Research Record, Issue: 1999, 1680: 1~12.

[41] Geoffroy D N. Cost Effective Preventive Pavement Maintenance [R] Synthesis of Highway Practice 223, Washington, DC: National Cooperative Highway Research Program, 1996.

[42] Walls J, Smith M R. Life Cycle Cost Analysis in Pavement Design Interim Technical Bulletin [R] Report FHWA-SA-98-079, Washington, DC: Federal Highway Administration, 1999.

[43] 董瑞琨，孙立军，彭勇．路面预防性养护时机确定方法探讨［J］．中国安全科学学报，2004，14(3)：31~34.

[44] Flintsch G W. SoR. Computing Applications in Pavement and Management: state-of-the-sit [A] CD-ROM of the 820. Transportation Research Board Annual Meeting, Washington, D. C, 2003.

[45] Ravirala and Grivas D A. Goal-Programming Methodology for Integrating Pavement and Bridge Programs [J] Journal of Transportation Engineering, 1995, 121(4): 345~351.

[46] 李晓明，景建国，陈世均．以可靠性为中心的维修在大亚湾核电站的应用和推广［J］．核科学与工程，2001，21(4)：20~25.

[47] Moubray J M. Maintenance Management-The third Generation. The 9th European Maintenance Congress, Helsinki. Finland, 1988. 24~27.

[48] Sandtorv H. RCM-Closing the Loop between Design Reliability and Operational Reliability. Maintenance, 1991, 6(1): 13~21.

[49] 李晓明．基于 RCM 的核电站维修优化研究与应用［D］．华中科技大学，2005.

[50] 程旭普．以可靠性为中心的维修在施工设备上的应用［J］．筑路机械与施工机械化，2001，16(93)：35~37.

[51] Mark A. Kowalski. The quantitative RCM study of OAK Creek's pulverized coal system [A] ASME JPGC-PWR-5 [C]. 1993: 226~231.

[52] J. Moubray. 以可靠性为中心的维修［M］．北京：机械工业出版社，1995.

[53] Tao Zhang, Masatoshi Nakamura Hironori Hatazaki. Optimizing maintenance scheduling of equipment by element maintenance interval adjustment considering system availability [A]. 2002 IEEE Power Engineering Society Winter Meeting [C], New York, NY, USA, 27~31 January 2002, 1(1): 205~210.

[54] 鲍卫宁．可靠性维修理论在汽车维修管理中运用的探讨［J］．江汉大学学报，1997(3)：73~75.

[55] 李晓明，陈世均，武涛．以可靠性为中心的维修在核电站维修优化中的应用与创新［J］．核动力工程，2005，26(6)：73~77.

[56] John Moubray. Reliability-Centered Maintenance [M] Version 2. 1 New York: Industrial Press Inc, 1992. 7.

[57] 陈叶菁，龚时雨．以可靠性为中心的维修思想［J］．工业安全与环保，2006，32(6)：60~62.
[58] 张宝锋，夏虹，张绣春等．以 RCM 分析为基础的状态维修体系［J］．核安全，2006(2)：49~51.
[59] 赵振宁，陈锋．以可靠性为中心的检修在电力公司中的应用［J］．华北电力技术，2002(3)：20~23.
[60] 戴荣，康锐．RCM 决断流程与风险评估［J］．航空维修，2001(6)：10~11.
[61] 曹钟中．电站给水泵组 RCM 定量分析方法的研究［J］．中国电机工程学报，2003，23(9)：207~211.
[62] 孙有朝，樊蔚勋．以可靠性为中心的维修(RCM)维修科学的发展趋势［J］．机械工程师，1997(4)：55~56.
[63] Leslic Mitchell. Preventive maintenance RCM11［J］Manufacturing Engineer 2002(8)：153~155.
[64] 黄仰贤．路面分析与设计［M］北京：人民交通出版社．1998.
[65] 喻翔．高速公路路面养护管理系统决策优化的研究［D］．西南交通大学，2005.
[66] 曾峰，张肖宁．沥青混凝土路面预防性养护对策选择［J］．公路，2007(8)：1203~1205.
[67] 曾澄湘．状态维修中的问题与 RCM 维修体制［J］．港口管理，2000(1)：87~90.
[68] 何厚全．RCM 在住宅维修中的应用研究［D］．东南大学．2005.
[69] 刘亚东．高速公路沥青路面病害调查分析［J］．河北建筑工程学院学报，2007，25(2)：23~24.
[70] 唐小刚．可靠性维修管理方案在中国民航的应用研究［D］．北京：北京工业大学，2002.
[71] 孙鹤旭，张志伟，董砚，褚建东．基于 RCM 理论的电气设备故障诊断专家系统［J］．电子技术杂志，2002(2)：11~16.
[72] 张建仁，张起森．公路工程结构可靠度理论及其应用［M］．北京：人民交通出版社，1995.
[73] 姚祖康．路面设计手册［M］．北京：人民交通出版社，1999.
[74] 沙庆林．高等级公路半刚性基层沥青路面［M］．北京：人民交通出版社，1999.
[75] 任辉启．ANSYS7.0 工程分析实例详解［M］．北京：人民邮电出版社，2003.
[76] 余文成，包惠明．基于 ANSYS 的水泥混凝土路面可靠性分析［J］．中外公路，2007，27(2)：40~43.
[77] 王选仓，王秉纲，林巧飞．沥青路面结构可靠度计算的全概率法［J］．土木工程学报，1997(2)：62~66.
[78] 查旭东．JC 法在柔性路面结构可靠度计算中的应用［J］．土木工程学报，2001(4).
[79] 谈至明．路面结构可靠性理论、方法及应用［D］．同济大学，2005.

[80] Minitab Company. MINIT user' Guide
[81] 张胜民．基于有限元软件 ANSYS7.0 的结构分析［M］．北京：清华大学出版社，2003.
[82] 叶勇，郝艳华，张昌汉．基于 ANSYS 的结构可靠性分析［J］．机械工程与自动化，2004(6)：63～65.
[83] 王祺国，徐旭．沥青路面结构可靠度及优化方法研究［J］．中外公路，2007，27(6)：47～51.
[84] Diyar B. Three-dimensional finite element analysis to evaluate reflective cracking potential in asphalt concrete overlays［D］Urbana：Univ. of Illinois，2002.
[85] JTG D50—2006 公路沥青路面设计规范［S］．北京：人民交通出版社．
[86] 包龙生，于玲，周蓝玉．高等级公路路面养护费用模型的建立与应用［J］．沈阳建筑工程学院学报，2000：10～13.
[87] 蒋文高．地质雷达在路面厚度检测中的研究与应用［J］．山西建筑，2007，33(32)：40～43.
[88] 姬亦工，王复明，郭忠印．基于落锤式弯沉仪(FWD)动态数据的路面模量反演方法［J］．土木工程学报，2002(3).
[89] 查旭东，王秉纲．基于同伦方法的路面模量反算研究［J］．中国公路学报，2007，16(1)：1～5.
[90] 查旭东．路面结构层模量反算方法综述［J］．交通运输工程学报，2002，2(4)：1～5.
[91] Sivanes waran N，Kramer S L，Mahoney J P. Advanced back calculation using a nonlinear least squares optimization technique［J］Transportation Research Record 1239，TRB，National Research Council Washington，D. C.，1991：93～102.
[92] 黄宝涛，廖公云，张静芳．半刚性基层沥青路面层间接触临界状态值的计算方法［J］．东南大学学报(自然科学版)，2007，37(4)：666～670.
[93] 冯德成，宋宇．沥青路面层间结合状态试验与评价方法研究［J］．哈尔滨工业大学学报，2007，39(4)：627～631.
[94] 李修忠，卢成明，李波涛．公路路面隐含裂缝的无损检测方法［J］．公路，2005(4)：137～141.
[95] 卢成明，秦臻，朱海龙，李修忠．探地雷达检测公路结构层隐含裂缝实用方法研究［J］．地球物理学报，2007，50(5)：1558～1567.
[96] 刘思峰，党耀国，张岐山．灰色系统理论及其应用(第三版)［M］．北京：科学出版社，2004.
[97] 赵金环，陈建强，郭立智．Excel 在动态 GM(1，1)模型预测及检验中的应用［J］．青岛理工大学学报，2007，28(4)：69～73.
[98] 谷晓旭，王选仓，李芳．公路路面质量控制检测现状及评价［J］．华东公路，2007(3)：

43 ~ 46.

[99] 曾胜，王光普，曾庆霞．两种平整度检测仪器的对比研究［J］．中外公路，2007年，27(5)：64 ~ 66.

[100] 周晓青，孙立军，颜利．路面平整度评价发展及趋势［J］．公路交通科技，2005(10)：18 ~ 22.

[101] Dar-Hao Chen. Study of Rut Depth Measurements. Transportation Research Board 80thAnnual Meeting. January 7-11，2001. Washington，D. C.

[102] 姚运仕，赵万芹，宋宏勋．沥青路面车辙检测技术的探讨［J］．筑路机械与施工机械化，2007(6)：7 ~ 10.

[103] 胡昌斌，邱欣，索智．高速公路沥青混凝土路面使用性能参数概率分布特性统计分析［J］．公路，2004(3)：24 ~ 29.

[104] 李凡修，陆晓华，梅平．煤矿安全预评价的集对分析模型及应用［J］．安全与环境学报，2005，5(1)：118 ~ 120.

[105] 刘大刚，郑中义，吴兆麟．大风浪中船舶安全性评估方法综述［J］．交通运输工程学报，2003，3(1)：114 ~ 118.

[106] 段树乔．电力企业安全管理变权综合评价方法［J］．数学的实践与认识，2003，33(8)：17 ~ 23.

[107] 韩立岩，郑承利．基于模糊随机方法的公司违约风险预测研究［J］．金融研究，2002(8)：48 ~ 52.

[108] Zmeskal，Zdenek，2001，Application of the fuzzy-stochastic methodology to appraising the firm value as a European call option［J］European Journal of Operational Research，Vol. 135，303 ~ 310.

[109] 蔡文．物元模型及其应用［M］．北京：科学技术文献出版社．1994.

[110] 荀志远，沈建红．基于物元分析理论的建筑产品完损度评估［J］．土木工程学报．2003(9)：100 ~ 105.

[111] 门宝辉，梁川．城市环境质量综合评价物元模型及其应用［J］．系统工程理论与实践．2003(3)：134 ~ 139.

[112] 董维扬，金明新．高速公路沥青路面快速养护及其养护机械应用研究初探．中国公路养护技术大会论文集．北京：人民交通出版社，2004，22：53 ~ 57.

[113] 李世英，于永利，张柳等．装备预防性维修的综合权衡模型研究［J］．科学技术与工程，2006，6(6)：2539 ~ 2541.

[114] 徐光胜．综合目标可靠度和维修成本效益分析［J］．中国市政工程，2006(4)：79 ~ 80.

[115] 李晓明，杨超，陈世均等．以可靠性为中心的维修的经济效益评估模型［J］．工业工程与管理，2005(3)：110 ~ 114.

[116] 司文杰，郑映烽，蔡琦．预防性维修最佳维修周期决策［J］．船海工程，2006

(5)：99 ~ 101.

[117] 朱闰炎，范兴平．核岛内外设备的维修策略及最佳维修周期模型［J］．华东工业大学学报，1997，19(3)：93 ~ 95.

[118] 王秉纲，有沥青上面层的水泥混凝土路面的应力分析［J］．公路，2002(8)：23 ~ 26.

[119] 谈至明，姚祖康，田波．水泥混凝土路面的荷载应力分析［J］．公路，2002(8)：15 ~ 18.

[120] 钟阳，耿立涛．沥青路面温度应力分析［J］．大连理工大学学报，2007，47(6)：854 ~ 861.